U0932726

广告人手记

叶茂中 著

Adverstising
NOTES

北京联合出版公司
Beijing United Publishing Co.,Ltd.

图书在版编目（CIP）数据

广告人手记 / 叶茂中著 . —北京 : 北京联合出版公司 , 2016.1（2019.3 重印）
ISBN 978-7-5502-6910-1

Ⅰ . ①广… Ⅱ . ①叶… Ⅲ . ①广告－营销策划－经验－中国 Ⅳ . ① F713.81

中国版本图书馆 CIP 数据核字 (2015) 第 321049 号

广告人手记

作　　者：叶茂中	选题策划：儒意图书
出版统筹：柯久明　张应娜	责任编辑：孙志文
特约编辑：弓迎春	装帧设计：仙　境

北京联合出版公司出版
（北京市西城区德外大街 83 号楼 9 层　100088）
廊坊市海涛印刷有限公司　　新华书店经销
字数 250 千字　　710 毫米 ×980 毫米　　1/16　　21.5 印张
2016 年 3 月第 1 版　　2019 年 3 月第 4 次印刷
ISBN 978-7-5502-6910-1
定价：88.00 元

序 | Preface

叶茂中那厮和他的广告江湖

某天 22 点 22 分，一个很特别的时刻，忽然接到叶茂中的电话。根据经验，这个时间一般是那厮喝酒和唱歌最嗨的时候，但电话中并没有熟悉的鬼哭狼嚎的声音做背景，安静得有一种不习惯的肃穆。

“哥哥，我的《广告人手记》20 年后要再版，你给我写个序，要 5000 字。”

不容你不答应，就是欠他的。

我早就说过要专门写一个关于叶茂中的长文，却一直没有动手。这个想法其实已经很久了，用六个人的故事，勾勒出中国广告业发展的轮廓和脉络。这六个人中，叶茂中是不可缺少的。

余华曾写过一部小说《呼吸》，人生其实轻微得就像一次呼吸一样，六个人中，有的已经过世了，有的因世事变化而漂泊。

年岁逐渐资深，越来越理解一切都是缘分。这次写作，也是缘分吧！缘分就是水到渠成，命中注定。

世事莫测，白云苍狗。实际上任何人与事的变迁，都离不开历史的大背景。20 年前，《广告人手记》出版后不久，有一次，几个兄弟一起喝多了很豪迈，叶茂中这厮忽发豪言乱语：天才就像韭菜一样，都是一茬一茬的，我们就是一茬优秀的韭菜。于是，大家为了韭菜狂干了好几杯。

现在回首看，中国的20世纪60年代，确实催生了一茬优秀的韭菜。在姜文拍的王朔的《阳光灿烂的日子》的片首，两个孩子在沙漠上终于看到了梦幻般的乌托邦城堡，但在一瞬间，城堡忽然坍塌消失。这个景象是60年代韭菜的共同记忆。出生在激情与梦想的年代，虽然历史的大潮开玩笑一样地转了一个弯，但是时代的性格已经深深地烙在了骨头里，永远也无法清除。即使被外在的力量和自我的机理不断压抑，但只要有机会，在乌托邦时代已经植入的激情与梦想就一定会喷发出来，变成一种冲动和执着。

20世纪60年代人的冲动和执着与其他年代的人是不同的，他们的执着与冲动总是与一种自嘲和自残的表象奇怪地结合起来，因为这一代人曾经经历过无法言说的绝望和迷离。在青春期，他们亲眼目睹了旧时代的崩溃，这种毁灭对他们还未成熟的人格是一道永远难以愈合的伤痕。而他们与之前那些年代的人不同的地方在于，他们亲历的新时代孕育的过程，也正是他们在幻灭的废墟上不断收拾残片重新建立自我的过程。在这种重建的过程中，所遭遇的自我怀疑和无所依归的残酷是难以想象的。对自己的追问与批判、对坚韧奋斗的苛刻与极其不稳定的文化变动努力地协调着，在时代的巨大变化中不断调适自己的身份，使得自嘲与自残成为这一代人重要的心理特征。

当冲动与执着同自嘲与自残结合起来，有些人会因为其中所蕴含的消解的力量而自我放逐、放纵甚至毁灭，而另一些人却能凭借这种特殊的合成力成为坚韧的奋斗者，成为精英，成为奇葩。

叶茂中就是这一代人中的奇葩，他应该是60年代人的一种代表。理解叶茂中和叶茂中现象，一定要从一代人的社会心理特质这种大的背景入手，才能逐渐体会和解释其中所包涵的各种矛盾和复杂性。

20年的时间，已经物是人非，营销模式和理念是与时俱进的。市场环境变了，传播环境变了，广告的工具一定会变化。我想，今天20年前的《广告人手记》重新出版，更重要的意义是向那个伟大的时代致敬！

能够代表这个时代的人并不多，而叶茂中一定是其中的一个。许多人把他看作中国广告营销界的英雄，其实并不算太夸张。

我相信叶茂中内心是有一种英雄主义气质的，这种气质早期显得表层化，甚至有些做作，而随着他自己的不断修炼，这种气质似乎愈来愈深沉而内敛。也就是说，在外人眼里，他已经成为一个标志和符号了，而他自己也愈来愈自信和坚定。

一个人能够成为时代代表的人物，他一定是回应了这个时代的需求，而无论是因为偶然的命运还是自觉的努力，这个人一定以自己的方式，引领了这个领域的潮流和方向，推动了时代的变化。

20 世纪 90 年代，中国就像是处于一个爆发的奇点，在这奇点之中，时间被高度浓缩，而在爆发的过程中，感受不到时间，只有迅猛的荡涤和新生。现在回想起来，这段历史真是惊心动魄！

在那个阶段，随着市场经济的发展，广告作为市场竞争最先使用的一种营销利器，开始在中国像荒原上的野草一样疯长。没有传承，没有积累，没有经验。

比这更早的时间，在一个闭塞的苏北小县城，叶茂中还是一个荷尔蒙分泌过剩的青春少年，在县城狭窄的街道中、古老的运河边、乡野的田埂上，到处都留下过这个青春诗人不安分的足迹。终于有一天，看似偶然，但实际是命中注定，这个年轻人不安分的足迹从小县城踏进大上海，闯入了处女地一样初创期的广告界。

对探索者来说，灵性和聪明是很重要的，但当所有的人处于一个起跑线上，最关键的是要找准方向，找对方法。我曾经在一篇文中写道，在童年的时候，叶茂中就要学会独立在陆地上生存。所以，在中国的营销刚起步的环境中，叶茂中很快就找到了自己的感觉，也就是相信自己，疯狂地吸收各方面的营养和知识，不迷信权威，通过学习不断地提升自己的能力。他所找到的感觉就是中国很大，空间广泛，一个人或者一个企业不可能、也没有必要满足所有的需求，应该根据自己的特长，切入最有价值的市场，实现自己的价值。

叶茂中所发现的市场是与他一样在摸索中快速成长的无数乡镇企业和民营企业。在这个阶段，跨国广告公司已经开始迅速进入中国，闪耀着令人仰慕的光环，迷倒了无数有志于进入广告营销领域的人。但同时，还有另一种力量在放大，一批类似江湖术士的点子大王和策划大王被媒体和许多人追捧，虽然这批人更多的是依靠小聪明和经验帮助企业出谋划策，但是很接地气。

叶茂中找到的方法就是在这两者之间，建设出一条新路。国际的理念和模式太“高大上”了，对于这些草根企业来说太贵而且针对性不强；在市场的早期，点子大王很有用，一个点子就能使企业在市场上起死回生，但是，当市场竞争升级的时候，一些耍小聪明的点子和套路就不起作用了，企业需要的是更加系统的解决方案。

但是，如何消化先进的理念和模式，又如何同本土的需求很好地对接？这是一个时代性的大问题。能够真正地理解这个问题，并不断尝试解决这个问题的人，所做的事情一定是具有开拓性的。而一旦因为各种机缘对这个问题有所突破，这个人又必然会在蓝海中创造出自己的理想价值，这个人也必然会成为标志性的人物，成为时代的弄潮儿和引领者。

《广告人手记》肯定带有些时代的痕迹，甚至略有些青涩，但是其中所蕴含的粗糙而生猛的力量，时至今日也能穿透纸背。这本书，是一个小县城骑单车的青皮诗人向闯荡江湖的广告英雄进化过程中的心血结晶。而且，在我看来，这本书所显现的是20年前立足前沿的中国本土广告人群体的心路历程。

这个进化过程其实是很艰难的。很多人有与叶茂中类似的问题意识，甚至付出了更多的努力，但是，并没有完成这个转化。在充满歧视甚至敌意的恶劣环境中近乎疯狂的自信，用一种自残的方式加速提升自己的能力，同时，以一种自嘲的形象面对社会，这不是所有的人都能做到的。

能力就是解决问题的方法。要找到方法，首先要学习。当时与广告相关的书确实也不多，这些书叶茂中都买来一本一本地认真阅读，而其中的经典他是一字一字地重新抄一篇，有的甚至抄了几遍。当时某一位全球著名的营销大师第一次来中国讲课，他花了将近三万元学费去听了三天课。

学习的目的不是直接照抄照搬，而是知道所谓的先进理念和模式到底是什么？同时，在与中国众多的迅速成长壮大的乡镇企业接触和服务的过程中，不断地搞清楚这些理念和模式到底有哪些不合适的地方，结合这些企业的特点，逐渐形成适合中国市场的方法论。

要改变一个时代，必须要突破很多定式，勇猛地创新。打开《广告人手记》这本书，就会发现里面谈的根本就不是广告，而是营销。在海外成熟的市场，广告与营销界限分得很清楚，广告公司和广告人所做的工作，确实就是广告服务，其他的需求有分工精细的各类营销公司提供。但是，对当时中国茁壮成长的本土企业来说，忽然发展到一定的规模，竞争更加激烈，企业如何进一步整体升级是最迫切的需求。而到底谁来满足这个需求？在这个阶段，中国的营销刚起步，并没有专业化的各类营销服务公司。是像海外的公司一样只停留在单纯的广告业务，还是根据市场的需求创造一种新的服务模式？应该说，在这个转变过程中，叶茂中是那一代人创新的代表。

叶茂中找到的方法就是举着广告的大旗，突破广告。为什么要举着广告的大旗？因为在市场的发展过程中，广告是较早使用的市场竞争工具，在海外，广告理论的出现也要比营销理论早几十年。在 20 世纪 90 年代的中国，“不当总统就当广告人”“一个广告救活一个企业”等口号，使得广告被神化了。叶茂中当然要利用广告这种神奇的魔力，因为广告更容易被市场所接受，但在广告外衣的包装之下，叶茂中做的更多的是服务。

所以，叶茂中不同于那个时代光芒四射的海外广告公司，同时，他也不同于其他点子大王和策划大王。叶茂中是那个时代较早真正地消化吸收了较为系统的广告和营销理念的为数不多的人之一，这使得他的服务能够更加科学化地接地气。当时的叶茂中披着广告的外衣，实际上做的是市场调查、营销咨询、产品设计、渠道策略、品牌策划、创意制作、媒体投放等营销的全活。

最终，他创造出了一种奇特的全新模式：以广告公司的身份出现，但是其公司服务品牌是营销策划机构。那个时候，很少有公司名字中出现“营销”这两个字，在中国，叶茂中肯定是较早打出营销旗号的，而同时，“营销策划机构”这几个字的组合也是前所未有的。

哲学家海德格尔有一句名言：词语破碎处，无物存在。我们所使用的词语都是对过去熟悉现象的描述和概括，当新的变化出现时，我们经常不知道如何表述，而当各种迹象愈来愈清晰的时候，大家会逐渐有一个对新事物的共同认识，这时，必须有一个新的词语创造出来凝聚共识。

敏锐地洞察变化的趋势，准确地、创造性地提炼和概括，是需要一定的智慧的。“营销策划机构”这样一个名称，是叶茂中在那个特殊阶段思考和创新的鲜明体现。在那个阶段，很多公司在追随着国际广告公司的模式亦步亦趋地拼命地与国际接轨，还有很多人或公司拎着包跑单帮，停留在本土的经验层面没有办法跨越发展的瓶颈。叶茂中所代表的是当时还势单力薄的新鲜力量，这种力量不迷信海外的成熟经验和理念，但是通过真诚地学习和消化，结合本土的差异，探索中国的营销之路。

对今天的朋友而言，这些观念似乎没有太多新意了。但是，在 20 年前，乳臭稍干、只是稍有名气的叶茂中所面对的是：西方的月亮比中国的圆，本土广告抬不起头的环境，而叶茂中挺过来了。在充满误解、蔑视，包括嫉妒的氛围中，叶茂中完成了一个一个的案子，逐渐把自己的思考和经验整理成书出版了。

《广告人手记》的出版是一个标志。有些朋友认为这本书是中国第一本营销实战之书，其实，这本书的内容不仅包含在中国这个特殊市场环境中竞争实战的招数和技巧，也是第一本基于对中国市场的理解而提出中国的营销理念和广告模式的书。

《广告人手记》改变了很多人，许多人通过这本书进入广告营销领域。但是，同一般的广告书不同，这本书不仅是影响了本土的广告人，对很多成长中的中小企业来说，《广告人手记》同样是雪中送炭。因为《广告人手记》讲的就是自己身边的市场，讲的就是同自己一样的企业如何利用广告、营销等手段崛起升级，而不是远在天边的世界著名品牌。而且，叶茂中屌丝逆袭的发展更是成为了本土草根们励志的偶像。

毫无疑问，叶茂中具有一定的表演天分，关于他的很多非议也由此而生。应该说，叶茂中一定是一个有很多缺点的人。但是，关于他表演的非议并不是很客观。一个广告人要帮助客户做品牌，但同时也要做好自己的品牌，让自己的价值得到更多人的认可，在这方面，叶茂中对自己的营销肯定是非常成功的。另一方面，表演是需要人埋单的，广告人的表演当然是客户埋单。这么多的客户选择叶茂中，只能说明叶茂中是一个实力派的演员。因为决定客户是否埋单最终还是看有没有实力很好地解决客户的问题，帮助客户成长。在我们所经历的野蛮生长的时代，所有人都曾经有过或多或少的过失，叶茂中就是在这样一个时代成长起来的超级复杂的奇葩，只盯住瑕疵往往是过于偏狭和不公允的。

从历史的大尺度来看，能够改变潮流，推动变化，一定是具有英雄气质的人。世纪之交，是中国的营销和广告领域英雄辈出的时代，叶茂中是其中的代表者。

今天，营销英雄、广告英雄的时代已经过去，资本成为新时代的主宰。我虽然是资本的鼓吹者，在研究中较早涉足这个领域，并不断推动广告业资本化的进程，因为我相信这是产业和社会发展必须经历的过程。然而，当这个时代真的来临，我却越来越不喜欢它所散发的罂粟花一样迷人又让人眩晕的铜臭味。谁的钱多，谁就被别人羡慕。钱几乎成了最重要的衡量标准，专业的理想和追求愈来愈成为只停留在纸面上的文字和口头的话语。

今天我们所生活的时代是一个闪着金属颜色的时代，到处是使人迷乱的资本诱惑，而数字技术的革命又让更多的人迷茫和抓狂。我们无法选择时代，只能直面每一个时代，努力地做好自己。我一直担心，这个时代是不是还属于叶茂中？在 2005 年后和那厮聊天，这个问题是每次必讨论的一个话题。但是，近两年见面，就不再聊这个话题了，因为这厮对变化的反应速度和适应能力确实超强。在这个时代，叶茂中还是叶茂中，他虽然愈来愈低调，但始终走在前面。在资本和艺术投资领域，他得心应手，而面对市场环境和数字技术的变化，他已经把自己的公司转型成一个全新类型的模式，他对数字营销理念的应用，体现在最近我们看到的许多叶茂中公司的实战案例中。

20 年的时间，确实流走了很多东西，但是，永远存留下来不变的是对品牌的激情，对营销真谛的执着探寻。而通过各种方式，叶茂中的激情和执着感染了无数朋友，激励了许多年轻的新锐加入营销广告行列。即使在数字营销的新时代，无论如何变化，叶茂中的形象所代表的激情、执着，以及基于这种激情和执着所诞生的洞察力、创造力、想象力，始终是成功营销的根本。这也是《广告人手记》再版最重要的价值和意义！

陈刚
北京大学新闻与传播学院党委书记兼副院长、教授、博导

目录

CONTENTS

广告人俱乐部

策略游戏馆

⊖ 广告武林馆

⊖ 广告纵横谈

第一章

广告人俱乐部

Chapter 01

关于广告

广告没有专业可言，只有成功可言。广告不能脱离营销而存在——从来没有一个客户找广告公司的目的是为了做专业高雅的广告，他们对广告的需要只有一个："成功"地把产品卖出去。所以，做广告必须从根本上帮助客户解决问题。

广告没有专业可言，只有成功可言

从来没有一个客户找广告公司的目的是为了做专业高雅的广告，他们对广告的需要只有一个："成功"地把产品卖出去。很多人认为我们的广告俗，我们不介意这个说法，因为社会上本身俗人多。我们帮客户解决了问题，我们就受客户欢迎。所以，我们从不参加比稿，所有的客户全是一次性收年费，从不收月费。

广告不能脱离营销而存在。如果客户的产品本身定位有问题的话，即使帮他们做出大手笔的专业广告，广告费也最终是打水漂。所以，做广告必须从根本上帮助客户解决问题。

例如，雅客糖果，客户有800多个产品，客户说要做品牌，请我们帮他从中挑选出品种好的产品来做。我们没有挑所谓漂亮的产品来做，而是用自己的经验将产品进行分类。调研之后，我们感觉到当时“非典”过后的维生素市场很好，保健品、饮料非常好卖，而维生素糖果的市场还是空白，于是我们构思，能不能让消费者用糖果补充每天人体所需的9种维生素及其他微量元素？

拿着这个产品概念去市场进行测试，发现90%的消费者愿意对这种产品进行尝试。最后，我们向客户提出了新的想法——改造客户原来传统的水果夹心糖产品，变成维生素夹心糖。我们的广告虽然被同行批评，但是在短短的4个月内，雅客V9创造了3.5亿的销售额，而客户以前全年所有产品的销售额才1个多亿。这次策划令这个客户立马成为本土糖果企业的第一。此案例的成功，不是纯粹的广告成功，而是我们帮客户找到了成功的机会。

能取得业绩，广告公司到底是在做广告还是做营销这并不重要，因为从来没有人规定，我们必须把广告做得像广告，而不可以是营销。游戏的规则是广告公司有客户就是成功。这就像打仗，打仗没有专业可言，只有成功可言，不论用什么方法。

我们做广告的自信心是建立在对市场、对客户的真切了解，并真切地帮助他们解决问题的基础上的，并不是建立于书本上，或者你到底从哪家公司出来、得到过多少奖。以前叶茂中这厮没做过评委的时候不清楚奖是怎样评出来的，做过评委后则发现，评奖的尺度很弹性：往往开始看作品的时候总带着苛刻的态度，以为后面还有更好的，即使是好作品分数也不会高。作品看到最后，眼睛越来越花，当看到后面作品越来越差的时候，为了凑数，就随便打高分。所以，如果你能获奖，那是你的运气好。我们倒认为，最好的奖应该是客户的评价。

相比奖杯，我们更重视广告是否来自对需求敏锐的洞察力，尤其是在今天的互联网时代，一切飞速发展，昨天的热点，今天已经成为槽点，不是基于对需求洞察出发的广告，都只是过眼云烟，转瞬即逝。

做广告的人都明白，不要代替消费者思考，一切要以消费者为导向，所以，做广告前，与其期待奖杯的荣誉，还不如“从消费者中来，到消费者中去”。

在我们决定生产一个产品之前，我们先要去问一问消费者：

- 消费者需要什么样的产品？消费者能承受的产品价格为多少？消费者希望在什么地方接触或购买我们的产品？
- 消费者是一个什么样的人？性别、年龄、收入、教育程度、家庭结构及其本人的家庭角色是怎样的？有什么样的性格、价值观？
- 消费者如何认识产品、看待品牌？消费者现时头脑里的市场地图（产品类别与品牌地图）是怎样排布的？他有哪些购买习惯？这些习惯形成的缘由和历史？
- 消费者对产品真正的关注点是什么？他在哪里、什么时间、何种场合使用某类产品？
- 消费者对使用产品有什么感觉？会如何去表达这种感觉？可能产生什么样的影响？这包括未使用前受使用者的影响，及使用后对其他消费者的影响。

……

这样的广告，才有可能是获得成功的广告，而不仅仅是得到一座奖杯的广告。

就好像我们在为南亚风情·第壹城策划的广告一样。

案例分析：南亚风情·第壹城

【现状】

南亚风情·第壹城是一个昆明市内过百万平方米“城中村改造”的大盘，且是昆明市内第一个“城中村”改造的项目，不论是市政府还是承接项目的诺仕达集团，都没有成熟的经验可以参考或者借鉴。

“城中村”给昆明市民的印象首先就是低档与杂乱，消费者对改造后的第壹城也同样摆脱不了这样的联想，在“城中村改造”的背景之下，客户希望走中低端的价格路线，辅以“南亚风情”的地区特色作为卖点，期望以性价比和建筑特色促进销售。

殊不知，这样正好中了消费者的“圈套”。

消费者认为你是低档杂乱的代名词，于是你就顺着消费者的思路，自认就只能做中低端的路线？这样的价值取向只会带来一个后果，正好和消费者以往的认识一致，而消费者对第壹城也只会更加鄙夷：“你看，果然是不上台面的地方出不了好楼盘！”

同时，如果企业这样做，无疑也是危险的一招，非但落入消费者的圈套，更是落入同行的埋伏，因为如果以消费者印象作为出发点，那大家都只能看到“中低端”消费者的需求，到最后都落入拼价格的模式中。

【疑惑】

南亚风情，从名字上自然会联想到云南特色的建筑，倘若这些建筑在上海、北京，自然会成为一道有特色的风景，但在云南，对昆明人来说，“南亚风情”是否是个好的概念？中低端的定位是否真正有利于项目的销售？是否能有助于项目在整个昆明地产中脱颖而出，杀出一条血路？

【洞察】

第壹城应该成为一个怎么样的楼盘？第壹城可以成为一个怎么样的楼盘？答案还是要从昆明的消费者中去寻找。经过调查后发现，昆明的消费者至少有三个明显特征被客户所忽视，同时也可为我们所用：

1. 昆明的消费者在当时已经可以承受较高价位的楼盘，价格已经不成为昆明消费者置业时考虑的唯一或者首要因素。

2. 作为一个西南偏远省区的城市，昆明的消费者其实是向往东部一线城市的生活氛围与居住环境的，而当时昆明楼市中能满足他们更高需求的选择其实并不多。

3. 正如同在昆明当地，鲜花根本不值钱一样，“南亚风情”对其他东部、北部地区的消费者可能还算个卖点，但对昆明本地人来说根本不是个新鲜概念，甚至还与“城中村”一样，有一定的低档认知取向。

由此看来，拿中低价作为第壹城的武器，看起来并不是那么百分之百的适合，因为这是建立在不完整的消费者洞察之上的。

其次再来深入挖掘第壹城的资源状况。虽然第壹城的“城中村”改造背景已然无法更改，但其实第壹城有着其得天独厚的区域优势：第壹城根植于政务机构云集的昆明南市区，这里集合了省委、省人大、省政协等30多个各级机构，是昆明名副其实的政治文化中心。虽然出身欠佳，但地处精华。

【从“城中村”到CBD】

CBD，Central Business District，中央商务区，是一个城市的动力能量所在。比如，北京的国贸，上海的陆家嘴，都是精英荟萃之地。

挖掘第壹城项目本身具有的天然优势资源，加上更精准的营销，完全可以吸引到更优质的人群，可以再上一个层次。因此，我们建议客户重新定位销售对象，将主要目标设定为高端用户，用精英、商务的概念吸引目标人群。满足消费者身处昆明，但却希望享受到一流的商业、生活、购物等国际化居住水准的需求。

同时，我们需要戴着枷锁跳舞，给“南亚风情”戴上高价值的光环。

于是我们更大胆地对产品进行了提价，用更高的价值，支持更高的居住理念和设计理念，让“南亚”变“国际”，让“风情”变“高档”。

在具体的传播方面，我们充分运用了比附策略，将昆明这一中国二三线城市，与国际上最顶尖的超一流大都市进行对比和嫁接，彻底打动了消费者。

商业比附曼哈顿，用曼哈顿高度发达的商业体系映射南亚风情·第壹城未来的无限商机；

休闲比附巴黎，用享誉全球的休闲之都巴黎衬托南亚风情·第壹城未来舒适从容的生活；

购物比附香港，用世人皆知的消费天堂香港来诠释南亚风情·第壹城未来的购物环境；

这里是昆明的巴黎！

这里是昆明的曼哈顿！

这里是昆明的香港！

这不是梦，这是即将到来的日子！

2009 年 12 月 7 日，南亚风情·第壹城推出了第一批房源。开盘当天，近 5000 人到场，仅用 6 小时就宣告售罄。

2010 年 1 月，仅隔了 20 多天的时间，南亚风情·第壹城推出了第二批 828 套房源，仅在 2 小时内就全部销售一空。

2010年4月25日，南亚风情·第壹城写字楼C正式开盘，当天又全部销售完毕。

两年之后，诺仕达集团又推出了南亚风情·第壹城的姐妹篇——七彩云南·第壹城，一样的大型城市综合体项目，一样的重磅来袭，还有如你所知的，一样的找到了叶茂中营销策划。

事实证明，南亚风情·第壹城的比附策略，取得了空前的成功，彻底洞察昆明消费者的心理基础，证明与纽约、巴黎、香港这些一线城市捆绑之后，对消费者的心理暗示作用之强大。虽然偏安一隅，但是却丝毫不逊色于那些最辉煌的地方。再通过持续强势的各类传播活动，把“曼哈顿、巴黎、香港”这三句话深深地印刻在每个昆明人的脑海里。

我们决定，继续沿用这个策略，并且，还要深化这个策略。

七彩云南·第壹城位于昆明市政府重点开发的呈贡新城，地处新区的行政中心、文化交流中心和商务中心，属于呈贡新区 CBD 核心区，发展潜力不可小视。项目地块东侧临城市中心区南北中央干道彩云南路和城市中央绿地、市级行政中心；南侧临城市中央景观公园和锦绣大街，具有良好的区位优势。延续了南亚风情项目的特点，七彩云南·第壹城同样是区位优势明显，属于众目关注聚焦之地。

既然南亚风情的策划中，我们还在做比拟大世界的工作，那么七彩云南我们就更进一步，让全世界都来看这里！

电视广告一开始，就是一架飞艇缓缓翱翔于云霄之上，随后镜头拉过，几个不同肤色的小朋友同时被云下的景象所吸引，然后一个个露出了幸福笑容：“美国爱这里。韩国爱这里。法国爱这里。中国更爱这里。全世界都爱这里！七彩云南·第壹城。”

怎么样，有没有点万国来朝的意思？

我们可以毫不掩饰地说，这是一支更加自信，更加从容和大气的 TVC。

2013 年 5 月 25 日，七彩云南·第壹城首推私家园林组团“橙香苑”开盘，

2000 多组认筹客户到场，500 套房源在 3 小时内被抢购一空，上演了近两年以来从未有过的楼市盛况。到场的房地产业界人士惊呼，七彩云南·第壹城这么受追捧，呈贡也要火起来了。

▲ 南亚风情 · 第壹城

▲ 七彩云南 · 第壹城

▲ 2000 余名客户汇聚七彩云南 · 第壹城首次开盘现场

广告应该是一个崇高的职业

我们从不比稿，比稿是对广告公司非常不公平的事情，叫广告公司比稿

就好比将广告公司当作应召女郎，每次比稿，就像广告公司在相互比色。客户一声招呼，把广告公司像三五一群的应召女郎似的聚集起来，然后在其中挑一个，其他的都打发回去。不论是人家留下来，我悲哀地被打发回去，还是我留下来，别人悲哀地被打发回去，都是不能让人接受的事情。

广告应该是一个崇高的职业。说得不客气一些，广告业需要信仰，它就像一个宗教。每一个广告人都应该觉得这是个神圣的职业，自己也应该有一颗神圣的心。以叶茂中这厮为例，他常常觉得自己像治病救人的白求恩，帮企业解决伤痛，帮企业更健康、更快乐地成长。为什么有很多人把广告变得非常糟糕？我们认为是天才太少。奥格威之后的OM、李奥贝纳之后的LB，当年这些创始人在创业的时候，这个行业在他们眼里是神圣不可侵犯的，而不是像现在这样商业化。不管我们怎样看商业，我们都应该在某方面保留类似艺术家的尊严。对那些不懂得用正确态度对待广告公司的客户，我们应该拒绝他们。我们需要尊重。叶茂中这厮经常对客户说：我从不认为我们的钱是你们给的，也不认为客户多给过我们钱，因为我们的钱是从市场赚回来的，我们真正的客户只有一个——消费者，我只不过帮你们征服了消费者，消费者把钱给你们的时候，顺便把给我们的钱先交给你们，再从你们的手里捎过来。

我们从不知道其他公司怎么做，我们只知道，我们有客户，客户都高兴地挣钱了，这才叫作成功的广告。

广告人应该为奇迹而活着

如果广告不能帮客户创造“卖好”的奇迹，那么就失去了广告本身的意义。广告公司需要天才、艺术家、科学家，因为广告是知识综合体，需要爆发力。过去，奥格威、李奥贝纳那些广告英雄，他们在创业之初无不在创造奇迹，并以帮客户创造奇迹而自豪。现在的广告业却充满了欺骗，很多无能的人喋喋不休地提倡做“安全、长线”的广告，一些广告书、广告公司都在制造假象以蒙蔽后生。中国大多数本土客户正在创业，像小兔子一样寻求生存和发展，广告公司帮客户打江山一定比坐江山难。创业一定最难，如果有人只把守业当作主要工作，那么这个公司是不能干的。再大的企业家也需要创造更大的威力和奇迹。那种站在大树底下说“我们不需要创造奇迹”，只追求一点点业务增长就满意的论调，纯粹是广告人对客户的欺骗，因为他们不敢冒险，求的只是“安全”。很可惜，广告界许多有潜力的年轻人的大脑正在被这种论调所腐蚀。

做广告必须说“人话”

我们的广告语和其他公司的风格不同。“地球人都知道”——很多广告人觉得不够专业，这没关系，因为我们的标准是：广告必须说“人话”。我们不提倡所谓有文化的“畜生话”，我们提倡的“人话”是必须把自己放在说人话的环境里说话。说“人话”的好处是，让消费者感到亲切、朴实、安全。这主要受王朔与崔健的影响。王朔的小说，大家看后感触最深刻的就是两个字“别装”。还有崔健，他就是我学写广告语的老师。他的歌词“我没有钱，也没有地方，我只有过去”“一无所有”，这就是在说大家都听得懂的“人话”。崔健的魅力是他歌词里的“人话”，所以他是那个年代唯一有能力在万人体育馆开演唱会的人，他创造的奇迹其他人根本做不到。

2003年，叶茂中策划柒牌男装，我们当时做了一项调查，发现它的目标消费群主要集中在二三线市场，由于宏观经济环境的问题，他们中很多人都已经下岗，生活的压力让他们遭遇很多的困难，对生活不像过去那样充满信心、充满激情。因此，我们在创作中希望通过将柒牌塑造成一个拼搏进取、不屈不挠、在人生道路上迎着风向前的男人形象，激励他们重新生活。

于是就有了这样的一段电视广告的文案：

生活就是一场战斗

谁都可能暂时失去勇气

要改变命运

先改变自己

男人就应该对自己狠一点

柒牌，迎着风向前

整篇文案中没有惊天动地的豪言壮语，没有空洞的表白和承诺，更没有高调大声的宣言，只是一种发自内心的理解与鼓励——我们相信这是男人真正需要并会为之心动的，同时我们更希望：男人能从中获得力量，重振精神；女人也能用它来鼓励身边的男人。

在此次品牌传播战役开始后，柒牌“男人就应该对自己狠一点”的广告语迅速震撼了众多目标消费群体的心灵，成为当时男人们互相间说得最多的一句话，很多人甚至将这句话作为“座右铭”来激励自己。2004年年初，新浪网、《中国经营报》、中国广告网、《国际广告》等媒体将“男人就应该对自己狠一点”评为2003年度最激励中国人的广告口号，十大流行广告语。

在时隔4年之后的2008年，中国遭遇了百年难遇的冰冻雪灾、汶川大地震，同时又将迎来全球瞩目的北京奥运会。在这不平常的一年里，中国人民需要更多的精神沟通，所以叶茂中策划建议柒牌再次投放“男人就应该对自己狠一点”的广告，虽然只是在奥运期间的短暂投放，但又一次引起了社会轰动，奥运会上刘国梁教练率领乒乓球男队拿到冠军后接受采访时，直接将“男人就应该对自己狠一点”作为获得冠军后的心情注解。

“男人就应该对自己狠一点”，这句话和服装没有关系，但和穿着这套服装的消费者有关系，正是通过与消费者精神层面的沟通，柒牌的服装产品得到了升华。柒牌原创的中华立领持续多年畅销市场，并成为张艺谋、陈凯歌、成龙等知名人士在正式场合的指定服装。2008年奥运会期间，柒牌中华立领被中国政府选为赠送国际友人的国礼产品。

灵感荟萃

1.能取得业绩，广告公司到底是在做广告还是做营销这并不重要，因为从来没有人规定，我们必须把广告做得像广告，而不可以是营销。游戏的规则是广告公司有客户就是成功。

2.在今天的互联网时代，一切飞速发展，昨天的热点，今天已经成为槽点，不是基于对需求洞察出发的广告，都只是过眼云烟，转瞬即逝。

3.广告应该是一个崇高的职业。不管我们怎样看商业，我们都应该在某方面保留类似艺术家的尊严。叶茂中这厮经常对客户说：我从不认为我们的钱是你们给的，也不认为客户多给过我们钱，因为我们的钱是从市场赚回来的，我们真正的客户只有一个——消费者，我只不过帮你们征服了消费者，消费者把钱给你们的时候，顺便把给我们的钱先交给你们，再从你们的手里捎过来。

4.如果广告不能帮客户创造“卖好”的奇迹，那么就失去了广告本身的意义。广告公司需要天才、艺术家、科学家，因为广告是知识综合体，需要爆发力。

戏说广告人

做广告人，永远是悬在半空中的感觉，令人绝望。追求完美、对完美的挑剔是这个行业最好的品质。但广告行业充满了遗憾，绝没有你实现完美的一天。

有很多人不了解广告人到底是怎样工作的，这就使广告人被蒙上了一层神秘的面纱。我鬼使神差地走进了这个行业，那真是不做不知道，一做吓一跳。

广告人放在嘴上的一个词儿是“创意”。创意，创造一个新主意、新意象也。创造，谈何容易，必是别人没有的，所以广告人就要经常召开动脑会议，互相激发，那阵势跟打仗没什么两样。先是大家信口开河，胡说八道，任想象的潮水汹涌澎湃，不准互相批评，只管大胆往前走。第二天再开会讨论前一天的创意，这时候，中国人的那点传统美德就跑得一干二净了。你一句我一句地侃，你一句我一句地互相攻击，一个昨天还觉得不错的好主意，今天就被驳得体无完肤，宣告灭亡。一天下来，脑子都被掏空了，没有一个创意被大家认可并通过是常有的事。更惨的是，广告公司上下一致创作出的、估计能得全国广告大奖的创意，兴冲冲地去客户那儿一谈，客户听完，摇摇头，立马枪毙，任你磨破嘴皮子也没有用。想发火吗？客户是衣食父母，火只有冲自己发，一头撞死，没人拦你，谁让你要做广告人的，活该！

外行人都以为广告创意是灵感突发、火花撞击或者是头脑风暴、思维激荡，几个人凑在一起，奇特的构思或主题就脱颖而出了。

实际上，真正的广告创意有赖于创意者对生活、对人类深入的了解和洞察，更有赖于其潜意识中有足够的情报。传统的思维方式是“因为……所以”的因果关系，而广告创意的思维方式却往往是“应该……但是”的逆向思维。所谓“条条大路通罗马”，怎样走都不是唯一的办法，只有如此，才有源源不断、绵绵不绝的新创意。

广告公司的工作就像一座五彩缤纷的舞台，一有机会，谁都想上去转一圈，因为广告工作充满挑战和机会，是骡子是马一遛便知。上了台又想下去，因为广告工作太辛苦，神经绷得紧，提心吊胆地过日子，干这差事容易短寿，想“今年二十，明年十八”就趁早换个职业去。

做广告的人十有八九发誓下辈子不再干这个职业。

广告人确实有较高的薪水，但绝不是想象中的那么好玩。在广告公司里你被变成一个工具，客户要你做什么，你就得做什么。要控制客户是不容易的，只有让别人把你当作专家，你才能在广告业里长久生存。广告行业最终不在于喜欢不喜欢，而在于适合不适合。这里从没有能够让你停一停、靠一靠的地方，你永远得比别人跑得快。初入广告业，以体力换取经验；进入广告业，则以经验、脑力换得体力的较少支出。做广告人，永远是悬在半空中的感觉，令人绝望。追求完美、对完美的挑剔是这个行业最好的品质，而广告业永远充满了遗憾，绝没有你实现完美的那一天。

既然做了广告人，就一定要做全国最好的。人不能没有一点野心，广告人尤其要有野心。没有野心，就不会有劲；没有劲，潜力就挖不出来。广告人必须时时刻刻准备冲锋，使出全身的招数为客户服务，为客户的产品占领市场、提高市场份额而竭尽全力。

广告人是有心智的人。心智是一种悟性，而不是学历层面浅显意义上的聪明。过去我们说“知识就是力量”，可我们看到，很多有知识的人并没有产生力量，应该说“文化就是力量”才对。而文化的内涵则如大海一般辽阔，广告人必须能够兼容并蓄，雅俗共赏，既有感性，又有理性，入得世，又出得世。入则全心全意，坦白如初；出则干脆利落，冷静镇定。方寸之间进退自如，这得要经历多少的修炼！

也许有人要问，广告就这么难干？我要说：广告绝对是“智者的职业”。广告业是一个知识密集、技术密集、人才密集的产业，对广告从业人员的素质有很高的要求，绝非每个人都能无愧于“广告人”这一称号，至少广告人里没笨蛋。想想看，广告行业里哪份差事不需要一点组织策划能力，一点发明创造的本事？

发明对现代社会来说可谓是难之又难，面对大量现有的客观事物，最重要的不是发明，而是发现。艺术大师罗丹也说过：“这世界不是缺少美，而是缺少发现。”广告人要用独特的思维方式去观察，去分析，去推理，去判断，才能发现那些潜在的、不为常人所注意的新的意识、新的观念、新的产品、新的市场，这就是广告人所需要具备的基本素质。

广告人的特征是坦率、自然、独立、执著，对工作有强烈的动机。他们有时难以相处，但都具有高度的幽默感。他们在一起总是笑声不断，笑声尤其能滋生他们的创造力。

广告人可能并不遵从一般常规，他们有些冲动，这使他们始终具有创造的爆发力。不了解的人认为他们不遵守游戏规则，不符合道德规范，其实他们是极有道德感的人，只不过在内心里他们的道德与常人不太相同罢了。

广告在于承诺，定位在于牺牲，广告人以服从为天职。广告人总有一种使命感，要完成客户的任务并不容易，于是他们有时会独立寒秋，超然物外，沉默得让外人觉得冷漠，其实冰冷的岩石下熔浆正在汹涌。

优秀的广告人有些优越感，工作等于消遣，担当重任更是求之不得的快乐之事。这种优越感使他们更加自信，而不会轻易向愚昧低头（为此，喝点西北风又何妨）。他们是标准的马斯洛眼里的健康人——自我实现者。

广告是一门成功学，广告人是发现问题并解决问题的人。我有时衡量一个广告人是否优秀，常用一种办法，就是问问他口袋里有多少钱，有没有过上小康生活。如果他连自己都没推销出去并发家致富，他怎么会有办法帮广告主推销产品呢？当然这个办法有点偏颇，但不失为衡量一个广告人优秀与否的办法。

时下有一句话，说是在大街上，一片树叶掉下来，砸伤的四个人中有三个是经理。我要说，恐怕一条街上，把所有人过滤一遍也没有一个广告人。当然，挂羊头卖狗肉、滥竽充数者不在此列。现在广告公司如雨后春笋般破土而出，一个接一个，找一个优秀的广告人却如大海捞针般困难，难怪广告公司的老板都在叫：人才难得！人才难得！

那有人要说了，广告人这么吃香，赶明儿一定干去。行，没人拦你，广告这行当谁都能混碗饭吃，吃好、吃孬就看你有没有两下子了。

圈内人都知道，广告玩的是智慧，是实在，是高层次的追求。想玩虚的，还是找地方歇歇去吧。

灵感荟萃

1. 真正的广告创意有赖于创意者对生活、对人类深入的了解和洞察，更有赖于其潜意识中有足够的情报。传统的思维方式是“因为……所以”的因果关系，而广告创意的思维方式却往往是“应该……但是”的逆向思维。

2. 做广告的人十有八九发誓下辈子不再干这个职业。广告行业最终不在于喜欢不喜欢，而在于适合不适合。这里从没有能够让你停一停、靠一靠的地方，你永远得比别人跑得快。

3. 广告绝对是“智者的职业”。广告业是一个知识密集、技术密集、人才密集的产业，对广告从业人员的素质有很高的要求，绝非每个人都能无愧于“广告人”这一称号，至少广告人里没笨蛋。

三种广告人

广告人有三种：工匠式、学者式和技师式；又分三种：由今天看昨天的，由今天看未来的，由今天看今天的。

根据阿兰《人间论》的观点，所谓工匠式，是迷信经验，受习惯和道具所左右，采取不钻研的态度，只按照已知的方式行事。

所谓学者式，则是另一个极端，仅仅满足于努力理解事物，解释自己的观念，尽力把自己的理解化为合理的行动表现出来，事实上已经脱离了实际。

技师式则介于这两者之间又超乎两者之上，他的观念都是行动的观念，他能够以最适应时代要求的思想去发现、反省和发明，而其思考的对象限于行动本身。

广告公司有一种倾向，家家都在造一套自己的理论，其实行家一瞅，看似不一样的理论或独门武学，仔细一琢磨讲的都是一个意思。这种跨过界抢食的勾当，恐怕那些真正的理论大师倒不会往心里去，往心里去的是那些所谓的理论创立者。他们认为别人的理论源头是自己的思想，却巧立一个新名目，这就不能不让他们生气了。

由今天看昨天的，喜欢怀旧，怀念往日行之有效的方法，故步自封，恨不能让消费者都回到从前。

由今天看未来的，做投资一流，做广告正好相反，把作品做给下个世纪的人看，艺术家可以如此，做广告则必死无疑。

由今天看今天的，这是现实分子。这种人做投资不行，缺乏眼光，但做广告就十分合适。

一群工匠、一群像学者的人、一群技师构成了广告公司，且人人有活路，因为客户亦有不同种类。

广告公司也分三种：做项目的；由做项目开始做公司的；由做项目到做公司再到可持续地做公司的。

每一家广告公司都得经历这三次转变，才能真正算是成功。

每一家广告公司有三件事必须做：

1. 价值观：价值观是广告公司判断大是大非的标准。同样是创意，有的以获奖为乐，有的以帮助客户销售为乐，这是价值观不同造成的。成功的广告公司一定要有自己的行动天条。

2. 工具箱：不管是制度还是操作手段，都可以做成模子。入司新人要接受培训，喻之“入模子”，没有模子的广告公司可以一时胜，有模子的广告公司可以长久胜。解决不了工具箱问题，就解决不了知识的积累和传承问题。

3. 坚持就是胜利：广告公司生存得越久，积累越多，价值越高。所有的广告公司老板都要问自己一个问题——打算做多久，5年，10年，还是一辈子？

这对公司是一个战略问题，长有长的做法，短有短的做法。

目标很重要，有什么样的目标就有什么样的人加入。目标是方向也是方法，实现的方法有千万种，坚持最重要，毅力最重要，最终只有时间才能让广告公司强大起来。

衡量广告公司品牌成功的综合指标有三个：知名度、满意度、忠诚度，一样不能少。光赚钱不等于成功。所以，不管是哪家公司都得看看自己的核心竞争力在哪儿，看清了，咬着牙坚持就能修成正果。

最近读到一句话：人走我不走，杀出新血路。深以为然，改了改：人走我也走，人不走我更走，正合奇胜尔。

广告人生态环境探讨

广告人，不能仅仅是个广告人。广告行业发展至今，已经成为一门综合性的科学——基于洞察力、想象力和创造力的科学。伴随着互联网的常态化，咨询之间的不平衡逐渐被打破，广告人必须是艺术家、思想家、市场专员、心理医生、产品经理……才能将自己的本职工作——广告人的工作给做踏实了。比稿与压价不是出路，如何增加广告公司自身的核心竞争力，如何保持广告人的积极性与创意激情，还有对整个行业的信心，才是广告公司与整个广告业必须严阵以待去解决的问题。

“不做总统就做广告人”——然而，精彩背后隐藏的艰辛，只有真正成为“广告人”的人才能体会。加班当然已经是行业无须遮掩的正常情况，私人时间被一而再，再而三地压缩到最小。

而对广告人来说，饮食无规律导致的胃病，长时间坐在电脑前工作导致的颈椎病，忙碌、压力、熬夜导致的亚健康、神经衰弱、失眠等症状正在侵蚀广告人的身体，损害他们的工作激情。难道做广告，就一定要过“狼一样的生活”？

广告人，为什么在奔跑

美国广告传播专家雅克·比尔认为："对于美国广告来讲，20世纪60年代的广告黄金时代已经一去不复返了，现在走在麦迪逊大道（Madsion Avenue）上，再也没有机会成为大卫·奥格威式的广告英雄。"

同样，当今中国，广告行业的市场准入门槛已经很低，同质化的服务在所难免。随着互联网的普及，行业已经开始重新洗牌，粗放型增长已走到尽头，这必然导致广告人之间的竞争更加激烈，能在行业中留下来的必然是经得起洗牌的优秀企业，这也就要求留下来的是优秀人才，尖子中要冒尖，要付出的努力与心血自然少不了。这是其一。

其二，不同企业对广告作用的认知态度也影响着广告人工作量的大小。有些企业不懂广告，认为广告会带来奇迹，因此迷信广告，对广告下赌注，希望靠广告来解决销售难题。有些企业很缺德，大量比稿，而且是在不公平的条件下比，甚至要求比稿企业先交钱。比什么呢？比能力？比方案？还是比价格？没个标准。这就造成赢家不一定是最有水平的结果。而广告公司为了得到这笔生意，就不得不把压力放在广告人身上，这不但浪费了广告人的智力支出，还大大打击了其工作的积极性。广告人不得不为这些永远不知道成功概率有多少的比稿耗费大量的脑力和体力。

其三，有些广告人自身太急于求成，特别是那些广告行业初出茅庐的新手。以为多忙多做就能一步登天，对自己的期望太高。另外一些人，习惯了散漫自由式的生活，把熬夜、非规律的生活视为生活常态，仗着自己年轻，肆无忌惮地耗费着自己的健康与身体。而他们这种热情也给不再年轻的广告人带来了巨大的压力，为了自己不被淘汰，也只好跟着一起奔跑，里面的快乐与艰辛也只有自己知道了。

损耗大，收益却不见得大

这种巨大竞争压力下的行业生态环境，对广告公司与广告人自身都是巨大的损耗，但是真正做出好广告、打造出好品牌的广告人与公司又有几个？

高损耗与小产出应该引起广告业界与相关同仁们的高度重视。

对广告公司来说，这是对人力资源的高度浪费。现代社会是讲究效率的社会，“人尽其用”的意思并不是说短期内把一个人的脑力、体力耗尽，而是指充分地运用一个人的能力，同时要得到相同效果的效益。这也是广告公司自身所要追求的最终目标。有效地利用人才，有效地控制工作的压力与节奏，才能增加广告公司乃至整个行业的吸引力，有了吸引力才能有更多的人才加入，使整个行业更有活力。否则，在听闻一个个广告人辛勤地付出却只是在做无用功的故事后，很难想象还有多少人愿意成为广告业的一员。对广告人来说，短时间的压力与拼搏的确能激发自己的上进心，然而过长的时间、过大的压力与身体的损耗却往往让人得不偿失。以健康为代价去获取成功是最不可取的成功方式，要知道，只有你自己的存在才使你要去达到的目标有了意义。再者，长时间遭受不被肯定的打击，对自信心、自我能力都会产生很大的怀疑。而某些失败，例如比稿，却和真实的能力无关，这使得怀抱激情而奋勇拼搏的广告人很难长时间保持这种拼搏之心，当身心疲惫之后，新鲜的广告人也被同化，走入俗流，这时候就很难期待其有创造新东西的热情了。

比稿与压价不是出路，如何增加广告公司自身的核心竞争力，如何保持广告人的积极性与创意激情，保持对整个行业的信心，才是广告公司与整个广告业必须严阵以待解决的问题。

广告人，改变，从自身做起

广告人组成了广告公司，广告公司组成了广告行业。因此，要改变这样的局面，还应该从每一个广告人自身做起。

对广告人个人来说，要关爱自己的身体。要知道，你不可能永远年轻，如果你要在广告业做出一番成就，必然要有健康强壮的身体作为强有力的后盾。很难想象一个被疾病困扰的广告人如何能做出大成绩来。所以，不要随意处置自己的身体，对它好一点，将来它会回报你的。

同样，也要知道如何在该拼的时候努力去拼，在该放弃的时候适当放弃，这是个很重要的课题。保存实力是让自己获得更长久发展的有效方法之一。广告的确需要很多的拼搏与付出，也只有这样，才能做出真正成功的作品。但有时候，广告人也需要有“孙行者”般的火眼金睛，如果遇到纯粹是来骗取比稿的客户，不如大方地说“不”。如果你是个有能力的人，何不对垂死挣扎的整天比稿的小公司说“拜拜”，让他们接受洗牌的淘汰，而你可以保存更多的激情与能力去和有实力的公司一展拳脚。这也有利于行业在洗牌后更快速地恢复正常的竞争环境。

总之，要建立科学的成才观、事业观和发展观，不要为了一时的利益或者一时的拼搏耗尽自己的激情与信心，要边学边用，在付出与保存之间找到一个平衡点，把力气用在对广告行业与客户最有贡献的地方。

广告人，不能仅仅是个广告人

广告行业发展至今，已经成为一门综合性的科学——基于洞察力，想象力和创造力的科学。伴随着互联网的常态化，咨询之间的不平衡逐渐被打破，广告人必须是艺术家，思想家，市场专员，心理医生，产品经理……才能将自己的本职工作——广告人的工作给做踏实了。

很多人说广告的生存环境越来越恶劣了，竞争越来越多了，甚至传统广告人都快没有空间了，其实不然：广告人只要不画地为牢，死死拽着昨天的理论和思考，随时都能华丽地转身，广告人还是广告人，只不过多了很多的武器和储备迎接新时代的需求。

灵感荟萃

1.现代社会是讲究效率的社会，“人尽其用”的意思并不是说短期内把一个人的脑力、体力耗尽，而是指充分地运用一个人的能力，同时要得到相同效果的效益。这也是广告公司自身所要追求的最终目标。

2.比稿与压价不是出路，如何增加广告公司自身的核心竞争力，如何保持广告人的积极性与创意激情，保持对整个行业的信心，才是广告公司与整个广告业必须严阵以待解决的问题。

3. 对广告人来说，短时间的压力与拼搏的确能激发自己的上进心，然而过长的时间、过大的压力与身体的损耗却往往让人得不偿失。以健康为代价去获取成功是最不可取的成功方式，要知道，只有你自己的存在才使你要去达到的目标有了意义。

4. 广告行业发展至今，已经成为一门综合性的科学——基于洞察力，想象力和创造力的科学。伴随着互联网的常态化，咨询之间的不平衡逐渐被打破，广告人必须是艺术家，思想家，市场专员，心理医生，产品经理……才能将自己的本职工作——广告人的工作给做踏实了。

AE：你得几个“A”？

要让自己成为一个专家，不仅是广告行业的专家，还必须是你主管的客户那个行业的专家。只有让自己成为专家，才能在这个行业中立住脚。

AE是广告公司对客户主管的称呼。关于AE，奥格威曾记下在飞机上听到的这样一段对话：

“你做哪一行的？”

“工程师，你呢？”

“我在一家广告公司当AE。”

“你写广告？”

“不，是撰文者写的。”

“一定是很有趣的工作。”

“并不是很轻松的工作，我们做很多的研究。”

“你们做研究？”

“不，有研究员帮我们做这些事。”

“那你们是负责找客户？”

“不，这不是我的工作。”

“那什么是你的工作？”

“行销。”

“你们替客户做行销？”

“不，他们自己制订行销计划。”

“那你是主任喽？”

“不，过一阵子我才会当主任。”

这真是一段沉闷而又滑稽的对话。对话人似乎从一开始就在谈论广告公司的AE，可说来说去，AE还是水中月、雾里花——糊里糊涂看不清。

其实正如商品有高、中、低档一样，AE与AE之间的分别实在是很大很大。有些AE在广告公司里的地位相当高，而有些AE在广告公司里始终只是个跑龙套的角色，这主要是由他们承担的工作与职责决定的。据说在以前，AE领的薪水要比代表客户、职位相当的产品经理高，但是他们承担的义务也多，不仅要负责广告策划推广的工作，还要负责整个行销企划，并且要能引导公司内各个部门尽可能地配合协作完成工作。

现在如果一个AE仍然具有这样的能力，能够担得起这样的责任，那他在公司里的地位必定炙手可热。可惜的是，现在的大多数AE在广告公司里只剩下协调的功能，成了客户与广告公司部门之间沟通的传话筒。

很多时候，我们谈到AE，总是联想到递烟、倒茶、喝酒、吃饭，没完没了的应酬，没完没了的电话，没完没了的差旅，似乎是很风光。其实，如果真的做一段时间的AE就会发现，一边吃东西一边观察客户的表情、揣摸客户的心态，绞尽脑汁寻找业务的切入点，再好的美味也尝不出来了。而当女朋友打电话来约一起晚餐，偏偏客户正在公司，应酬就不是一件愉快的事了。而仅仅做好了这些，远远不能算是一个成功的AE。你还得能够做得更多，更好。

首先要让自己成为一个专家，不仅是广告行业的专家，还必须是你负责的客户所属行业的专家。只有让自己成为专家，才可能在这个行业中立住脚。

你必须对广告有足够的研究，能够拿出很好的广告企划提案，并且很好地将它推销给客户。你必须对广告创作有准确的判断力与丰富的表述力，你不能总指望着公司的创作人员创作了广告再去对客户阐述广告。你必须对客户需要的是什么以及公司能给予客户什么了如指掌，并且尽力协调，使双方各得其所、恰到好处。

你还必须对你负责的客户的情况知道得比谁都全面，消息更灵通，你必须关心任何与你的客户有关的知识与信息，管一行就得进入这一行。比如，你正负责一个生产空调的客户，你就要学习压缩机、通管、模糊技术之类的产品知识，去车间看看空调的生产、检测过程。留意电视广播报纸刊物上有什么与客户有关的有价值的信息，将它们记录下来，剪贴起来，及时提供给客户，加强与客户的沟通与联络。这样一行一行地做下来，相信你已经成为百事通了。

如果可能，让自己尽量显得有人情味些。公司与公司之间当然是以利益关系为重，但代表客户跟你打交道的是具体的办事人员，也是你跟客户沟通的桥梁。桥梁建不好，怎么能跟客户良好地合作呢？要知道，对领导来讲，最需要的是有效的建议；对办事员来讲，或许更需要尊敬与诚意。客户可不是傻子，真把他们当朋友还是想糊弄糊弄，他们心里都有数。吃饭、喝酒、唱卡拉OK、送小礼品当然是加强友谊的办法，但如果能在客户代表独自在异乡过中秋时送上几块月饼和一些水果，那就更好了，恐怕他一辈子也忘不了这个中秋。

永远对客户的业务守口如瓶，千万不要在一个客户面前谈论另一个客户的业务，这会让客户联想到也许在其他的客户面前，你也会这样谈论他的业务。遵守商业机密，也是严守私人秘密的一个方面——有谁会喜欢一个窥探传播他人隐私的人呢？

面对客户难免会遇到一些争执。意见不统一时争执，看法不一致时争执，利益相冲突时争执。做个AE要懂得什么是主要矛盾，并且紧紧抓住，在次要的非原则问题上不妨让一让步，小牺牲有时可换来大利益。

还有，千万不要替你的客户做主，你可以提建议，出点子，但决定权在客户手中。要知道，产品是客户的，广告是客户的，广告费也是客户的，最后承担结果的还是客户。广告公司永远只是在火边上提个灭火器的人，客户是无法替代的，无论是客户的利益还是风险。

有种说法，一个真正的AE，需要具备五个A，即Analysis，Approach，Attach，Attack，Account。第一，Analysis即分析。这包括广告产

品、广告主、目标市场、目标消费者、竞争对手等各方面的情况；第二，Approach 是接触。对内与广告作业人员（策划、创意、媒体、公关人员等）协作，对外与广告主方面的高层人员及现场作业人员协调；第三，Attach 就是和广告主的联系程度如何。距离分寸要把握得恰到好处；第四，Attack 是指攻击性。在广告作业方面，一般来讲，广告公司要比广告主更了解怎么去做。AE 是广告公司的代表，假使 AE 受广告主操纵，就不可能做出真正有风格且具销售力的广告，所以 AE 必须采取主动，必须向广告主提供商品计划、广告企划等。上面四点都能实行的话，最后的目标——利益（Account），亦必增加。而 AE 的价值，也在这个过程中充分体现出来了。

请问，你能得几个“A”？

Copywriter 不 Copy

广告的灵魂与思想从哪儿来呢？它们躲在文案人员的头脑里，还是藏在纷乱繁杂的生活里？可有一个筛子能够把它们从千头万绪中筛出来吗？那么这个筛子又在哪儿？

尽管现在大多数的广告公司都将 AE（客户主管）捧到最高的位置（业务挂帅嘛），而将 Copywriter（广告撰文）撇在一边，我仍然认为，并且一直认为，优秀的文案人员对任何一家广告公司来说都是极为珍贵、极为难得的。

我得先解释一下“优秀的文案人员”是怎么回事。

很多广告书都告诉我们，广告文案必须准确、简洁、耐人寻味、幽默风趣、动人、真诚、坦率、善解人意、过目不忘、震撼人心……却很少从广告文案人员的角度去深入探讨广告文案这一主题。这就好像离开了扎根的土壤而期望开花结果一样，长出来的终归只是浮萍，风一吹就散了。

我认为“优秀的文案人员”必须对生活抱有强烈的热情，对人与事物有与生俱来的关心和兴趣，并且对人们具有深切的同情心。他能够深入到事物的内部和人物的心灵，找出商品与人们之间的关联，确定哪些是人们需要的，

或者会发生兴趣的。他还需对生活具有足够了解与体会，使他能够借助联想将商品放进人们的心中。

这与那些只会玩拼词游戏的“积木高手”有天壤之别。

那些认为广告文案就是堆砌一些优美的辞藻、动人的句子的人，实在是大错特错了。优秀的文案人员不仅要有高超的文字组织能力，更要有组织事实与思想的能力。很多人能写得一手极华美、极优雅的文章，或者能将一种情形描绘得栩栩如生，但是因为没有灵魂、没有思想，文字始终是死的，没有生命力，充其量只是一篇作文，因而也就不能实现广告文案的功效。

是的，我是说广告文案必须具有灵魂与思想。这才是广告文案的根本之所在。

可是灵魂与思想从哪儿来呢？它们躲在文案人员的头脑里，还是藏在纷乱繁杂的生活里？可有一个筛子能够把它们从千头万绪中筛出来？那么这个筛子又在哪儿？

没有，没有现成的筛子。如果要说有的话，也只能是文案人员不断思考、不断工作、不断努力学习、不断体会生活所积累、酝酿、造就的洞察力。所谓“世事通明皆学问，人情练达即文章”，它无处可寻，又无所不在。

你可以从一切书本杂志中得到许多有用的东西，不要只限于专业书籍，否则会得偏食症。你也可以从身边的生活中学到很多，试着去过过各式各样的生活，相信你会饶有兴味的——如果你打算做一个撰文人员的话。你还可以从一些资深的优秀撰文人员那里得到许多有益的启发与帮助，但是你得自己动脑动手——学游泳只有在大江大河中才学得会。最重要的，当你接手为一个商品写广告文案时，必须尽量多地了解它，了解它的使用范畴，使用对象，使用情境，并且找出对你有用的事实进行技巧的组织。了解得越多，你的文案就会越“言之有物”，越具有事实感与说服力；最好，你能爱上你正在写的这个商品，喜欢、信任并且乐于使用它。因为只有你自己对商品深信不疑，才可能将它热心地介绍给你的家人、朋友以及许许多多的人们。我承认这有点难度，至少对我是这样。如果你正巧碰上一类天生就不喜欢的商品，那可真是太糟糕了。只要可能，回避掉它吧！

但是，要作一个真正优秀的广告撰文，必须把产品和客户放到第一位。

你可以有自己写作的偏好与风格，但更要能依产品特色，塑造产品独特的魅力与风格。这听起来好像广告撰文是块橡皮泥，可以随便捏，捏什么就得像什么，够惨的。但是没有办法，因为广告文案是一种借由专业训练来打动消费者内心，甚至打开他钱包的语言能量。一味强调个人风格，只有闭门写小说、写散文去了。因为说到底，广告文案的主角是“产品”，广告撰文只是将产品在厂商与消费者之间达成知名、理解、偏好与行动的沟通桥梁。

几乎所有的人都认为广告撰文是没有规则可循的，撰文人员也是无法培养出来的。但这里有几个颇实用的办法，也许能够帮助希望成为优秀广告撰文的朋友：

（1）做一个诚实的人、自然的人。写诚实的、自然的广告文案。请相信，你或许可以在所有的时间欺骗一个人，或者在一个时间欺骗所有的人，但你不可能在所有的时间欺骗所有的人。这是一个真理。

（2）做一个有心的人。备一个可随身携带的簿子，随时将一些思想火花记录下来。要知道它们就像闪电，稍纵即逝。捉住它，极有可能就会带给你精彩的构思或是感人的话语；错过了，或许就永远错过了，再也追不回来。

（3）做一个专心的人。写广告文案时针对一个需要你指点、帮助的朋友说话，往往比对一群人说话更为有效。你要让每一个读广告文案的人觉得这是专为他度身定做的。这样他才会有特别的感觉，并且愿意关心。

（4）做一个永不知足的人。学会挑刺，善于挑刺。完美是广告人的大敌，除非客户已站在你面前。

（5）做一个善解人意的人。为自己准备千个面孔、万双眼睛，时时换个位置去看待事物和生活，看待自己写的广告文案，也许你会有一些新的感受与认识。

（6）做一个勇敢的人。有足够的勇气表达自己的观点并且坚持它。很多时候有一些想象力与创造力并不困难，而坚持它们却非常困难，尤其对一个撰文新手。但往往新手能够写出出人意料的好文案，因为他们没有框框的限制，他们是新鲜的。

（7）最后，还要做一个有韧性的人。要学会忍受并且习惯熬了一个星期甚至更长时间创作的广告文案被他人或是客户否决的命运。有一个最简单的办法，就是写作文案的时候把它当作生孩子，一定要竭尽全力；而写好之后呢，就把它当作嫁女儿：终于有一个可托付的人替你接过了肩上的担子，你尽可轻轻松松地再去做别的事，它跟你没任何关系了。

写成一篇优秀的广告文案有许多种方法，通向罗马的路千条万条。但判断一篇文案优秀与否却只有一个原则：“文案的标题是否令你想去读文案的第一句话？而文案的第一句话是否能使得你想去读文案的第二句话，并且使你看完整个文案？一定要做到使读者看完广告的最后一个字才想去睡觉。”

看了以上的文字，如果你还能保持微笑、镇定自若、谈笑风生的话，那么恭喜你，你已经具备了一个优秀广告文案的潜质。

现在，我想用乔治·葛里宾的一段话来作为这篇文字的结尾：

一位撰文人员应该像避免瘟疫一样去躲避索然无味，他最好能一开始就做一个询问者而不是做一个接受者……一个好的撰文人员永远不会做一个势利小人，因为势利小人总是离群的，那是撰文人员的自杀行为……撰文人员应该是最快乐的，是一个乐观的人而非一个愤世嫉俗的人。任何对生活有拒绝意义的事，对一位撰文人员都是不好的事。愤世嫉俗是对生活的拒绝。我愿意说分享、分享、分享。

灵感荟萃

1.“优秀的文案人员”必须对生活抱有强烈的热情，对人与事物有与生俱来的关心和兴趣，并且对人们具有深切的同情心。他能够深入到事物的内部和人物的心灵，找出商品与人们之间的关联，哪些是人们需要的，或者会发生兴趣的。他还需对生活具有足够了解与体会，使他能够借助联想将商品放进人们的心中。这与那些只会玩拼词游戏的“积木高手”有天壤之别。

2.广告文案必须具有灵魂与思想。这才是广告文案的根本之所在。而灵魂和思想的获得，只能是文案人员不断思考、不断工作、不断努力学习、不断体会生活所积累、酝酿、造就的洞察力。所谓“世事通明皆学问，人情练达即文章”，它无处可寻，又无所不在。

3. 要作一个真正优秀的广告撰文，必须把产品和客户放到第一位。你可以有自己写作的偏好与风格，但更要能依产品特色，塑造产品独特的魅力与风格。

4. 判断一篇文案优秀与否却只有一个原则：“文案的标题是否令你想去读文案的第一句话？而文案的第一句话是否能使得你想去读文案的第二句话，并且使你看完整个文案？一定要做到使读者看完广告的最后一个字才想去睡觉。”

关于创意

在广告业，想象力与创造力如何制胜？
我们的答案是：将创意融入营销策划的每一个环节。

近年来，新产品、新品牌、新生活方式不断涌现；新思路、新理论、新方法层出不穷。每天都有颠覆与崛起。广告业理所当然地充当了颠覆时期的急先锋。新媒介风起云涌，互联网以前所未有的速度渗透进大众的生活，资讯不再是少数派的专利。知识面前人人平等，改变命运却不仅仅是拥有知识就能做到的了。竞争的环境催生输赢的概念，而输赢永远是相对的。这一本质已经向我们昭示了赢的法则——想赢，就得更进一步！超越方法与技能，超越逻辑与理性，想象力与创造力闪着眩目的光芒，以不可思议的力量脱颖而出。完全有理由相信：想象力与创造力制胜的时代已经到来。那么在广告业，想象力与创造力如何制胜呢？我们的答案是：将创意融入营销策划的每一个环节。创意地调研、创意地定位、创意地制订策略、创意地表现与执行、创意地管理、创意地沟通，甚至创意地活着。

让创意无所不在

具体来讲，从中国制造到中国创造再到创意产业，最关键的一点就是满足个性化的需求。人的价值观是多元化的，而且这是一个人人都想当主角的时代，因此，每个人都会对个性化的产品、个性化的品牌进行选择，也就是只有你更有创意地去理解消费者，你才能读懂消费者的心思。我经常说的一句话是："如果没有好的创意，你就去死吧。"如果你连消费者的心思都不明白，连一个好的创意都不能提出的话，你的脚下就是一片红海。

创意永远没有尽头，就如同人的欲望是无止境的：吃饱了就会想要吃得更好，吃好了又会想要吃得科学，人的欲望就这样一步步被激发出来。不断深度挖掘消费者的内在需求，不断细分这些需求，就产生了一个又一个的市场机会。即使在一个物质越来越丰盛的时代，这种机会也从不缺乏。

早期的化妆品只是冬天滋润肌肤之用，看看现在的化妆品吧：

从功能分有防晒的、补水的、祛斑的、美白的、营养的……

从种类分有爽肤水、润肤乳、面霜、眼霜、手霜、足霜……

你以为空间已经挤得满满的了，再也没有未被满足的消费需求了，但我们在策划"珀莱雅"时，硬是凭着"晨水和晚水"开创了一个全新的市场空间。

通过对细分市场的再次定位，通过晨水和晚水的推出，珀莱雅真正占住了"深度补水"定位，在消费者心中建立了补水专家的形象。清新晨水、滋养晚水——让肌肤一天年轻2次。

星巴克的成功，不在于它将咖啡做得有多好，而是将消费者需求的中心由产品转向服务，继而转为体验的差异化经营，成功创造了一种"星巴克体验"。

如同没有竞争就是最好的竞争一样，没有标准就是最好的标准：因为你可以来制订标准。尽一切可能让自己成为标准的制订者，从而让消费者和竞争者失去判断力。

任何一个行业，想要做得比竞争对手好是很难的，但要做得和竞争对手不一样，相对比较容易。

在西服这个欧风盛行的行业，叶茂中策划机构建议柒牌反其道而行之，让李连杰在广告片中穿上中式复古风格的中华立领服装亮相，风靡一时。柒牌紧接着顺势推出“中华立领”这个服装品种，因为没有同行做，又一次通过差异化的品种异军突起。企业不止一次告诉我们：中华立领卖疯了。

可见产品的差异化永远是打造品牌的一个最重要的基础。因为首先不管做不做品牌，关键是要有销量，都没有销量了，品牌怎么做，哪儿来的钱做，怎么能坚持。品牌是靠时间积累的，产品的差异化很重要。

实际上人类是很贪婪的，永远都会有一些欲望没有被满足，这个没有被满足的东西你就要去挖掘它。市场营销其实就是研究需求，研究怎么卖，卖给谁，这是最初级的。最重要的是研究需求，这个需求甚至消费者本人都不能意识到，这个才是非常厉害的。

第二章

策略游戏馆

Chapter 02

关于策划

有人说世上只有两种力量，一种是剑，一种是思想，而思想总是战胜剑。策划其实就是一种思想，它善于把复杂的问题简单化，把简单的问题独特化，以尖锐的诉求去刺激消费者。

消费者的心理有时很像一座冰山，露出水面的只是1/3，更多的都藏在水下。谁能挖掘出水下面的冰山，谁就一定会让消费者跟他走了。但是请记住一点：千万不要试图欺骗消费者。还是那句话：你可以在同一时间欺骗所有人，或在所有时间欺骗一个人，但你绝不可能在所有的时间欺骗所有的人。

消费者的心理说复杂也复杂，说简单也简单，秘诀就是一个字：“诚”！作为策划公司，给客户进行策划和创意的时候，同样要建立在这“诚”字上。以此为基础、为核心再去做产品定位、市场定位和创意，才能真正获得持久的成功。

消费者所认知的事实可能不是“科学”的事实，但如果我们一厢情愿地去传播我们认为正确的事实，却一点不兼顾消费者所认知的可能是“错误”的事实，恐怕也不合适，会给我们推广产品带来阻力，所以我们要去利用“错”，才会不犯错。

不要怕冒风险，因为根本就没有所谓安全的策划。新奇的设计和创意总有风险，如果怕冒风险，也就不可能引起消费者的注意，不被注意，就不会促进销售，那风险就更大了。不冒风险，实际上是在冒另一种最大的风险：放弃机会，坐以待毙。

一个好的策划公司必须可以为企业带来某种帮助。与客户面对面时，你一定要让客户感受到你的价值，还有你的敬业精神。中国的广告公司大多得上门找客户，在行动和心理上都是被动的。客户找策划公司的毕竟占少数，策划公司和策划人的知名度、美誉度也不是一天就能创造出来的。既然有找上门来的客户，至少说明了这样一个事实：企业主是需要策划公司的，真正有服务能力和责任感的策划公司，永远有其存在的理由和价值。也就是说，竞争再激烈，焦点仍然落在服务能力与服务态度上。

做策划的人都知道，现在的社会已大不同于以往，只有好的内容远远不足以成功，还要有夺人耳目的形式，才能在同类中脱颖而出。

企业主和策划公司的关系只有像朋友一样，彼此坦诚信任，相互理解尊重，才能合作好。对企业主来讲，要承认并理解策划公司思想的价值，而不是简单地用一斤一两、一尺一寸来衡量策划人的劳动；对策划公司而言，要多从企业主的角度，设身处地替企业主着想，多出一些好构想、好点子，情感的火花自然就被点燃了。

我们在长期的策划作业中深知，企业主如果想运用好策划公司，至少要做到尽可能多地给策划公司提供充分的资料，这包括企业主对市场的了解和打算。企业主提供给策划公司的资料越多越充分，策划公司就越有可能产生出更多更新奇的想法和主意。

企业主首先要让策划公司和自己连为一体，而非简单的雇主和雇员的关系。要记得你是在娶老婆，而不是找保姆。企业主和策划公司应成为平等的合作伙伴，共守秘密，共同分担企业的危机。企业主千万不要居高临下地对待策划公司，不平等的合作关系产生不出杰出的策划和创意。企业主把策划公司训成听话的侍从，那还不如自己办一个策划公司自娱自乐算了。

策划公司辛苦策划出来的方案，双方认可，如无意外，就应该坚决执行到底。企业主随心所欲地改变策略，不仅会令策划公司伤心，更会使一个好的策略半途而废。企业主在听取策划公司的建议时，一定要认真仔细，尤其是与自己观点不同的时候，更要耐心聆听，不同意见的碰撞极可能诞生好创意。

对一个刚步入社会的新人来说，不管做什么，起步阶段总是艰难的。能攀上某个名师，不仅学有长进，而且会因师傅的名气跟着大出风头。策划一个新产品自然也是同样的道理，懂得借船过河，自然会前进得快一点。但打响品牌非一日之功，更何况知名度不代表美誉度，更不代表指名购买率。若想在消费者心中牢固地占一个位置，还得进行长期的品牌运动，更要在进行传播前先有一个好产品。所以，借力传播充其量只是一种有效的提高品牌知名度的好办法，作为一个完整的品牌传播运动中的先锋是有益的，但仅靠这一点就指望能在消费者心目中建立一个品牌位置，就显得力不从心了。

灵感荟萃

1. 消费者所认知的事实可能不是“科学”的事实，但如果我们一厢情愿地去传播我们认为正确的事实，却一点不兼顾消费者所认知的可能是“错误”的事实，恐怕也不合适，会给我们推广产品带来阻力，所以我们要去利用“错”，才会不犯错。

2. 一个好的策划公司必须可以为企业带来某种帮助。与客户面对面时，你一定要让客户感受到你的价值，还有你的敬业精神。

3. 做策划的人都知道，现在的社会已大不同于以往，只有好的内容远远不足以成功，还要有夺人耳目的形式，才能在同类中脱颖而出。

4. 企业主和策划公司的关系只有像朋友一样，彼此坦诚信任，相互理解尊重，才能合作好。企业主首先要让策划公司和自己连为一体，而非简单的雇主和雇员的关系。要记得你是在娶老婆，而不是找保姆。

关于策划人

在人生的某一阶段，对生命负责的态度就是玩命。你对自己残酷一点，别人才会对你好一点。反过来，你对自己好一点，别人就会对你残酷一点。你仔细想想，是不是这个道理?

说得通俗一点，整个广告运动就好比是一场战争。它需要有战场，也就是目标市场；需要有武器弹药，也就是广告费；需要有敌方，也就是竞争对手；需要有侦察兵，也就是市场调查；需要有军队，也就是广告运动执行人员，而总指挥，当然非广告策划人莫属了。大到广告运动的规模、范围、布局，小至其中的每个环节及其具体实施，无一不在总指挥的管辖之内。

既然是总指挥，就得十八般武艺样样精通。

首先，说说营销吧。广告是营销范围里促销推广中的一部分。广告的根本目的就在于把产品卖出去。评判一个广告策划成功与否，也是看其对产品销售的作用有多大。极端一些说，广告和营销犹如产品的两条腿，搞广告不懂营销就没法让两条腿协调走路，这路自然也走不好，所以做广告策划人第一是要精通营销。要制定出一份出色的广告策划，先要能制订一份优秀的营销计划。

其次，你得懂心理。广告本质上是解决人的问题，而策划要解决的还不仅仅是广告的目标对象的问题，在这之前，策划需先解决广告主的问题：让广告主接受这个策划。

和广告主打过交道的广告人都知道，每个广告主都把他的口袋锁得牢牢的，要打开这把锁可不是件容易的事。广告公司和广告主面对面谈判，你得拿出厚厚一叠策划文案压阵。事实证据、分析材料、对应策略、实施保证，缺一不可。你还得施展出演说家的口才、外交家的风度、辩论家的机智，随时把握住谈判局势，那精彩激烈的唇枪舌战绝不亚于一场战争。一个优秀的广告策划人如果不能解决广告主的问题，那也就不能称其为优秀了。俗话说得好：拿人钱财，替人消灾。

解决了广告主的问题，就该解决目标对象的问题了，否则自说自唱没人理你，这广告做与不做有什么不同呢？而广告策划说白了，就是将合适的产品，在合适的时机，用合适的手段，推销给合适的人。广告永远只对可能消费该产品的人有作用，而不会对所有的人产生作用。好比洗发水，干性头发的人只会选用适合干性头发的洗发水，而绝不会选用适合油性头发的洗发水。

广告策划还必须对广告的创意给出明确而简要的创作原则——也就是具体的广告策略，明确的广告策略得建立在对产品、消费者、竞争对手皆了如指掌的基础之上。

现在总指挥可以调动手下的侦察兵和情报部了，摸清敌手是谁，兵力如何分布，还有哪些躲在暗处未暴露的敌手。比如，糖果的竞争对手除了糖果类以外，还包括瓜子、牛肉干、鱼片、鳕柳丝等多种多样的休闲小食品。我曾经为一个客户设计了一种定位介于酒与饮料之间的饮品：可代酒。尽管这样的定位是独一无二的，并且似乎没有直接的竞争对手，但我们在进行营销和广告策划时，却不敢稍有疏忽。因为事实上所有的饮料都是可代酒真实的、不容怀疑的竞争对手，只不过定位“可代酒”使该饮品与其他饮料有了某种区别，而这种区别是有助于该产品的营销与广告运动的。

这就涉及调兵遣将的学问了，还要懂军事。运筹帷幄之中，决策千里之外，没点军事头脑怎么行。大如战略、战术，小如经费、预算这样烦琐细碎的事，样样都需要精心策划、苦心安排。钱要花在刀刃上，力要使在门道上。人、财、物终是有限的，发挥得好，事半功倍；发挥不好，则事倍功半。从更内在的联系上讲，营销领域的竞争规律与军事战争规律有着异曲同工之处。

兵法讲究“正合奇胜”，以正规军作为钳制对方的力量，以人无我有的奇兵去获取胜利。应用到营销战的广告策划中，就是既有对付竞争者现时力量的营销手段与广告力量，还要用特别的招数来取得奇兵的效果。所以说，广告策划除了要有缜密而谨慎的头脑，大胆而果断的魄力，还要具备相应的军事常识和军人素质。

这些都还不算，过五关斩六将，吃尽千辛万苦总算通过了策划方案，这个策划方案能否得到切实执行又是一次考验。资金到位情况，创意制作效果，媒体发布安排，促销活动实施，有你操心的呢！而事实上执行得面目全非的情况并不少见，那份沮丧真是要多难过有多难过。就像你费尽心机想得到的钻石，到手了才发现那只不过是个人造的赝品。

执行体现了策划，该算功德圆满了吧？别，这时高兴还有点太早。孩子是生下来了，但抚养过程还任重道远着呢！要知道广告主的眼睛正时刻紧盯着：我的销售额是上了还是下了？消费者的反应是热情还是冷淡？我那几百万、几千万的广告费到底铺哪儿了？你说广告策划能不跟着小心吗？要跟踪市场行情，要跟踪消费者动向，要知道自己的“孩子”到底有没有“健康成长”。更何况，广告策划是科学与灵感的结合，它要有纵观全局、高瞻远瞩的预见性，还要有随机应变的灵活性。做一项建筑工程的策划，只需要有精确的数据、精密的构造和精湛的技艺，因为工程策划面对的是一个具体、静止的客观世界。广告策划面对的是一个变幻莫测的世界，局势如天气有阴有晴，市场如战场风云变幻，消费者的心理更是喜怒无常，竞争对手的策略也在不断变更。总之，一切都在不断的变化之中。广告策划决不是一本策划书所能容纳得了的，真正的广告策划贯穿整个广告运动始终，并随着广告运动的一切变数而不断调整修正。

所以，一句话，“革命尚未成功，同志仍须努力。”只要一日在做广告人，就一日不得安宁。

综上所述，你一定发觉策划人这个职业适合有自虐倾向的人，不想好好过日子，跟自己过不去的人做这行最合适。因为这个职业会在挫折之中产生成就，二者相互交错。别相信任何一本书里告诉你的该如何放松，怎样想创意，这些都是胡扯。你最需要的是在想创意的时候钻入一个封闭的空间，跟世界失去所有联系，脑袋里只有这个创意。所以说，你人生的经历应该是在你进入这个封闭空间之前早就经历过的，而不是在需要做策划、做创意的时候才去体验。

我们找的人，就是那种愿意对自己残酷、不想好好做人、愿意玩命的人。我们就是请人来玩命的。叶茂中这厮对员工说过最多的一句话是："在人生的某一阶段，对生命负责的态度就是玩命。"你首先判断一下自己是否正处于人生的某一阶段？答案肯定只有一个——是。所以，你对生命负责的态度就是玩命。为什么？因为人的一生总得玩一次命。你必须对自己残酷一点，别人才会对你好一点。反过来，你对自己好一点，别人就会对你残酷一点。你仔细想想，是不是这个道理？

我们要的不是人

我们强调集体，你能投入和享受的是集体固有的文化。我们的创作人员得准时上班，没有特殊待遇，因为我们有许多做销售出身的营销人员，大家经常需要开会碰头。我们更不允许做创意的人随便外出，大家必须待在公司想，哪怕是一天一夜。如果你认同上述观点，那么我们就会对你的能力进行试用期考核。我们不强调面试，注重的是试用，只有三个月试用过不了关的人，才会被残酷淘汰。

我们考核你什么？我们要的不是人，而是狼。我们对人的选择首先是具备"狼性"。为什么说是狼？狼是动物界里唯一高速奔跑时还在思考的动物，而其他动物在奔跑时是不用脑的。策划业非常需要狼一样的人，客户的事情来了，你必须在很短的时间内爆发性地产生创意。我们的策划观强调"引爆市场"，因此小资情调的人不适应我们。实际上，有不少之前找了其他知名公司做了非常完美的广告片的客户找我们，原因很简单，客户觉得能"引爆市场"的策划威力更大。

我们认为策划公司应该有自己的原则，策划不是做给同行看的，也不是做给将来找我们的客户看的，而是做给我们现在的客户看的。做“引爆市场”的策划难度最大，“引爆市场”类同于帮客户打江山，如果没有打下江山，根本谈不上后面的守江山。所以，我们需要的员工必须得有自虐倾向，如果没有自虐倾向，建议你最好别做策划。因为策划是你正参与的一场市场营销战，是看不见硝烟的营销战。你如同一个战士，你不可以充满小资情调地在战场上吹口琴，而应该随时扛着枪冲上去。想不出创意你就应该抽自己，在内心里骂自己：“我太无能！”你既然扮演战士这个角色，就应该义无反顾地胜任这个角色。

只有像战士一样“高度警觉的人，随时枕着枪睡觉的人，一有动静就准备上膛射击的人”才能“引爆市场”、创造奇迹，才适合做策划人。那种说“稍微等一下”，要去洗干净脸、穿整齐衣服、梳好头，再慢条斯理地听一段音乐才开始创作的人，是不适合做策划的。

灵感荟萃

1.策划人这个职业适合有自虐倾向的人，不想好好过日子，跟自己过不去的人做这行最合适。因为这个职业会在挫折之中产生成就，二者相互交错。别相信任何一本书里告诉你的该如何放松，怎样想创意，这些都是胡扯。你最需要的是在想创意的时候钻入一个封闭的空间，跟世界失去所有联系，脑袋里只有这个创意。

关于营销策划公司

营销策划公司相对纯粹的广告公司，主要优势还是在于能从各个角度支持客户的市场推广，帮助客户提高销量，提升品牌。

营销策划人是一种奇怪的动物，既聪明又愚蠢。聪明的是他总会有绝妙的想法，愚蠢的是他不应该在有限的生命里，把时间花在这个耗命的苦差事上。

当然好处也有很多。哪天拍拍手不想干了，回家关上门数钱玩（不过要事先计算好贪欲带来的后果，也许是把赚来的钱花在养病上）。

就是这样的一个职业，居然也充满刀光剑影，原因无他，皆因它参与了营销战。

客户血战，自然不能容忍拿了他银子的策划人坐在象牙塔里胡思乱想，于是先知分子纷纷走出象牙塔到战场中跟客户一起和竞争对手短兵相接。

一将功成万骨枯，同样适用于营销战场，只是看不见硝烟，死伤无数不在常人眼中。所以参与营销的人必须智勇双全，缺一皆不能成事。

营销人的智慧大多是后天勤学所致，虽生来智商、情商个个不同，但因为营销涉及战略、策略、战术等技术性很强的学问，更需要每一个营销战士

从基本功开始勤学苦练。

勇气不是后天可以培养的，我们敢肯定，凡在营销战场屡建战功或屡获大胜的人，其勇气必是与生俱来，如若神助的。而那些在营销战场上时时怯懦的人，都不应该进入营销这个行业中来，因为，如果战斗打响的时候战士还在犹豫该不该打，该如何打，铁定完蛋。每一个营销人都是战士，战士就必须对自己够狠，对对手够狠。

什么样的营销人吃香？当然是能帮客户赚钱的。客户是现实的，“有奶便是娘”，营销人也是现实的，装牛逼不如真牛逼。怎样才能真牛逼？那就必须不把自己当人，对自己够狠，套用凤凰卫视的一个段子：“广告这行，女人当男人用，男人当牲口用。”营销玩的是智慧，是实在，想玩虚的，找地方歇着吧！

营销策划人是为创造奇迹而存在的。如果营销策划不能帮客户创造“卖好”的奇迹，那么，所有从事这个职业的人便是在诋毁和侮辱这个职业。

对每一个营销策划人来说，创意是生活，更是生命。将创意融入营销策划的每一个环节，创意地调研，创意地定位，创意地制订策略，创意地表现与执行，创意地管理，创意地沟通，甚至，创意地活着。必须这样。

从事营销这个职业是令人绝望的，不仅劳心而且劳身，其艰苦只有身处其中才能够体味。

营销的本质近乎战争，都是双方或多方对一个共同利益的争夺，其残酷程度也一点不亚于一场战争。所以参与营销的人必须同时具备勇气和智慧，缺一皆不能成事。

事实上，很多企业都存在营销问题而不是广告问题。大部分企业营销水桶的木板长短不一，根本不是广告所能挽救的。

如果不能结合产品创新、挖掘市场机会等工作，单纯的品牌推广根本就不起作用。就像四个月卖了 3.5 亿的雅客 V9，如果不是我们通过市场调研发现了维生素糖果这个市场机会，创造了雅客 V9 这个新品种，单靠广告根本不可能制造奇迹。

当然，这些年中国企业的进步也很大，成就了不少营销基础十分扎实的企业，他们需要的服务就更多地偏向建立品牌形象、广告宣传的层面。

但不可否认的一点是：营销策划公司相对纯粹的广告公司，主要优势还是在于能从各个角度支持客户的市场推广，帮助客户提高销量，提升品牌。

营销策划公司的压力非常大，因为它是一个帮助企业发现问题并解决问题的机构。发现问题就不易，何况还要去解决问题。所以一接到项目，就经常愁得睡不着觉，生怕哪一环出错辜负了客户的重托。做这个职业，聪明是第二位的，责任心才是第一位的。叶茂中策划机构最反对的就是有十分力却只肯花八分的做法，为什么这样要求，就是因为现在企业间的竞争加剧，而且营销水平都提高得很快，如果我们不竭尽全力，就不能迅速地帮客户解决问题。

“拿人钱财，替人消灾。”这是叶茂中策划机构的经营理念。为什么现在接项目压力更大了？按理说，策划能力比以前强了，应该压力小了才对。原因有二：第一，刚才说了，企业营销水平提高很快；第二，“叶茂中”也算是一个品牌了。创业很难，创下一个品牌更难，所以就得掂量自己有几斤几两重，能帮客户解决多少问题，不管怎样不能砸“叶茂中”这个牌子。越做胆越小，越做越怕。现在我们接一个项目容易，但做好却不容易，唯有调动全力去拼，才能让自己心里有底。

国外有咨询业、广告业、公关业，中国却多了个策划业，这也是国情所致，企业现状所致。任何一个有发展的行业在大学里都有对应的学科，咨询业对应MBA，广告业对应广告专业，公关业对应公关专业，策划业在大学里却无对应学科，虽然有几所大学也喊过两声要办策划专业，结果都是不了了之。所以在这个需要综合策划的时期过去之后，从事策划的机构都面对一个何去何从的问题。一部分公司会转向咨询业，一部分会转向广告业或公关业，这也是我们公司在做营销策划的同时不放弃广告策划和创意的缘故。

随着时代的发展，专业化分工必然越来越细，到那时，我们的坚持一定会结出果实，得到下一个时代的机会。

营销策划迎合了企业目前的综合需要，咨询业、广告业、公关业迎合的是企业的单纯需要。当前正处在一个混合期。

现在从事营销策划是明智的、务实的，因为它贴近中国大部分企业的现状和实际需要，但将来却会分化。

不管怎样，我们都坚信未来是一个需要充满创造力的时代。

生在战争时代，我们就应该去打仗。

生在和平时代，我们就应该搞营销。

营销人这个职业太辛苦，成就感、挫折感交替不断，偶尔也会心情悲愤。虽无悔人生，却又愧对生命。

总是在理想与现实中奔跑，又在理想与现实中摔倒，却从未曾因摔倒而不再奔跑。奔跑，仿佛是我们的宿命。

不知在有一天离开这个世界的时候，我们是否会发自内心地对自己说一句：“我热爱我的人生。”但我知道我们会继续努力，为了将来那一天能对自己说这句话。

总而言之，人只活一次，选择营销，就选择了战斗，选择了战斗，就不要羡慕后方的宁静。

相信成功的营销人都有这样的心得体会：

起初营销人的创意被客户认同了，快乐。

然后营销人的创意被客户认同了，自己又得了高薪，快乐。

接着营销人的创意被客户认同了，自己又得了高薪，客户又赚了大钱，快乐。

最后营销人的创意被客户认同了，客户赚了大钱，自己也得了高薪，快乐。

为什么最后这一句变了？客户放在前面了？因为这一行，只有帮客户赚了大钱，只有客户定义你是英雄，你才是真的英雄。

灵感荟萃：

1. 对每一个营销策划人来说，创意是生活，更是生命。将创意融入营销策划的每一个环节，创意地调研，创意地定位，创意地制订策略，创意地表现与执行，创意地管理，创意地沟通，甚至，创意地活着。必须这样。

2. 事实上，很多企业都存在营销问题而不是广告问题。大部分企业营销水桶的木板长短不一，根本不是广告所能挽救的。如果不能结合产品创新、挖掘市场机会等工作，单纯的品牌推广根本就不起作用。

中国品牌的二十二大误区

品牌，是消费者选择商品的依据。消费者曾经在一棵品牌树上摘到过一颗甜果子，他就有信心相信另一颗果子也是甜的。

误区一：做品牌就是做销量

很多企业营销主管的营销计划常常一味强调销售量的提升，把产品销量作为企业追求的最大目标。这些营销主管们大都有一个“共识”：做销量就是做品牌，只要销量上来了，品牌自然会得到提升。这是非常错误的观点。

片面追求销量往往导致对品牌其他要素，如品牌的知名度、美誉度、忠诚度、品牌联想等建设视而不见，最终导致品牌崩溃。

一个木桶能装多少水，取决于它最短的那块木板，如果不尽快加强对其短板的建设：美誉度、忠诚度的提升及品牌联想的建立，木桶里的水将会慢慢地枯竭。

为了达到扩大销量的目的而经常进行促销活动，我们认为是让品牌贬值的做法。经常性的促销会给人价格不真实的感觉，消费者更愿意等到促销时才去购买你的产品，一些忠诚的消费者也会因为感到“受欺骗”而离去。

广告应该达到两个目的：一是销量的增长，二是品牌形象的提升和品牌资产的积累。只满足了其中一个目的，都不能说是成功的广告。纵观一些成功的企业，不仅注重销量，更注重建立一个永久经营的品牌。甚至在某些时候，销量是次要的，品牌的建立才是最重要的，当然这是在没有生存压力的情况下。

既要眼前的利益，更要长远的利益；既要销量，更要品牌积累。也只有这样的品牌才可以纵横驰骋，长盛不衰。

误区二：做品牌就是做名牌

很多企业认为，名牌就是品牌，甚至将名牌作为企业发展战略的最高目标，而对于品牌，一直处于“雾里看花，水中望月”的阶段。那么，名牌和品牌的区别究竟在哪里呢?

名牌仅仅是一个高知名度的品牌名。品牌包括更多的内容，知名度仅仅是品牌的一个方面。品牌（Brand）一词来源于古挪威文字Brandr，意思是“烙印”，非常形象地表达出了品牌的含义——“如何在消费者心中留下烙印？”品牌是一个综合、复杂的概念，它是商标、名称、包装、价格、历史、声誉、符号、广告风格等元素的无形总和。品牌相对于名牌，具有更深层的内涵和价值。

从创建的过程上来讲，名牌可以通过高额广告费造就，只要不断叫卖就可以形成；而要建立一个品牌，则是一个复杂又浩大的工程，包括品牌的整体战略规划、视觉形象设计、核心理念确定、品牌符号运用、品牌场景设计、广告调性等一系列的工作。并且，品牌的建设并不是一个短期的工程，它需要品牌管理者常年累月、战战兢兢的小心经营。每一次的产品推广，每一次的广告运作，无不凝聚着品牌管理者的心血和汗水。一个名牌或许一次广告运动就可以达到，而一个强势品牌的树立，却是漫长岁月考验的结晶。可口可乐经历了100多年的风雨洗礼，万宝路、雀巢、强生等强势品牌的建立也非一朝一夕之功，其鲜明的品牌个性、强大的品牌资产绝非短期行为所能成就。国内许多大企业，尤其是保健品企业，片面地追求短期效益，片面地追求知名度，而忽视产品品质等一系列完整的品牌建设工作，往往会不堪一击。

从它们各自发挥的作用来讲，品牌比名牌的力量更强大、时间更持久、效果更明显。单纯的知名度除了能在短期内促进销售外，并不能对产品的长期利益做出更多的贡献。人们更换品牌越来越多地取决于精神感受，真正的品牌，被赋予了一种象征意义，能够向消费者展现出一种生活方式，强势品牌最终可以影响人们的生活态度和观点，从而为企业带来长久的效益。而国内许多所谓的“名牌”，一味地追求高知名度和曝光率，最终却未能获得品牌所应该具有的附加价值。

所幸，国内许多拥有“名牌”的企业已经意识到建设品牌的重要性。上海家化从一个以产品销售为主要经营理念的企业，成功地转变为一个以品牌经营为重心的企业，使一个亏损的“名牌”——六神，一跃成为沐浴液市场的第二大品牌，不仅实现了销售目标，更成功更新了原有“名牌”老化、保守的形象，创造了一个“名牌”再生的神话！

“名牌”一词的出现，是我国特定市场环境下产生的特定名词，是一种俗称，从严格意义上来讲是不准确、不科学的，更不应成为企业发展和追求的目标。企业只有及时转变认知上的错误，树立正确和规范的“品牌经营”观念，竭尽全力把自己打造为强势品牌，才能长盛不衰、永立市场不败之林！

误区三：商标等于品牌

品牌与商标是极易混淆的一对概念，在我们和企业打交道的过程中，我们发现很多人把这两个术语混用、通用。这使得一部分企业错误地认为，产品进行商标注册后就成为了一个品牌。果真如此的话，那所有在工商局注册了的商标都可以称之为品牌了。

事实上，两者既有联系，又有区别。

商标是品牌的一部分。商标是品牌中的标志和名称部分，它使消费者便于识别。但品牌的内涵远不止于此，品牌不仅是一个区分的名称和符号，更是一种综合的象征，需要赋予形象、个性、生命。品牌标志和品牌名的设计只是建立品牌的第一道工序，也是必不可少的一道程序。但要真正成为品牌，还要着手品牌个性、品牌认同、品牌定位、品牌传播、品牌管理等各方面的内容完善。这样，消费者对品牌的认识，才会由形式到内容、由感性到理性、由浅层到深入，从而完成由未知到认识、到理解、到确信、到行为的阶梯，成为忠诚顾客。

商标是一种法律概念，而品牌是市场概念。

商标的法律作用主要表现在：

★ 通过商标专用权的确立、转让、争议仲裁等法律程序，保护商标权所有者的合法权益。

★ 促使生产经营者保证商品质量，维护商标信誉。

品牌的市场作用主要表现在：

★ 品牌，是企业与消费者之间的一份无形契约，是对消费者的一种保证，有品牌与无品牌的产品相比，消费者更多地信赖有品牌的产品。

★ 品牌，是消费者选择商品的依据。消费者曾经在一棵品牌树上摘到一颗甜果子，他就有信心相信另一颗果子也是甜的。这种消费经验的积累与运用，无论对消费者还是企业都是一件有意义的事情。

★ 品牌，是规避单纯价格竞争的一种手段，因为品牌的特有附加价值，消费者可以多一点额外的付出。

★ 品牌，是企业实现利润最大化的保证，每一个新产品的推出，都可以借原品牌增加价值。

★ 品牌，是身份和地位的象征，能有力地促进产品销售，树立企业形象。

商标掌握在企业手中，而品牌是属于消费者的。当消费者不再重视你的品牌，品牌就一无所值了。

误区四：品牌是靠广告打出来的

目前，国内许多企业都认为：只要加大广告投入，进行铺天盖地的媒体轰炸，就可以促进产品销售，树立一个品牌！“品牌不是靠广告打出来的吗？”一个大型企业的副总坚定不移地说。事实果真如此吗？

品牌知名度可以在短期内形成，而品牌的联想却是品牌建设的一个长期工程，它是品牌在长期运动中建立的资产。衡量品牌稳定销售的主要指标——

品牌忠诚度更不是短期广告投入就能造就的。除了以完善的品牌规划设计和持续优良的产品品质获得顾客满意外，更有品牌长期一致的传播在消费者心中建立的价差效应（与其他品牌比较，顾客愿意多大程度的额外付出）。同时，消费者对品牌品质的肯定更是广告所无法做到的，它不仅需要品质恒定如一，更对品牌提出了创新的要求。所以，创建一个品牌，何止仅仅依靠广告那么简单！

宝洁公司认为：消费者购买的是品牌，而非产品的功能，产品的功效是品牌的核心本体，但是品牌也有独特的个性和特色，建立与消费者情感上的联系和信赖关系，以与竞争品牌区分。在这样一个策略指导下进行品牌的广告运作，不仅会在广告中提供给消费者产品功能的利益，更传递给消费者品牌的主张和情感的利益。在品牌整体的规划和设计之下进行的广告运作“都是对品牌有效的投资”，贯穿所有的品牌运动，不拘泥于时间和空间，而非只是短期的巨额广告投入。品牌的创建，广告只是利用工具，而非依赖的法宝！于是，我们看到了飘柔、汰渍、舒肤佳、佳洁士等一大批品牌大军，占据了我国日化用品市场的大部分江山。这样的佳绩，只凭“广告战”是做不到的，正确的品牌规划和持续的传播推广才是宝洁品牌雄霸天下的真正原因！

创建一个国际大品牌，是每个中国企业的梦想，但是，只有广告是不够的，更需要企业冷静的头脑和正确创建品牌的方法。

误区五：做产品就是做品牌

一块普通的手表几十元几百元，一块劳力士可以高达几千几万元。这 10 倍的价格差异仅仅是产品间的差距吗？

不。产品与产品的质量、材料、款式的确有差异，但这种物理差异不可能有 10 倍、100 倍。劳力士的价值主要在于品牌而不是产品。品牌不仅意味着产品质量、性能、款式的全面优秀，心理消费才是真正的重点。同时，品牌是身份的象征。十几年前谁家有一块表就是一种荣耀，那是产品力时代，现在是品牌力时代，仅仅产品优秀远远不够。大街上几十元几百元的手表很少有人问津，而价值千金的名表却成了许多人强烈渴望与追求的目标。因为

“劳力士”是实现自我价值，体现优越感的绝佳道具。

同样的产品，贴不贴品牌的标签，对消费者而言意义完全不一样。产品竞争与品牌竞争完全是两个不同层面的竞争，坐奔驰的人与坐夏利的人是两个层面的人。在很多“半被动消费”中，物的享受反而是其次，品牌带给消费者的意义远远大过产品本身。有品牌的产品和服务，相对无品牌的产品和服务，消费者更愿意购买前者，并愿意付出更多的代价。品牌让产品升华，品牌做得越久积累越多，产品则不然。

有了产品，有了市场，并不意味着有了强势的品牌。

如果品牌领先其他竞争对手的原因是产品属性，那么这个品牌在将来会被别的品牌所赶超和替代。

误区六：做广告创意就是做品牌

叶茂中营销策划机构的宣言中有这样的一句话“没有好创意就去死吧！”所以，在接到客户的工作通知单的时候，总是会听到这样的话“我们的品牌就全靠你们的创意了……”面对客户殷切又信任的目光，我们常常会有神圣的使命感，但是，品牌是否真的靠一两个好的广告创意就可以树立？广告创意又该在品牌的发展过程中发挥怎样的作用？

一般陷入这个误区的企业都对品牌的概念知之甚少，对怎样创建品牌也是一知半解，他们认为：好的广告创意就能树立起品牌。这就陷入了一个为创意而创意的误区，这样的观念是十分错误和危险的。

1.“为创意而创意”脱离了市场背景和企业的实际情况。

一个好的广告创意，应该是建立在一个正确的策略基础之上的。目标市场、品牌状况、竞争品牌、产品特点、目标人群、品牌定位、广告目的、诉求重点等，遵循这个大策略发展而成的创意概念才是正确、有效的。任何脱离策略的所谓“好创意”，只能拿去获奖，对品牌是不能做出有效贡献的。

2.“为创意而创意”忽略了营销中其他环节的配合。

品牌营销中的每一块“木板”，只有环环相扣、紧密配合，才能使品牌营销发挥最大作用，仅仅依靠广告创意这块木板，而忽视其他方面的建设和配合，最终只会事倍功半，使“桶中的水”越来越少，品牌的创建便会成为“水中月”般的梦幻！

3.“为创意而创意”没有考虑产品的创新和品质的提升。

许多企业往往认为，只要不断推出好创意，品牌形象就会越来越完整，越来越丰满，品牌就可以被消费者永远接受。他们往往忽略了产品的创新和品质的提升。即使销量下滑，他们也会认为“是不是我们的广告没有创意？”而没有想到他们的产品已经对消费者失去了吸引力。

那么，如何创建鲜明的品牌认同，并且让广告创意对品牌做出有效的支持呢？

首先，应进行策略性的品牌分析，包括顾客分析、竞争者分析和自我品牌分析。在这里应当注意，是品牌分析，而非市场分析。品牌分析涉及品牌形象、品牌策略、品牌遗产、企业组织价值、品牌力量等关于品牌方面的内容，和营销分析有很大区别。之后，在品牌分析的基础上，建立一套完整的品牌认同系统，包括基本认同和延伸认同，须从以下四个方面进行创建：产品，企业，性格，符号。虽然这是四个完全不同的概念，但是它们却有一个共同的目的，就是利用这些不同的层面，建立更清晰、更丰富、更与众不同的品牌认同。最后，是品牌认同传播系统，根据认同中提供的品牌利益点，进行品牌定位，并针对某个目标群进行积极的传播。在这一过程中，作为最后传播表现的广告创意的地位的确举足轻重，但是，也必须在正确的策略之下进行，而非无的放矢、“为创意而创意”。当然，在品牌广告执行之后，应当随时进行效果追踪。

广告创意，作为策略的重要部分，能使你的品牌发出耀眼光芒，但如果过分迷信广告创意的威力，必将使你的品牌成为一个无法成长的幼童，迷失在市场的潮流中！

误区七：曲解品牌概念

客观地说，现代企业已经越来越重视品牌，但品牌这个经常被企业挂在嘴边的字眼，事实上没有几个人真正理解它的内涵。经常有人把品牌与企业混为一谈，把品牌与产品混为一谈，把品牌与市场混为一谈，把品牌与名牌混为一谈。品牌中的很多原则可以帮助企业成功得更快更持久，它们是品牌力量的源泉。

品牌是消费者与产品有关的全部体验。品牌不是产品，产品只是其中的一个方面。

品牌的定位也不是宣传产品，关键是发掘出兼容具体产品的理念。

品牌也不是企业，企业其实是一个投资者，是品牌的经营者。真正面向消费者、接触消费者的是品牌。一个企业可以做立意完全不同的品牌，可以把两个完全不同的产品做成一个相同的品牌，也可以把两个同类产品做成不同的品牌。一个品牌的兼容产品必须遵循品牌的核心价值，任何违背品牌精神的延伸或动作，都会伤害品牌形象，削弱品牌资产。

1. 品牌建设的第一个基本工作是明确品牌的核心价值。

品牌的核心价值特指可以兼容多个产品的理念。品牌是在消费者心中建立的，核心价值其实是消费者对品牌理解的概括。核心价值可以刻画产品的价值，也可以刻画消费者本身，还可以刻画品牌与消费者的互动关系。

2. 品牌建设的第二个基本工作是理清品牌的角色关系。

★ 主品牌：代表消费者从购买中得到的主要期待，主品牌所代表的价值是影响购买决定和使用经验的核心。

★ 副品牌：一个品牌用以区分在品牌系统中产品线的某个部分。

★ 背书品牌：向消费者再次确定，这些产品一定会带来所承诺的功能优点，因为这个品牌背后的公司是一个实质的、成功的组织，这个组织只可能生产优秀的产品。

★ 品牌背书者：与背书品牌一样是一种担保，不同的是背书品牌是企业，品牌背书者则是人，可以是企业家，比如，微软的比尔·盖茨，也可以是形象代言人，比如，耐克的乔丹。

3. 品牌建设的第三个基本工作就是重视品牌认同的设计。

驱动品牌资产的最终实现是消费者对品牌的印象和看法。但消费者对品牌的考量是多方面的，品牌塑造中，重要的不仅是你对消费者怎么说，更重要的是你为消费者真正准备了什么。品牌认同就是对品牌细致入微的设定，包括产品、企业、个性、符号等全方位的品牌内容。品牌认同经传播后，被消费者所认知的品牌印象的总结就是品牌形象。说得直白一点，品牌形象是“消费者怎么看你”，品牌认同则是“你期待别人怎么看你”。在这里，如果说品牌认同是企业设定的“内因”，那么品牌形象则是消费者自然而然得到的“结果”。

误区八：缺乏品牌的核心价值

品牌的核心价值是品牌的精髓，它代表了一个品牌最中心，且不具时间性的要素。一个品牌最独一无二且最有价值的部分通常会表现在核心价值上。

全力维护和宣扬品牌核心价值已成为许多国际一流品牌的共识，是创造百年金字招牌的秘诀。

可口可乐、雪碧的品牌个性承载着美国文化“乐观奔放、积极向上、勇于面对困难”的精神内涵与价值观。尽管可口可乐、雪碧的广告隔一段时间就换一次，人物、广告语、情节都会有很大变化，但任何一个广告都会体现出上述的品牌个性特点。

反观我们国内的很多品牌，几乎不存在对品牌核心价值的定位，广告十分随意，诉求主题月月新、年年变，成了“信天游”。尽管大量的广告投入能促进产品销售，但几年下来却发现品牌资产没有得到有效积累。

企业产品多样化后，一般都是通过品牌延伸，新老产品共用已打响的品牌。这时，经营品牌核心价值就显得更为重要了。其实，国际上众多家电企业麾下的几百种家电产品都用同一个品牌，主要是因为消费者对冰箱、洗衣机、彩电、音响等产生信赖的原因，都可以归结为一个共同点，即对这一品牌在技术、品质、服务、亲和力上的高度认同。如果缺乏这种认同，整个品牌体系将会混乱无序。

误区九：品牌形象朝令夕改

品牌形象是指消费者怎样看待你的品牌，它反映的是品牌当前给人的感觉。

坚持统一的品牌形象是一些国际品牌走向成功的不二法门。

牛仔服装的著名品牌Lee曾因中途改变形象而陷入困境。Lee最初的广告语是：最贴身的牛仔。应该说，它在那些大都宣传自己“领导潮流、高品位、最漂亮”的牛仔服企业中拥有了自己独特的个性。但广告播出后很短的时间，便遭到了中间商特别是零售商的反对，他们自恃更了解消费者的心理，认为消费者要购买的是时装，应宣传产品的时尚和品位，而Lee避开时尚宣传舒适度，太理性和陈旧。Lee接受了这一意见，改变了策略，两年后，Lee陷入困境。在总结经验教训的基础上，Lee重新回到了原来的定位：最贴身的牛仔。经过持续不断的宣传，一直到今天，Lee终于在强者林立的牛仔服装市场中树立起其“最贴身”的形象。

很多经验告诉我们，如果品牌形象朝令夕改，最终将无法建立强势品牌。

坚持品牌形象的统一，应该将所有人、所有动作都往同一个方向努力，让每一个品牌行为都对品牌资产积累有所贡献，让点点滴滴的传播动作都成为品牌资产的积累和沉淀。

★ 横向统一：一个时期内，产品、包装、传播、推广各营销环节一系列品牌行为围绕同一个主题展开。

★ 纵向统一：1年、2年……10年、20年……坚持同一个主题、同一个风格，比如，绝对伏特加，不同国家、不同年代都坚持统一的表现。

误区十：品牌个性不鲜明

在品牌的传播中，企业界普遍存在着一种不好的气氛：跟随潮流、人云亦云。这使得所有产品似乎都是一个企业生产出来的，毫无个性可言。在产品日益同质化的今天，如果在传播上仍不能有所区别，品牌将会很快地淹没在信息的海洋中，被人遗忘。

其实，品牌就像是一个人。想想看，一个没有任何个性的人，你初次与他见面后，又埋首于繁忙的工作中，你很快就想不起他是谁了。而一个特别的人，或者是戴着棒球帽，或者是鼻子上穿个金属圈，或者是很胖，或者是很瘦，你就能在之后的日子里想起他，因为他与众不同的特征。

这是一个价值观念多元化的社会，人们不再像20世纪六七十年代那样，穿同样的黄布军装，唱同一首歌，崇拜同一个偶像。人们有各种各样的主张，各种各样的选择。而人们总是按照自己的喜好和个性去选择自己喜欢的品牌。这就创造了一种需求：人们需要不同个性的品牌。

那些毫无性格、试图争取所有消费者的产品，实际上将被所有人所不取，这就是绝大多数产品至今仍默默无闻的真正原因。

误区十一：品牌可以任意延伸

“东方不亮西方亮”的想法使多元化发展战略被一些企业认为是防范风险和增进效益的良方。在多元化发展过程中，企业最容易误入品牌延伸的陷阱。

美国的派克笔，一直以价高质优著称，是上层人士身份的象征。企业后来生产每支仅三美元的低档笔，不但没有顺利打入低档笔市场，反而丧失了一部分高档笔市场，其高贵的品牌形象受到损伤。

那么在什么情况下品牌可以延伸，什么情况下品牌不能延伸?

品牌延伸决策要考虑的因素有：品牌核心价值与个性、新老产品的关联度、行业与产品特点、产品的市场容量、企业所处的市场环境、企业发展新产品的目的、市场竞争格局、企业财力与品牌推广能力等。而上述众多因素中，品牌核心价值与个性又是最重要的。

一个成功的品牌有其独特的核心价值与个性，若这一核心价值能包容延伸产品，就可以大胆地进行品牌延伸。反过来的意思就是：品牌延伸应尽量不与品牌原有核心价值与个性相抵触。

误区十二：品牌缺乏整合规划

中国企业在品牌经营的过程中做过很多努力，但往往是想到什么就做什么，没有全面系统的品牌规划，今天做这块，明天做那块。这些片面的努力，大多属于补漏式的努力，哪儿有问题就往哪儿去，不断为问题奔命。看上去没完没了，忙个不停，但最后还是没有建成一个成功的品牌，因为企业片面地理解品牌，忙忙碌碌，做的只是品牌的一个方面，一个局部。比如广告、包装、渠道，每个企业都强调自以为重要的环节，但很少有企业把品牌的每个方面都做到位了。中国企业关于品牌的整合意识比较薄弱，品牌的努力只停留在某个方面。

但事实上品牌不是单一的某个方面，品牌是一个整合的概念。品牌不是A，不是B，不是C，不是D，品牌是所有因素的总和。所以仅仅产品好，仅仅包装好，仅仅概念好，仅仅广告片拍得好，仅仅通路做得好，都不够。品牌是消费者认知中有关产品经验的总和：从产品性能、品质、包装、价格，到销售环境、产品陈列、售点广告、卖场气氛，到销售说辞、服务态度、员工行为、企业声望、媒介舆论、大众口碑，再到广告气质、设计风格，这点点滴滴的细节都会影响消费者对一个品牌的理解，最终影响他的购买决策。因为消费者有太多选择，一旦发现一点不足就有可能弃产品而去。要更快更久地成功，你必须和所有成功的国际品牌一样重视品牌的全面建设，在每一个细节上都竭尽全力。

误区十三：调研可有可无

中国企业在品牌建设中常常忽视市场调研，不做调研盲目推产品。为了寻找或验证一个想法，国际大公司习惯进行大规模的市场调研，中国企业则更多地倾向于“拍脑门”做决定。发财的点子明明摆在面前，为什么还要投入大量时间和金钱做调研？中国企业怀疑，为考证一句话而投入大量经费做几百页厚的研究报告是否值得。

脱离调研就是脱离市场，脱离调研就是脱离消费者，没有市场调研的品牌建设仿佛空中楼阁。因为没有调研，所以市场不稳定，这是中国企业的致命伤。所以，我们公司坚持以不调查就不做策划的原则接客户。

企业最怕的就是动荡与失误，有时仅仅一次失败就足以拖垮一个企业，至少大伤元气。直接拿市场做实验，就是拿企业的生命做赌注，这是现代企业经营最忌讳的。企业运作，犹如开车，安全第一，如果连命都搭上了，快又有什么意义？宝洁、杨森等国际品牌重视调研，是因为调研大大提高了品牌成功的安全系数。

误区十四：承诺越多越好

在保健品专卖店或专柜转一圈，你会误认为自己进了药店，每一种保健品都在拼命地宣扬自己补肾、美容、降血压、增强记忆、提高免疫力等功能，几乎是包治百病。

翻开报纸，房地产广告尤其是期房广告，可以将一块荒地吹嘘成一座花园，本来离市中心几十里，却说成是五分钟路程，本来要到年底才能交房，却说 3 月就可以胜利竣工。

这是典型的承诺过重。太多的承诺，诱发消费者过高的期望值，期望值越高，往往失望越大。在对西安房地产市场的调查中，我们发现消费者不考虑期房的主要原因就是：怕开发商的承诺不能兑现而上当受骗。当你的承诺没有兑现，或消费者认为你的承诺没有达到他的期望时，消费者对品牌将失去信任，也许从此再也不买你的产品。

一些成功品牌给消费者承诺时往往非常慎重，一旦承诺就一定做到。如果不能确信做到，就不要轻易承诺。甚至一些品牌的做法走向了另一面：即使在能够做到的情况下，也不全部承诺给消费者，而是保留一手，这样消费者试用产品后，往往非常惊喜，想不到产品还有期望之外的更多价值，这样对产品自然多了一分信赖。

如果把品牌看作一个人，我们可以举个这样的例子：一个人，本来是学音乐的，非常专业，和一些新认识的朋友一起唱卡拉 OK，朋友问他平时是否经常唱歌，他只是轻描淡写地说自己对唱歌不太懂，偶尔自娱自乐。这样，当他专业的声音响起时，往往让人大吃一惊，起到出其不意的效果。如果他歌唱得一般，却吹嘘自己的歌喉充满磁性，非常迷人，一旦他发声，人家会大失所望，甚至对这个人的品行产生怀疑。

当品牌被人们视为“值得信赖”时，品牌再提出自己的优点，就能被人们所接受和相信，为品牌和消费者之间建立起牢固的感情基础。

误区十五：产品原地踏步

在我国，品牌各领风骚一两年的情况屡见不鲜，更迭现象严重。理论上，品牌的生命周期比产品的生命周期要长得多，为什么我国许多品牌仿若流星般短暂？仔细分析原因很多。

有的企业过度追求形象包装，忽视产品品质的建设，产品质量不过硬，经不起市场考验；

有的企业在某个产品某个领域成功后，不是一心一意地在现有的基础上打造强势品牌，而是把重点转到别的领域，甚至是不熟悉的领域，品牌经营做得比较肤浅；

有的企业成功后，沉浸在辉煌的喜悦中，停止了努力，停止了进步。产品和广告都停留在原来的水平上，这是最典型的原因。

不断有人想把你从消费者的脑海里、从超市的货架上挤出去，只要你停止对抗，停止努力，你就会慢慢地被人取代。你攻下市场这个城堡，但并不意味着它就永远属于你。不进则退——成功以后不再努力，那你的位置必然会被取代。品牌不是一锤子买卖，你必须不断地与消费者打交道，不断地努力，你才会一直有机会。

品牌如同大坝，要想在波涛汹涌中矗立不塌，就必须不断加固：堆土、夯实；堆土、夯实……

时代在进步，产品没有进步，这是一件非常严峻的事。许多企业问：产品没变，营销格局没变，但为什么 10 年后的形势与 10 年前全然不同？因为时代在进步，消费者的要求越来越高，你的产品和形象表现必须随之更新。

国际品牌则通过产品更新和不断强化品牌内涵，来确保品牌的生命力。

产品一个又一个地老去，但品牌依然健壮。品牌仿佛一个大家族，一代又一代的产品维持了品牌永远的生机。

不仅高科技产品如此，即使是日用品也要不断进行产品更新。品牌大王“宝洁”不断地改善每一个品牌，光汰渍洗衣粉的配方和包装就改进了不下

70次。宝洁根本不允许品牌进入所谓的“成熟”期。

芭比娃娃不断追随流行时尚，不同时期推出不同主题的娃娃，紧牵时代的手。

品牌紧跟时代的节奏，帮助企业超越产品生命周期的困扰，换个角度说，通过产品的“传宗接代”，实现品牌的永生。

误区十六：只要是知名品牌，自然就有顾客忠诚度

“上邪！我欲与君相知，长命无绝衰！山无陵，江水为竭，冬雷震震夏雨雪，天地合，乃敢与君绝！”这首诗表达了一位古代痴情女子对情人忠贞不二的爱情，也可以形象地比喻成品牌和消费者之间的关系，道出了企业家们内心深处的期盼：希望每个消费者都钟情于自己的品牌，使自己的品牌真正成为他们心目中独一无二的“情人”！

于是，我们看到，许多中国企业大打广告战、公关战，其广度、深度和方式、方法，都做到了无孔不入，相对于效果来说，这的确创造了在短期内树立一个知名品牌的奇迹。可是，是否品牌有知名度，就可以使消费者对品牌产生忠诚度呢？

品牌的知名度是指：品牌在消费者心目中的认识度与突出性，对某些产品来说，它就是购买的驱动力。知名度更多的是一个定性的指标，它的评估层面包括品牌认知、回想提及率、品牌独占性、熟悉性等，也是品牌的重要资产之一。品牌忠诚度是品牌资产的重心，拥有一群忠诚的消费者，就像为自己的品牌树立了一道难以跨越的门槛，它能阻挡竞争对手的刻意模仿和破坏性的售价，它也是一个品牌所要追求的最终的目标。评估忠诚度的两个指标分别是价差效应和满意度。价差效应指的是，与其他类似产品的品牌相比，消费者愿意做多大程度的额外付出。满意度是对消费者是否忠于某个品牌的直接评估，往往来自使用经验的积累，是一个相对质化的指标，有助于将市场区隔为忠诚顾客、价格取向顾客和游离顾客三种。

品牌知名度和忠诚度作为品牌所要积累的资产，区别显而易见，但并非毫无关系，品牌知名度的推广将为品牌忠诚度的建立提供更多的附加值，使

消费者对品牌产生好感和丰富的联想，并增强消费者对品牌的信心；品牌忠诚度的建立有利于消费者对品牌的口碑传播，使品牌知名度得到更多的提升和扩展。

提高品牌忠诚度的方法，就是设法加强消费者和品牌之间的关系。高知名度、良好的产品品质、强而有力的品牌设计，都能帮助品牌达到这一目标。有几种方法可以很好地帮助品牌在短期内提高消费者的忠诚度，并能够与目标消费者建立长期的友好关系：

1. 常客奖励计划

常客奖励计划是留住忠诚顾客最直接有效的方法，它不但能提高一个品牌的价值，同时能让消费者觉得，自己的忠诚得到了回报。如航空公司推出的“里程积累计划”，即在顾客乘飞机达到一定的里程数后，可以享受一定的打折优惠，通常用于奖励那些经常乘坐本航空公司飞机的忠诚顾客。还有诸如北京赛特商场推出的“常客优惠卡”和希尔顿饭店推出的“资深荣誉常客计划”等。

2. 会员俱乐部

和“常客奖励计划”一样，会员俱乐部也能让忠实顾客们感觉到自己被重视。比较之下，“常客奖励计划”比较静态，范围也较小，而会员俱乐部能让顾客有较高的参与感。它给消费者提供了一个渠道，抒发他们对这个品牌的想法和感受，同时还可以与其他和自己有相同品牌嗜好的人分享经验。

3. 资料库营销

通过各种方式，得到一些品牌常客的资料，包括他们的姓名、住址、职业等，分析这些资料，将新产品介绍、特别的活动说明、公司的特惠专案寄给那些可能回应“信箱广告”的人。这些收到广告的人也会觉得自己受到这家公司的重视，从而加强对品牌的忠诚度。

应该意识到，品牌有一定的知名度，只是完成了品牌成长的一小段，要建立较高的品牌忠诚度，除了很好地采用以上几种方法外，更需要品牌管理者十年如一日的辛勤付出。

误区十七：品牌形象老化，是品牌自身的发展结果

许多企业家认为，品牌形象的老化，是环境和市场所致，是一个品牌自身的发展规律，没有什么可以改变这样的规律，关键是要更新产品结构，开发新的产品。

这种误区的存在，主要是由一些不正确的意识所导致：

（1）产品和品牌不分。营销理论认为，产品的发展经历四个阶段：导入期、成长期、成熟期、衰退期。这是一个产品的生命周期，而非品牌的发展规律。品牌一旦建立，就可以以它强大的生命力跨越产品周期的限制，发挥不可替代的持久力。

（2）对品牌认识不足。品牌理论作为20世纪90年代才逐渐完备的全新企业经营理论，并没有被中国的企业完全认知，品牌的策略、品牌的管理、品牌的设计等，都没有形成完整的认知架构。

（3）品牌没有得到妥善管理。在品牌的传播过程中，缺乏品牌经营管理的经验，致使品牌形象在不知不觉中老化，所以，这一论断往往也成了品牌管理者为自己没有妥善管理好品牌的最好托词。

那么，怎么认识品牌形象老化的问题，并改变老化的品牌形象，使之焕然一新呢？总结中国企业品牌经营的现状，导致品牌形象老化的原因，主要有以下几种：

（1）产品缺乏创新。消费者总是在不断追求更好的、更新的产品，期待着功能更好、更强，能提供更多选择的品牌。一个在产品研发上一成不变的品牌，会在人们越来越挑剔的眼光中，被视为“陈旧、保守、过时”而被人们所抛弃。

（2）执行缺乏当代性。即使有正确的调查和正确的策略，如果在执行和最后表现时缺乏当代感，那么，你的品牌形象也会是“落伍、不合潮流、过去的”。

（3）没有及时为品牌注入新鲜形象。这样的情况往往在一些经营状况良好的大企业中较为常见，一方面是对原有品牌形象的错误直觉，认为销量不错，品牌形象就不需要更新；另一方面，认为虽然品牌形象老了一点，需要

调整，却又想着调整以后是不是还没有现在好？患得患失，对原有的品牌过于依赖，不到万不得已，不轻易出手。

（4）品牌的推广趋于疲乏。市场不是静止的，品牌并非存在于一个时间胶囊中，在日新月异的今天，消费者的品位无时不在变化着。如果你在很长的一段时间里，仍然没有告诉消费者你存在的消息，那么，他们很快就会将你抛进记忆的垃圾袋中。

误区十八：没有竞争的品牌陷阱

每个人都在抱怨过度激烈的竞争，许多企业为了规避竞争，经常涉足过于偏僻的市场，但没有对手的市场就是好市场吗？未必。没有对手，也往往意味着没有市场。林中猎人太多虽然会导致争夺，但跑到没有猎物的地方去打猎更加没有意义。

没有足够的竞争产品，市场就没有足够的“势”来吸引消费者。要敢为天下先，更要敢为天下后。没有竞争对手的领域不见得合适，市场的启蒙教育重任没有人分担。

如果说一个企业的能量可以把市场烧到 30~50 摄氏度，那么几个企业加起来就可以把市场这壶水烧开了。消费者喜欢热闹，也喜欢看竞品打架，因为这正是消费者“渔翁得益”的好时机。他们喜欢市场战火飞扬，喜欢这种热热闹闹的气氛和感觉。

误区十九：轻视品牌资产的价值

如果有一天美国政府心血来潮，要求可口可乐和百事可乐两家企业合并，抛弃过去的品牌，统一更名为“百可可乐”，对这两家巨头企业来说就是要他们的命。轻易地抛弃一个既有的品牌，这是中国企业轻视品牌价值的极端体现。

品牌的价值不可小看，企业对消费者没有太大的意义，因为他们没有机会接触企业，他们以他们对产品的体验——品牌为依据来判断产品。消费者不可能逐个去了解产品，只好借助过去的经验或借鉴别人的经验。在这棵品牌树上，曾经摘下甜果子，他就有信心相信另一个果子也是甜的。品牌就是经验，就是消费者对产品经验的积累。

现代人没有精力去收集全部资讯，生活节奏越来越紧张，对陌生事物没有时间、没有依据做出充分的判断，那么品牌就是最好的依据。一场陌生的电影要不要看，导演就是判断的依据。别的电影可以不看，但斯皮尔伯格导演的电影一定要看——在这里斯皮尔伯格就是品牌，就是依据。

这个社会，这个时代，有太多不确定因素，消费者购买产品从根本上最关心的就是产品的质量是否过硬，广告上的承诺是否真实可信等一系列信赖问题。品牌就是承诺，品牌就是契约，品牌就是保证。放心就是品牌带给消费者的最大利益。

品牌仿佛是一颗经济“原子弹”，它的威力无可估量。国际化的时代环境，消费者越来越倾向于共享全世界文明的精华，中国企业必须立即拿起品牌这个现代化的经济武器，与国际品牌对抗。

误区二十：品牌保护乏力

品牌保护主要是指：商标注册以及在品牌管理过程中对品牌有无伤害行为。前者是硬性保护，后者是软性保护。由于缺乏品牌保护的意识，在过去的许多年，一些企业付出了高昂的学费，得到了惨痛的教训。

“红梅”是云南玉溪卷烟厂的香烟品牌，由于没有及时注册，被成都卷烟厂抢注，最后只好忍痛以180万元的高价赎回了本该属于自己的品牌。

“红双喜”原是沈阳双喜压力锅厂的品牌，其产品远销40多个国家和地区，企业为宣传品牌投入了巨额的广告费，也因未及时注册被人抢注，在以800万元巨资买回遭到拒绝后，不得不将产品改名，将“红双喜”拱手让人。

这样的“悲剧”举不胜举……怨天尤人毫无用处，关键是要吸取教训，提高自我保护意识，对品牌纵向和横向进行全方位注册。这方面“娃哈哈”做得较好，光是防伪注册就有70多种，确保了品牌保护的万无一失。

国内一度被视为救命药方的合资，把握不好，往往成为外商扼杀民族品牌的合法外衣。

对品牌的保护还体现在品牌的管理过程中坚持“用一个声音说话”，不随意变更主题。如果今天定位于“阳刚”，明天又变为“热情”，那么传递给消费者的信息将会混乱不堪。

误区二十一：促销不考虑品牌问题

促销几乎成了企业挑战市场的利器，新产品上市、盘活资金、清理库存、打击竞争对手等，都用促销来解决短期的难题，一些企业甚至将促销作为产品长期推广活动，而列入产品的发展计划中。的确，促销在一些企业的特别时期，发挥了无可替代的作用，但是，很多的企业在做促销时，认为只要把产品销售出去，就达到目的了，促销就是有效的，而往往忽视了促销中应注意的品牌问题。

“促销是短期行为，而品牌是长期的建设，为什么要在促销时考虑品牌问题呢？”

1. 促销不考虑品牌，将影响品牌形象和品牌个性的树立。促销作为品牌行为的一种，将直接反映消费者对品牌的态度，影响品牌在消费者心中的好感度。

品牌行为	品牌形象
经常性的赠送	低档的、容易得到的、未受教育的
经常性的打折	廉价的、漂浮不定的
与实际不符的承诺	欺骗的、令人厌恶的

促销往往会让消费者有尝试性的购买行为，但是，如果不从品牌的角度考虑问题，必然会使品牌的长期利益受损。

2. 促销不考虑品牌，将使产品价格回弹艰难。促销应尽量避免单独的打折降价行为，一旦消费者对你的品牌产生经常打折降价的印象，或让他们对打折和降价形成一种期待，那么，产品价格的回升将成为品牌的一个艰难负担！

3. 促销不考虑品牌，将无法使促销活动得到最大的回报。某碳酸饮料在南京进行新产品的免费试喝活动，结果当天来的人当中，老年人就占了一半以上。针对青少年的碳酸饮料，却在促销时偏离了目标群，使得这次促销活动事倍功半，浪费了大部分的促销费用。

那么，促销时应如何考虑品牌问题，品牌又在促销中发挥了怎样的作用呢？

1. 促销应在品牌的统一策略下进行。促销不是单独的行为，它是品牌营销的一部分，必须在统一的品牌策略下进行，才不至于损害原有的品牌资产。在做一项促销活动前，请考虑：

★ 与品牌定位一致；

★ 符合目标消费群的需求；

★ 利用品牌积累的资产，为活动助势，如，使用品牌特定的形象载体。

2. 促销应策划周全，考虑方方面面，避免出现意外。一次成功的促销活动的举办，是对品牌管理者的严峻考验，我们认为应该注意以下的问题：

★ 避免单一降价；

★ 考虑社会影响；

★ 为新品牌做促销，力求达到试用的目的；

★ 达到品牌转换；

★ 品牌联合，大品牌与小品牌联合，可以获得更多的利益，节省促销费用；小品牌与大品牌联合，可以依靠大品牌的影响力，提升自身的品牌形象。

3. 促销应提升品牌知名度。一般新产品上市都会进行促销，不仅要达到让消费者尝试购买的目的，更应为品牌知名度做出贡献，如“卡迪那”新产品上市大派送，配合新产品上市的推广活动，对品牌知名度的提升功不可没。

4. 促销应提升品牌美誉度。一次优秀的促销活动是对品牌美誉度的一次有效的投资：

★ 有利于传递品牌的价值主张；

★ 引发目标消费者共鸣。

促销的目的就是刺激消费、诱导购买，这句话并没有错，但是，如果这是促销活动的唯一出发点和目的，就会走入形而上的死胡同，给品牌建设带来伤害。

误区二十二：小企业不需要做品牌

“做品牌那是以后的事情，当务之急是积累资本，把销售搞上去！”在和许多国内小企业主交谈时，经常会听到他们这样的论断。的确，资金少、经验少、管理缺、机器老的中小企业，生存还是一个大问题，有何资格谈论品牌？！但是，且慢！如果你的目标不仅仅止于做小企业，不仅仅是为了获取短期的微利，而是渴望在未来成为一个大企业，拥有稳定的销量和利润，像国际大品牌一样屹立不倒，那么，品牌的问题，你现在就必须面对，而不应以企业生存为理由忽视品牌的建设！

小企业完全忽视品牌的建设，将可能给企业的成长带来以下的危害：

★ 产品的品质下降。大多小企业都有以销售为主的经营观念，往往在销售旺期，为达到一定的销售目标，而以次充好，降低了质检的标准，这就势必会导致产品品质的不稳定。

★ 短期行为损害品牌形象。一些小企业为了盘活资金，低价销售库存产品，这一短期行为，极大地损害了原有的品牌形象。

★ 影响产品的延伸。很多小企业在延伸产品线时，往往没有整合品牌的观念，只要是有钱可赚，就盲目上马，造成品牌资源的极大浪费。

★ 轻视品牌的保护。这其实是中国企业的一个常见的现象，在小企业中更为普遍。等到产品打出知名度以后，才知道品牌已被人家注册，到时却悔之晚矣！

★ 影响员工的士气。企业的目光短浅，“打一枪，换一炮”，没有长远的品牌建设目标，会让员工没有归属感和使命感，影响员工的士气。

挣扎在市场底层的中国小企业，他们无一不是在企业发展的路上，遇到品牌的瓶颈时，才会忽然醒悟到：原来小企业也需要做品牌！

那么，小企业该树立怎样正确的品牌观？品牌又该在企业发展中发挥怎样的作用？

★ 要保证产品的品质恒定如一，要让你的产品，成为货真价实的标志。不论什么情况下，都应该做到这一点。消费者是无法欺骗的，如同你的亲人和朋友，只有真诚以待，情谊才能长久。这也是品牌最重要的资产之一。很多中国老字号企业，就是保证了稳定、良好的产品质量，以至在经历多年的风雨洗礼后，仍然能够屹立不倒。

★ 必须创造品牌的附加值。随着市场逐渐发展、成熟，产品的同质化会越来越严重，产品的功能、包装、外型等都可以模仿，而唯有品牌是独一无二的，它帮助消费者在繁多的商品中迅速做出自己的判断！例如可口可乐，它所建立的品牌资产是其他品牌无法模拟的：热烈的红色、丰富的品牌联想、百年恒定的品质保证、深入人心的高知名度，都证明了可口可乐卖的是品牌的附加值，而不是产品。小企业在产品的发展过程中，应注意品牌附加值的创造和积累。当然，这是一个复杂的长期工程。

★ 小企业在发展初期，就应该制定长期的品牌战略目标。在此注意，是品牌的目标，而非营销的目标。创建一个品牌“前途是光明的，道路是曲折的”，但是，只有心存高远，才能把握住市场机会，使小企业完成一次又一次的腾飞。至少让那些每天想摘星星的人，不会弄得满手泥巴。

任何大企业其实都是从小企业开始的。但确信无疑的是，有长远的品牌经营理念，这个距离将会缩短。日本企业的快速成长就是最好的佐证。SONY 在 50 年代只是一个替人家生产电子晶体管的小企业，但是盛田昭夫却认为：“我们应该有自己的品牌！”于是 SONY 应运而生。从命名开始，SONY 便有了世界性的眼光。即使在最困难的时候，SONY 也坚持正确的品牌运作方式，不断创新，为品牌注入全新的内涵和活力，一改世人心目中“日本货低档、质次”的印象，最终创建了一个世界级的品牌。

有一个恰当的比喻形容小企业的发展：犹如一次长途旅行，启程的是产品，抵达终点站的是一个完整的品牌，关键就在于你选择的路线和到达的方式！

灵感荟萃

1. 这些营销主管们大都有一个“共识”：做销量就是做品牌，只要销量上来了，品牌自然会得到提升。这是非常错误的观点。片面追求销量往往导致对品牌其他要素，如品牌的知名度、美誉度、忠诚度、品牌联想等建设视而不见，最终导致品牌崩溃。

2. 名牌仅仅是一个高知名度的品牌名。品牌包括更多的内容，知名度仅仅是品牌的一个方面。

3. 商标是品牌的一部分。商标是品牌中的标志和名称部分，它使消费者便于识别。但品牌的内涵远不止于此，品牌不仅是一个区分的名称和符号，更是一种综合的象征，需要赋予形象、个性、生命。

4. 品牌知名度可以在短期内形成，而品牌的联想却是品牌建设的一个长期工程，它是品牌在长期运动中建立的资产。

5. 产品与产品的质量、材料、款式的确有差异，但这种物理差异不可能有10倍、100倍。劳力士的价值主要在于品牌而不是产品。品牌不仅意味着产品质量、性能、款式的全面优秀，心理消费才是真正的重点。同时，品牌是身份的象征。

6. 创建鲜明的品牌认同，首先，应进行策略性的品牌分析，包括顾客分析、竞争者分析和自我品牌分析。之后，在品牌分析的基础上，建立一套完整的品牌认同系统，包括基本认同和延伸认同。

7. 品牌是消费者与产品有关的全部体验。品牌不是产品，产品只是其中的一个方面。

8. 品牌的核心价值是品牌的精髓，它代表了一个品牌最中心，且不具时间性的要素。一个品牌最独一无二且最有价值的部分通常会表现在核心价值上。

9. 坚持统一的品牌形象是一些国际品牌走向成功的不二法门。

10. 一些成功品牌给消费者承诺时往往非常慎重，一旦承诺就一定做到。如果不能确信做到，就不要轻易承诺。

11. 现代人没有精力去收集全部资讯，生活节奏越来越紧张，对陌生事物没有时间、没有依据做出充分的判断，那么品牌就是最好的依据。

12. 促销的目的就是刺激消费、诱导购买，这句话并没有错，但是，如果这是促销活动的唯一出发点和目的，就会走入形而上的死胡同，给品牌建设带来伤害。

广告的二十六大误区

给小孩看的广告，成人不喜欢有什么关系？给女人看的广告，男人不喜欢有什么关系？给农民看的广告，城里人不喜欢有什么关系？给俗人看的广告，高雅之士不喜欢有什么关系？给外行看的广告，内行不喜欢有什么关系？

误区一：买 2/3 的火车票

如果你买 2/3 的火车票，就不能到达目的地。

很多企业忽视广告有着“明显滞后效应”这个事实，第一天打广告，恨不能第二天就有销量，殊不知广告的启效时间已从以前的三周变成现在的九个月了。如果你不能坚持，那你就永远到达不了目的地。匆匆忙忙地上广告，又匆匆忙忙地停广告，大把的广告费就打了水漂。

在批评“脑白金”广告投放无节制的时候，我们有没有想过，它至少比只花 2/3 的广告费却永远效果不到位要好。

其实生活中多少漂亮女生都嫁给了死缠烂打的男人，死缠烂打实在是中国市场广告投放的一大绝活，不是哪一本广告教材可以教会你的。

有人说，我也想死缠烂打，可我没有“脑白金”那么有钱有胆，那你选取一个小一点的市场呀，完全可以进行局部市场的死缠烂打。一把盐撒在游泳池里，对游泳池根本没有影响，撒到水盆里，水立马变味。

更要命的还有打打停停的，这是广告投放的大忌。广告只能打，不能停，停三个月之后，消费者能将你忘得一干二净。所以投放广告就像穿上红舞鞋，一直要跳到死。

误区二：广告和销售不同步

广告已经铺天盖地了，产品还没有铺下去，自然创造不出神奇的销售业绩。

一个产品制造商需要有两个经销商，一个经销商帮你把货铺到消费者心里，这就要靠广告；另一个经销商帮你把货铺到消费者面前。

消费者心里有你，面前没有你，或消费者面前有你，心里没有你，结果都是抓瞎。

误区三：重终端轻广告

做好终端，销售就上去了，可以不做广告。

我并不反对终端建设，然而，我反对因为终端而轻视广告的态度，两股力量共同作用于市场，相互之间是不可替代的。有足够的实例证明，抛开广告的支持，单纯进行终端建设是行不通的。投入结构上的不平衡将导致品牌衰退，以终端换广告的做法，得不偿失。

误区四：广告媒体无组合

广告战和发动一场真正的战争没什么区别，没有人可以单靠飞机或大炮就能赢得全部战争。比如：

1. 单纯的电视广告有时并不能将产品信息说透（比如药品、保健品），这就导致消费者知道了你的品牌，但并不能确切地知道这个产品到底有什么用，以及为什么有这个作用。这时候没有报纸广告的配合就不行了。

2. 全国市场不可能一片红或一片黑。有些地区卖得好，有些地区卖得不好是常见的事，那种胡子、眉毛一把抓的媒体投放方式，无重点无主次，只会导致广告费的浪费。这时候重点区域就需要地方媒体来配合。

误区五：在 15 秒广告中只提一次品牌

广告片中多次重复提及品牌在广告圈里似乎是一件可耻的事，因为它显得不趋向国际化，当然也就难以获奖。

15 秒的广告能提 3 次品牌，如果有旁白，最好加上字幕就更有保障。另外声音要大，宁可把人吓着，也不能让人听不到。所以有些傻广告大呼小叫地在 30 秒广告里念上 5 次品牌，它成功了，有些画面精致得屡获大奖，却只提一次品牌，它失败了。

如果客户不能卖货，获奖有什么用?

记住，广告不是给企业家和评委看的，是给消费者看的。消费者不是美学家，中国目前大多数消费者能接受的往往是叫卖式的广告。

误区六：广告要大家都喜欢

给小孩看的广告，成人不喜欢有什么关系?

给女人看的广告，男人不喜欢有什么关系?

给农民看的广告，城里人不喜欢有什么关系?

给俗人看的广告，高雅之士不喜欢有什么关系?

给外行看的广告，内行不喜欢又有什么关系?

界定目标受众是创作任何一条广告都必不可少的步骤，广告最重要的就是取悦这些人，而不是所有人。

误区七：一上来就打 5 秒的广告

每年不知有多少中小企业在央视只打 5 秒钟广告，投入 500 万元，然后销声匿迹，连一点儿水花都没看见。

并不是说打 5 秒钟广告不行，问题是谁打。那些品牌很响的企业，打 5 秒广告可以起到提醒消费者记忆的作用；而那些刚刚露脸的品牌，打 5 秒广告谁都注意不到。

这就好比两个刚认识的人就得多说几句话让彼此了解，日后再见面，打打招呼就可以。如果刚开始就只打打招呼，可能扭头彼此就忘了。

误区八：大创意不能坚持

可以延伸的好创意是大创意，不可以延伸的创意是小创意，这一“大”一“小”之间有着天壤之别。

“万宝路”用牛仔做形象坚持了 50 年，“绝对伏特加”年复一年坚持表现它的瓶形。而我们很多企业别说十年八年坚持一个大创意，甚至一年都坚持不了。

发现了大创意却不能坚持，实在是可惜！更糟的是，大创意不能坚持会带出一连串的问题，比如广告调性也就不可能得到坚持，最后一堆广告之后，品牌成了个五花脸。

误区九：把广告目标当作销售目标

广告目标不是销售目标，而是信息传播目标。比如说，在三个月内，让一个新牌子的饮料在北京的认知度达到 50％；在六个月内，让上海 70％的家庭主妇了解一种简便快捷的新牌微波食品，等等。

单个广告是否达到信息传播目标，可以通过广告调研来确认。如果达到了传播目标，可以推断销售目标从中受益。

误区十：策略诉求和表现形式说变就变

排毒养颜的诉求坚持说了多年：排出毒素，一身轻松。它成功了。

西安杨森一直坚持打比喻的方法：易蒙停，用关不住的水龙头作喻；达克宁，用拔草作喻……它也成功了。

经常更换策略和表现形式的品牌绝对是很难成功的，至少更换本身说明你的策略和表现是不成熟的。

误区十一：过分强调广告的合理性

《广告奏效的奥秘》中讲了一个内衣广告的故事——

内衣广告用一位身着紧身内衣裤的女性 + 标题“穿 ×× 牌紧身内衣，尽显您理想身材”是再合理不过的了。但这样的广告刊登在杂志上，有几个人会注意它呢？显然，这是无法吸引眼球的广告。

美国一家广告公司为一家女式紧身内衣生产企业开发出一套广告攻势。广告中的女人只穿着紧身内衣，在人来人往的大城市街头旁若无人地行走。标题是：

“我梦想，身上只穿着 ×× 紧身内衣穿过纽约闹市。”

在播出前，人们对广告攻势的效果进行预先测试，结果惨不忍睹！被访的妇女们目瞪口呆，表示坚决拒绝这类广告。

照理说，该广告应该压进箱底弃置不用。但却不然，广告公司声称，测试结果正是他们刻意追求的。于是决定播出广告——业内最成功的广告之一从此问世。

广告和逻辑没有什么关联，倒是和情感、联想、印象关系甚密。

用名车概念打造皇明太阳能，名车和皇明太阳能有什么关系？高级的关系！

名车和步步高无绳电话 S 系列有什么关系？高级的关系！

所以我很欣赏一家酒企业老总的一句话：“不管我卖的酒是多少钱，拍广告你给我用高级的演员，并用在高级的场合里。”

误区十二：舍不得在广告创作上投钱

中国人在居室装修时很少有人愿意为设计付费。买材料多贵都舍得，为设计付费却难上加难。

拿 2000 万元播广告，却只舍得拿 10 万元做一支广告片的企业不少，得不到好创意也就不足为怪。问题是这么做一点也不省钱。创意不突出，广告片就不突出，广告片不突出就意味着不能引起消费者注意，除非你像“脑白金”那么轰炸，有没有创意就不重要了。

同样的讯息，口才好，一句话讲清；口才不好，50 句都未必能讲清。在此奉劝那些准备投广告的企业，你至少要拿出广告投放额的 10％来做广告策划、创意和制作，否则省掉的小钱会让你破费更多的钱。

误区十三：不给创作留足够的时间

任何一个大创意都是逐渐形成的，不可能跟水龙头似的一拧就开。有些企业和广告公司合作时，不能给广告公司足够的时间，这倒练就了不少中国广告人的“急”功。但哪怕再有“急”功，短时间要诞生大创意，依然难上加难，出错就难免了。

事实上，很多创意前的策略规划是需要足够的时间的。这个化妆品广告策略定位到底是卖功能还是卖幻觉？那个空调到底是卖静音还是卖节电？即使策略已经完全定好，如何表现创意也不是拍脑门想出来的。“海王银杏叶片”那句“30 岁的人 60 岁的心脏，60 岁的人 30 岁的心脏”，我们差不多想了整整两个月，更不用说创意的完整性表达。

广告内容所传达的信息是否与产品定位一致，广告的表现是否能为目标受众所接受都是要考虑的内容。所以，在正式制作广告片前，需要请消费者来做测试，广告片制作完成后，还要请消费者再来做测试。

总之，好的广告创作需要时间。

误区十四：打广告不重品牌形象

广告促进了销量的大幅提升，这是每个营销人员都愿意看到的结果。但仅仅这个结果还不够，毕竟人无远虑必有近忧。广告是把双刃剑，有些广告，信息传递出去了，品牌形象却下来了。广告有效并不代表全部，消费者还是会将品牌分个高中低档。广告的作用有两个，一是促销产品，二是提升品牌形象，积累品牌资产。如果只完成了其中一个目的，那至少浪费了一半的广告费。

误区十五：夸大其词

拿着一个女孩的艺术照兴冲冲地去相亲，却发现这个女孩脸上有很多麻点，本来还可以谈谈的，却永远不想再见面。适度夸张是广告的本能，过度夸张则是卑劣的。

尤其保健品广告过度吹嘘，往往昙花一现。或者说，他们也未曾想过要长久，捞一把就走。如果要长久，就得适度，否则牛皮吹足了，很快就会爆炸。

误区十六：不做广告

生活中到处充满了鲜花插在牛粪上的现象。

隔十年回老家探亲访友，往日的伙伴均已成家立业，一圈跑下来发现一个奇怪现象，昔日的小混混娶的太太都很漂亮，好学上进的好孩子娶的太太形象都一般。

为什么美女都嫁给了小混混？

有一次去大学演讲，我问学生：系里最漂亮的女生被谁勾跑了？是成绩最好的男生，郎才女貌？台下摇头。那么是最帅的男生，俊男靓女？台下复摇头。只好求教，一男生起立：被每天中午、晚上帮她排队打饭的家伙勾跑了。

为此，叶茂中这厮得出一个结论：鲜花为什么总是插在牛粪上，是因为牛粪会服务，会沟通。

做营销策划十余年，每每听到客户讲自己的产品如何如何比竞争对手强，可气的是消费者不辨优劣，叶茂中这厮怪论：世上卖得好的东西不一定是最好的东西。

问题是你是想做最好的东西，还是想做卖得最好的东西？你是想娶个大美女偷着乐，还是想做一个娶不到美女的好男人？

美女嫁给小混混和臭男人的原因可能有两点：1. 认知与事实不符。由于小混混花言巧语，让美女误以为他会有出息；2. 霸王硬上弓。臭男人死磨硬缠、风雨无阻，终有一日连哄带骗，与美女稀里糊涂地做了夫妻，日后不满意，孩子已上小学。

消费者购买决策依赖的就是传播。如果你不说，美女怎么分得清你和小混混之间的区别。抱怨竞争对手的产品质量不如你，还不如学学竞争对手怎样做营销，怎样做传播。毕竟市场如战场，胜者为王败者寇，娶不到美女别怪美女没眼力，卖不好也别怪消费者不识货。

广告传播是从人类的基本传播过程中发展而来，从我们出生的第一声啼哭开始。有句俗话：会哭的孩子有奶吃。

很难想象一个企业在时下这个信息传播的时代，不做广告会是什么样子。当然，也许可以做别人的加工厂，看别人拿你的产品贴上他的标签去卖大价钱。

有这么一个故事：一位老农养有一头母牛，它身上不能再挤出很多牛奶。老农既不想马上把牛杀掉，也不愿给它添加一种昂贵的强力饲料。当然，母牛产奶越来越少，但老农听之任之，并无不满。

这就是“挤奶策略”的来源。产品虽还在市场上卖，但却没有强力饲料——广告，结果无外乎产品的“奶量”越来越少，但为了节省广告费，只好顺其自然。

市场是品牌的市场，而打造品牌的费用每年都增长 20%，所以我提醒那些不做广告的企业，要么永远不做，要么就赶快做广告吧。

误区十七：无钱又无胆

很多中小企业没有足够的资金来打广告，那么就应该有勇气去创作一些有悬念或会引起争议的广告，否则你如何去与那些广告投放凶猛的企业争市场。

大企业可以做平庸的广告，因为它会喋喋不休地播放，直到人们耳朵里起了茧。而中小企业则不能，它必须 1 句顶 100 句。

《广告学》中有一个案例：

时值水牛城的春天，空气中弥漫着爱情的气息。一个星期一的早晨，正当人们驾车去上班的时候，突然发现路边出现了一块新的路牌。洋红色的底，白色的大字，写着一条极具人情味的讯息：

“穿红衣服的安琪尔：加西亚酒吧一见。希望见到你——威廉。”

随后连续九个星期，上下班的人每到星期一早晨便会看到一条新的讯息，每一条都比上一条更迫不及待。

“穿红衣服的安琪尔：我仍在等待，加西亚酒吧，星期五，好吗？——威廉”

“穿红衣服的安琪尔：为了这些路牌，我快一个子儿都没有啦，加西亚，……求你啦！——威廉。”

于是人们开始涌向加西亚酒吧，看自己是否能发现安琪尔——或者碰上威廉。很快，又出现了另一块冠名弗兰克的路牌，警告威廉说他的安琪尔有越轨行为，而威廉则还以又一块路牌，声称：“穿红衣服的安琪尔：去他的弗兰克！我要不惜一切代价在加西亚见你。”妇女们纷纷打电话到当地的这家路牌公司，询问如何才能见到浪漫的威廉。

这件事成为该城街头巷尾议论的话题。整整9个星期，没人猜透到底是怎么回事，甚至连加西亚酒吧的员工也蒙在鼓里。

最后，人们盼望已久的路牌终于出现了：“亲爱的威廉：我肯定是疯了。加西亚见，星期五，20：30——安琪尔。”

那天晚上，加西亚爆满，酒吧不得不雇请了两名模特来扮演威廉和安琪尔。是的，威廉最终找到了他的安琪尔，他们伴着“红衣女郎”的乐曲欢快地在一起跳舞。

加西亚这个新酒吧一下子出了名。

误区十八：广告不做测试

成熟的企业都已经习惯了这种方式，一支新广告片问世之前或一次大的促销活动都会在一至三个城市先做测试，去判断它的有效性。这样做好处很多，一旦发现问题马上调整，损失有限。如果不做测试，一下子就投放全国，风险就十分大，出了问题很难挽回。

我们经常发现一支广告刚在中央台露了一个月的脸就消失了，一般来说就是出了问题，如果先行做测试，就不至如此。

误区十九：过多插手广告公司的创作

有一个很有趣的现象，客户出钱请广告公司创作广告，是因为广告公司做广告比广告主专业，广告主才出这个钱，但评判又是由不够专业的广告主来判断。而相当多的广告公司看在钱的面子上，不敢直言广告主判断失误，导致大量的平庸创意在媒体上招摇。过多插手广告公司的创作，往往是弊大于利，倒不如信任地让他们放手去干，广告主只需把握一个度，只要符合战略就行了。

中国有句古话：疑人不用，用人不疑。广告主何不学学古人，流传这么多年的一个古训，总有它的道理吧。

既然你养了一条狗，为什么还要自己叫？你又没它叫得专业！

对广告创作最有决策权的是广告主。但，对广告创作最没有发言权的也正是广告主。

消费者是消费者，企业是企业，企业不能代替消费者去思考，因为他们永远都不可能完全站在同一角度看产品、看广告。但我们的广告主，因为自己掏了钱，就自以为有权利去决定一切。其实不然，广告公司可以卑躬屈膝听你的，但消费者他没义务听你的，消费者是自由的。自由市场之所以自由，就是消费者可以自由地离你而去，投向任何一个他认同的产品与品牌。我们要的不是讨好企业主，而是吸引消费者，所以职业道德良好的广告人会坚持和客户不同的主张，但这种坚持非常艰难，闹不好，连业务都做不成。广告人的这份苦心与良知，又有几个人能理解呢？！

误区二十：一粒屎坏了一锅粥

消费者选择、判断一个产品的依据远远超出产品本身，广告、包装、海报、折页，任何一样消费者可以接触到的东西最终都会成为评估的依据，除非你根本就没有勾起他的兴趣。这就是品牌时代的市场特征。作为广告公司，最痛心的是：当你竭尽全力为这个品牌、这个企业制作出一套完整的品牌推广系统，广告调性与设计品位都有了很好的保证，企业那边突然心血来潮，整了个没有任何品质感的小广告，就仿佛一个露着尾巴的绅士，真让人哭笑不得。企业还不以为然，觉得那是自己的事，花自己的钱还不行吗？

做了100件好事，再做1件坏事，就很有可能前功尽弃，丢掉原本的声誉。忠贞了几十年，偶然一次出轨就可以毁掉坚持了一辈子的忠贞两个字。所有的广告都是高品位的，偶尔，来一两个差劲的广告，你说行还是不行？

真的，不要小看任何一个广告，一粒老鼠屎可以坏了一锅粥，品牌经营也是同样的道理。

千万小心，不要让一个随心所欲的小动作拖了市场的后腿哦！阻碍成功的因素已经够多了，不要再人为地制造品牌营销的短板。

误区二十一：1则广告放进2个以上的想法

专业的广告人都知道，一次说透一件事情、一个道理已是相当不简单。光是把一个点、一个信息注入消费者的大脑，已经足够把创作人员折磨得够呛。但，我们那可爱又可恨的客户，竟然要求在一则广告、一条片子里放进那么多内容，这个那个，一样都舍不得丢。哎，恨不得把家谱都放进去。

从AE、AD到CD，轮流与客户辩论，可是他很难被说服，他似乎更愿意相信他自己，通过拉锯式的“交涉”，互相迁就让步，只让广告片多出一些不协调的东西，不仅浪费了时间，而且使得广告主张变得模糊不清。

说得越多，受众记得越少。那些客户指定追加的内容，多多少少会削弱广告的效果，我们事先就知道。最冤的是，客户当时不听，事后广告效果不好，责任全部要你来承担。客户一定会把这笔账记在广告公司头上，而不是质问他自己。

企图在一则广告里放进两个以上的想法，是非常可怕的。欲速则不达，这种不恰当的野心，只会延误成功的到来。试想一个课堂有两个，甚至是三

个以上的老师同时讲话，会是什么结果？

我们不断呼吁提升中国广告的水平，其实广告作品的水准受很多广告人自身原因之外的“环境因素”的制约，广告第一线的裁判——广告主专业水准的提高更是一个相当重要的课题。

误区二十二：不好意思做俗广告

中国是个大国，人口众多，文化层次不一，收入水平不一，也就造成了消费阶层的分化。绝大多数消费者不仅收入低，而且也不是文化人，对广告的理解力很弱，这也是为什么那么多在品位极高的评委那里能得大奖的广告作品，在市场上却很失败的原因。

最典型的例子，同样是补肾产品，“御苁蓉”不管是产品包装还是广告创作都比“汇仁肾宝”要强，但“御苁蓉”为什么会失败？

“御苁蓉”的广告用一支塑料水枪东指西指最后滴下两滴来暗喻男性某些方面的问题，创意不可谓不好，获奖也是自然的。问题是大多数人看不懂，没有受刺激，农民以为是卖水枪的广告。

“汇仁肾宝”则是一女子依偎在男人旁边，肩一耸：“吃了‘汇仁肾宝’，他好我也好。”农民说这我明白。该广告制作水平一般，透着一股俗劲，但就是这个俗劲让“汇仁肾宝”赚翻了天。

相信没有企业和广告人真的愿意做俗广告，谁都想让自己显得有文化。但问题是这世界俗人多还是雅士多？

广告公司的小白领坐在象牙塔里给农民写广告，能卖才奇怪。既然这个产品是卖给俗人的，雅士看了嗤之以鼻又何妨？

广告是“找对人说对话”。

对什么人说什么话，这应该是广告的常识，但偏偏有人总想给广告做一个定位，好像只有高雅的画面和说辞才是好广告。你去看看那些好笑得让人喷饭的手机段子，有几个是高雅的？

我承认广告有两个目的，一是促销产品，二是提升品牌形象。但在鱼和熊掌不能兼得的时候，当然是先把熊掌拿到，鱼以后再钓。如果销量都没有，要形象还有屁用。

误区二十三：重创意，轻叫卖

不可否认，广告是环境的产物。而我们目前所处的环境是，绝大多数中国消费者对广告的理解和接受程度还停留在叫卖时代，这是一个不争的事实。简单说，叫卖式的广告要比含蓄式的广告更容易让人接受。

广告的创意和美感问题不须讨论，问题是中国大多数消费者还停留在审美的的初级阶段，不信去看看大多数人的家庭装修就可以明白。更有一个数据很惊人：中国有 4.5 亿人平时不刷牙。

面对这个现状，你就可以知道为什么那些缺乏创意和美感的叫卖式广告在国内屡战屡胜。

表面看，中国大众是一个习惯含蓄式表达方式的族群，但内心却渴望直白大声的沟通和交流。

举几个很简单的例子，琼瑶阿姨的长篇肥皂剧《还珠格格》——我称之为叫卖式的电视剧。你可以骂它幼稚、没内涵，情节夸张离奇，对白直接浅显，简直不像人说的话，但它硬是红遍大江南北，抓住了多少人的心，赚了无数的眼泪，更是赚了大把的钞票。李阳的“疯狂英语”教学为什么疯狂全国，就因为它是叫卖式的英语教学，当然他的钱也没少赚。

从另外一个角度来说，广告就是沟通，你的广告首先要让人明白你要说的是什么。白居易的诗为什么在民间广为流传，全赖他的一个好习惯：每写一首诗都要先念给邻里老妪听，直到她能听得懂为止。

叫卖广告的特点是旁白多、字幕多，典型的是脑白金和哈药的某些广告。“金嗓子喉宝”只一句“保护嗓子请选用‘金嗓子喉宝’”就让它卖得热火朝天。

且不论它们的好坏，重要的一点是它们将产品的特点说得很清楚。看这些广告你不用动脑子，坐在那儿经它一顿猛灌，立马儿就明白。就算你坐在马桶上，也会被自动捕获（因为叫卖式的广告还兼有广播广告的特点，只听不看也能明白）。

而有些广告，看完一头雾水，甚至不知道它卖的是什么；更有些标榜创意的广告，看上去很美，但抓住你的是眼花缭乱的表现手段，最后却连品牌名都没让人记住，更别提卖产品了。

创意，是让广告人眼热心跳的字眼。我们都希望能在有生之年做几个最牛的创意以飨自己和大众。多年营销和广告做下来，我们接触和服务过的很多客户清楚地表示，有创意的广告我们也喜欢、也看得懂，但叫卖更直接、更能见效益。所以，如果我们的广告创意不能立竿见影地替客户解决问题，我们宁可叫卖。

当然，叶茂中这厮并不喜欢纯叫卖式的广告，甚至可以说是反对，但从叫卖式广告中能学到有用的东西却不容置疑。

所以“叫卖＋创意”的广告，便成了我们现阶段作业的方向。

误区二十四：重 30 秒，轻 15 秒

在中国做影视广告，最重要的版本是 15 秒，做好 15 秒比 30 秒更重要。

但广告公司有时候也会热衷于做 30 秒，甚至专门做一个 60 秒的导演版给客户看。为什么，因为交单时，客户看 15 秒一晃而过，觉得不过瘾。

如果看 60 秒和 30 秒时觉得很满足，广告公司交活也就容易通过，即使在媒体上投放的是 15 秒，客户也会在心里说，广告公司做的 60 秒、30 秒还是很棒的，可惜我们没那么多钱去投放。

经常有导演讲，唉，那个 15 秒效果不好，你要看我的 30 秒，可问题在于客户播的全是 15 秒。

所以我经常讲，在中国做广告，15 秒更重要。

误区二十五：30 秒套剪 15 秒

一般来说，客户均会要求广告公司在制作电视广告片时，同时完成 30 秒、15 秒和 5 秒，而实际投放时则以 15 秒为主，30 秒基本不被使用。

这是中国企业与广告公司合作过程中很常见的一个误区，在媒介上大量

播出的往往都是 15 秒，而制作时重点都放在 30 秒，即使定的时段几乎全是 15 秒，也会要求 30 秒、15 秒套剪。单独做 15 秒与同时做 30 秒和 15 秒，制作费用差不多，乍一听，似乎得了大便宜，其实不然。

30 秒套剪 15 秒是很危险的，往往意味着更大的浪费。30 秒可以讲故事，15 秒讲故事就显得仓促，没有渲染气氛的时间。说得严重一点，30 秒和 15 秒的创作思路是不一样的，30 秒说得生动有趣的故事，套剪 15 秒后，往往什么都说不明白。

15 秒并不是不能讲故事，而是它讲故事的方式与 30 秒不同，而且 15 秒创意要求更直接，更单纯。30 秒套剪 15 秒的操作概念根本就是一个错误。

30 秒的结构和 15 秒的结构很难完全一致，但目前广告公司基本上还是套剪，这就造成了 30 秒结构完整，表现充分，而 15 秒就节奏仓促，表现乏力。

尤其是低成本制作，拍摄时间只有一天，这也逼得导演不可能为 30 秒、15 秒拍摄两个方案。最终拍出 30 秒，牺牲的是 15 秒，而 15 秒又是最终投放量最大的版本，这岂不是本末倒置？

有时广告公司会提出能不能只做 15 秒，精力和时间更为集中，结构与表现更为完善。但客户会觉得这是一种损失，既然花了银子，不如 30 秒也一块做了，毕竟有些地方台播放费低，30 秒效果更好。

我谈这个话题，有人会说叶茂中这厮有病，这也值得一谈吗？见谅，见谅，相信这是我们大家经常碰到的一个问题，而且我认为不算是小问题。

所以叶茂中这厮在客户面前，越来越坚决地反对 30 秒套剪 15 秒。

误区二十六：提供服务的广告公司越多越好

很多企业总是认为：为我们提供服务的广告公司越多当然越好，因为可以整合社会资源，集思广益嘛！

其实不然。踏踏实实地选择一家合拍的广告公司提供年度服务更有价值。

综合广告代理的年度服务似乎是理所当然的事，但我认为，广告创作的年度服务更值得企业重视。

我们常常说一个大创意应该具有衍生性，可以无限地延伸，就像“金霸王"的小兔子一会儿敲鼓，一会儿赛船，一会儿又踢足球，虽然不知道下一次小兔子又会玩什么新花样，但我们知道，坚持到最后的肯定是"金霸王"。然后大家都说：哇！这个小兔子真了不起！"金霸王"的创意真了不起！

不知道大家有没有想过，如果"金霸王"的小兔子忽然哪一天变成了一个小天使，或是小金刚，乒乒乓乓地乱撞了一通墙，仍是精气神十足地以示能量之强大，"金霸王"会是什么样？

所以，我要说，最了不起的应该是"金霸王"！

一个策略，或是一个创意能够被坚持这么多年，真正是一件了不起的事。是企业与广告公司的坚持，才最终成就了一个大策略、大创意。

现在我们终于看到，年度服务作为广告公司与企业合作的一种形式，已越来越被国内企业所接受。

年度服务的好处是不言而喻的，一方面，企业有一个长期跟踪、贴身服务的广告公司来进行品牌的维护和推广，从专业上更能有效地保障品牌的成长；另一方面，有年度客户，广告公司也能稳定地埋头进行创作，互相之间都有安全感，从而保证创作质量的不断提高并渐入佳境。

问题是中国相当多的企业仍然是东一棒西一锤地在与广告公司合作，策略得不到坚持，广告调性无法统一，往往事倍功半。一个策略或创意别说坚持几十年了，能坚持一年的都不多。结果导致品牌不断地变脸，最后企业累，广告公司累，品牌累，消费者更累。而品牌在市场上的表现呢？始终是青果子，永远来不及成熟。

灵感荟萃

1. 打打停停的，这是广告投放的大忌。广告只能打，不能停，停三个月之后，消费者能将你忘得一干二净。所以投放广告就像穿上红舞鞋，一直要跳到死。

2. 任何一个大创意都是逐渐形成的，不可能跟水龙头似的一拧就开。有些企业和广告公司合作时，不能给广告公司足够的时间，这倒练就了不少中国广告人的"急"功。但哪怕再有"急"功，短时间要诞生大创意，依然难上加难，出错就难免了。

3. 成熟的企业都已经习惯了这种方式，一支新广告片问世之前或一次大的促销活动都会在一至三个城市先做测试，去判断它的有效性。

4. 过多插手广告公司的创作，往往是弊大于利，倒不如信任地让他们放手去干，广告主只需把握一个度，只要符合战略就行了。

5. 企图在一则广告里放进两个以上的想法，是非常可怕的。

6. 对什么人说什么话，这应该是广告的常识，但偏偏有人总想给广告做一个定位，好像只有高雅的画面和说辞才是好广告。你去看看那些好笑得让人喷饭的手机段子，有几个是高雅的？

7. “叫卖＋创意”的广告，是我们现阶段作业的方向。

8.15 秒并不是不能讲故事，而是它讲故事的方式与 30 秒不同，而且 15 秒创意要求更直接，更单纯。30 秒套剪 15 秒的操作概念根本就是一个错误。

9. 一个策略，或是一个创意能够被坚持这么多年，真正是一件了不起的事。是企业与广告公司的坚持，才最终成就了一个大策略、大创意。

六招让你成为黑马

初级市场到处充满机会，不管是区域空白点还是消费者空白点都满地皆是。一个企业能够抢先进入这个市场空白点，往往就能够取得巨大的成功。

发现机会比学习市场营销更重要

中小企业很少有不想成为黑马的，而中国市场也是企业最有机会成为黑马的市场。关键在于企业是否有一双火眼金睛能看到那个空白点，一跃成为黑马。

中国市场最可爱的地方就在于它直到目前依然是初级市场。

初级市场到处充满机会，不管是区域空白点还是消费者空白点都满地皆是。当一个企业能够抢先进入这个市场空白点，往往就能够取得巨大的成功。

“非常可乐”就深谙中国幅员辽阔、消费差异性大、基础设施不足、交通手段缺乏、信息传播不充分、商业流通渠道不发达等特色，避开与可口可乐及百事可乐在一线市场的正面交锋，深入二、三线市场以及广大的农村腹地，占据了大片可观的市场。

同样，单点的突破也能够迅速确立企业短期内的竞争优势，例如在产品、价格、渠道、区域、促销等方面只占一方面的优势，都有可能取得明显的成功，哪怕其他方面做得并不优秀。

在《销售与市场》和中央电视台联合举办的中国营销武夷论坛上，叶茂中这厮的一句：“发现机会比学习市场营销更重要”，引来了会场所有聪明人的热烈掌声。见谅！见谅！叶茂中这厮又自吹自擂，实在克制不住回忆当时情景的兴奋。

不过话说回来，这并不是说不要学习市场营销知识，而是说当处在一个机会到处都是的时代，抢占机会才是赢的捷径。

对任何企业而言，最好的竞争就是没有竞争。十个女孩尚有七个没男朋友，你又何必非要和一堆人去竞争那三个？而且仔细看那七个当中还有比那三个更靓丽的。就像我们帮“雅客 V9”做维生素糖果，因为没人做，又赶上非典过后，全国人民都有补维生素的冲动，那它岂不就是一个最靓丽又没人追的女孩？何必在自己实力不足的时候和一堆竞争对手抢巧克力的市场呢？

市场并不是一块铁板，看似成熟的市场，里面也一定有机会；看似强大的对手，其自身也有破绽和软肋。关键就在于能否发现机会，这比学习市场营销还重要。

所以要成为黑马必须要有火眼金睛，发现别人尚未发现的机会，善于做个“机会主义者”。

准备好了吗？

机会只会青睐那些有准备的企业，否则即使发现了机会也抓不住，甚至为人作嫁的情况也屡见不鲜。

市场竞争有两个层面：产品的竞争和品牌的竞争。

产品的竞争指的是质量、包装、价格等物质及技术层面的竞争。

品牌的竞争指的是心理感受、明确的附加值等精神及心理层面的竞争。

当产品和品牌在物质和精神层面都包装到位之后，理论上讲就是一个完整的设计，具备了成功的可能。

我们给“柒牌”男裤在产品方面提炼了一个犀牛褶的概念：“犀牛褶定

型技术，怎么动，怎么洗，都不变型，看，裤线笔直！”而精神诉求点则是“男人就应该对自己狠一点”。这句话和服装无关，但和穿这服装的人有关。这就是一个完整的物质层面竞争和精神层面竞争都照顾到了的例子。

“柒牌”犀牛褶男裤一经推出便获得了消费者的巨大认同，指名购买率空前提升，一天一万条都不够卖。一匹黑马就这样诞生了。

石头怎样才能在水上漂起来？

假设市场营销有 13 张牌，而企业手上并没有拿到完美的 13 张牌，怎么办？

《孙子兵法》上说：“激水之疾，至于漂石者，势也。”速度决定石头能否在水上漂起来，速度亦决定企业能否走在市场的巅峰。牌少，就要利用速度弥补企业其他方面的不足，包括对强大竞争对手的跟进，用足用好手中已有的牌，速度越快越好，千万不能退缩。

发现机会出手要快、要狠

2003 年，“雅客 V9”一口气连续四个月在央视投放 2000 多万元广告费，对一个中小企业来讲不啻是一次冒险！所以光有智商、情商不够，还要有胆商。人生能有几回搏？该出手时就出手，机会稍纵即逝。“雅客 V9”赢了。

中小企业打广告并不会马上成就品牌，打广告和打品牌有时不能等同起来，但是打广告会刺激渠道，刺激消费。

成功的方法虽然可以学习和借鉴，但并不容易复制，因为，对任何企业而言，机会并不是一直存在的。把握机会，是中小企业不可忽视的重要功课。现在，利用央视做广告的企业越来越多，价格也越来越高，但中小企业还是不能放弃在央视做广告。当然，要在条件允许的情况下，因为从目前来讲，在央视投放 1000 万元以下的广告基本是没有效果的。

央视广告主要起到两方面的作用：发布信息和产品“背书”。毕竟，目前中国大多数消费者对央视这个品牌还是非常认可的，认为能在央视做广告是企业实力的体现。弱势品牌一定要善于利用强势品牌做产品“背书”。这就如同明星广告，因为明星能起到意见领袖的作用，所以叶茂中这厮不管被多少人骂俗，都坚持认为在目前的中国市场，明星广告最便宜。

2003 年，中小企业在央视做广告的机会还是有的，毕竟国际品牌和国内大品牌还没有完全把资源占领。这时，“抢地盘”比“练内功”还要重要，速度当然就更重要了。

创造机会

机会有时是可以创造出来的，而不仅仅是争夺。

吃饱了就会想要吃得更好，吃好了又会想要吃得科学，人的欲望就这样一步步被激发出来。

早期的化妆品只是冬天滋润肌肤之用，看看现在的化妆品吧：

从功能分有防晒的、补水的、祛斑的、美白的、营养的……

从种类分有爽肤水、润肤乳、面霜、眼霜、手霜、足霜……

不断深度挖掘消费者的内在需求，不断细分这些需求，就产生了一个又一个的市场机会。即使在一个物质越来越丰盛的时代，这种机会也从不缺乏。

差异化竞争

你是苹果，我就是梨；你是梨，我就是蕃茄。反正我跟你就是不一样，不一样就没得比较，苹果和梨怎么比？梨和蕃茄又怎么比呢？

如同没有竞争就是最好的竞争一样，没有标准就是最好的标准：因为你可以来制订标准。尽一切可能让自己成为标准的制订者，从而让消费者和竞争者失去判断力。

任何一个行业，想要做得比竞争对手好是很难的，但要做得和竞争对手不一样，就相对比较容易。

牙膏已有无数种选择：加氟强化钙的、美白的、祛过敏的、预防上火的……

“LG”却另辟蹊径推出了竹盐牙膏有点“咸”，找到了另一个细分市场的生存理由。

一般航空公司都有不同等级舱位的设定，亚特兰大航空公司推出没有等级差异的舱位，这就减少了服务成本，可以提供给乘客更低廉的票价，从而吸引了更多消费者乘坐。

在西服这个欧风盛行的行业，叶茂中这厮建议“柒牌”反其道而行之，让李连杰在广告片中穿上中式复古风格的中华立领服装亮相，风靡一时。“柒牌”紧接着顺势而为，推出“中华立领”这个服装品种，因为没有同行做，又一次通过差异化的品种异军突起。企业不止一次告诉我们：中华立领卖疯了。

嫁接创新：苹果梨

如果觉得苹果和梨、梨和蕃茄的完全差异化仍然很难，那么还有一些嫁接创新手法值得借鉴——比如苹果梨。

嫁接创新说白了就是旧元素新组合，苹果 + 梨结出了苹果梨，木椅 + 皮球就诞生了沙发。

以上六招，叶茂中这厮专门为中小企业所献。当然了，如果您用得没把握，还有一招，那就找叶茂中这厮为您策划吧，我有 150 支刀枪擦得锃亮，只等您来，杀得竞争对手人仰马翻！

包涵！包涵！又忍不住要为自己做广告了，就此打住。

灵感荟萃

1. 中国市场最可爱的地方就在于它直到目前依然是初级市场。在这样的时代，发现机会比学习市场营销更重要，这并不是说不要学习市场营销知识，而是说当处在一个机会到处都是的时代，抢占机会才是赢的捷径。

2. 市场竞争有两个层面：产品的竞争和品牌的竞争。产品的竞争指的是质量、包装、价格等物质及技术层面的竞争。品牌的竞争指的是心理感受、明确的附加值等精神及心理层面的竞争。

3. 现在，利用央视做广告的企业越来越多，价格也越来越高，但中小企业还是不能放弃在央视做广告。当然，要在条件允许的情况下，因为从目前来讲，在央视投放1000万元以下的广告基本是没有效果的。

4.吃饱了就会想要吃得更好，吃好了又会想要吃得科学，人的欲望就这样一步步被激发出来。不断深度挖掘消费者的内在需求，不断细分这些需求，就产生了一个又一个的市场机会。

5.如同没有竞争就是最好的竞争一样，没有标准就是最好的标准：因为你可以来制订标准。尽一切可能让自己成为标准的制订者，从而让消费者和竞争者失去判断力。

弱势品牌如何快速崛起

当我们看到一个市场的时候，最重要的事情就是抢地盘。有时候，抢地盘跟练内功是矛盾的，等你什么内功都练好了，可能地盘也让人抢光了。所以在这个阶段，抢地盘比练内功更重要。

做品牌和卖产品是两回事

市场竞争有两个层面，一个是产品的竞争，一个是品牌的竞争。产品的竞争属于物质和技术层面的竞争，比如糖果类，它的口味、包装、价格都属于物质层面；品牌的竞争属于精神和心理层面的竞争，比如一些心理感受。

所以，品牌定位不是宣传产品，品牌定位的关键是挖掘出兼容这产品的理念。所以我们做品牌定位和你卖产品、生产产品不是一回事。

我们给“柒牌”做的一个口号是“男人就应该对自己狠一点”。这句口号就是精神层面的。这句口号和服装没有关系，但和穿这套服装的消费者有关系。因为我们当时做了一项调查，发现“柒牌”的目标消费群大都在二、三线市场，有很多人都已经下岗了，这些人对生活不像过去那样充满信心和激情，遇到了一些困难。在我们的激励之下，他们会重新投入生活。

但是我们的这个想法，柒牌全国的代理商都是反对的。他们认为这个口号会让消费者觉得“我们的东西是不是太贵了，必须要狠一点才能买。”当时一个妥协的办法是用他们过去的一个形象代言人胡东，拍了一套广告：“生活就像一场战斗，谁都可能暂时失去勇气。要改变命运，先改变自己，男人就应该对自己狠一点。”用胡东拍了这个广告之后，市场反应是很多女人看了这个广告就带着她们的男人去买柒牌服装。“男人就应该对自己狠一点”，潜台词变成你对自己狠一点，我的日子就变得好一点。

后来企业花了1000多万元港币，请了李连杰来演绎这个广告，说了同样的话。胡东的影响力和李连杰的影响力是不能比的，胡东说的都有效的话，李连杰来说就更厉害了。

所以我们说，产品是用来跟消费者交换的，品牌是用来跟消费者沟通的，你要打动他们的内心。

消费者对产品的认识永远都是非常浅的。“酒香不怕巷子深”的时代早已过去。

在现代营销技术的应用中，我们甚至要说：产品的质量要适可而止。

做市场就是抢地盘

你认识一个美女，后来见到她老公以后你非常难过、非常生气，叶茂中这厮看到这种情况会感到悲愤交加。为什么生活当中会有这么多“鲜花插在牛粪上”的事情出现呢？很多时候是因为认知和事实之间总是有区别的。我们千万不要跟消费者讲什么是事实，你不可能有这个时间，不可能有这个金钱去做这种事情，老百姓也没有兴趣去听你讲这个事实。所以我们在传播过程中强调：认知比事实更重要！

我们接触过许多中小企业，一个强烈的感受就是我们的许多企业家不自信。就像一个男人爱上一个漂亮的女人，爱上一个太漂亮的女人很容易让你产生自卑心，觉得自己这也不行，那也不行，决定要好好努力，改进自己，在适当的时候再去追求她。后来过了半年，发现她被一个小混混给霸占了。这个事情让男人很窝火——自己这个条件都觉得有点自卑，那小混混却一点自卑都没有，但一切已经成为事实。所以，当我们看到一个市场的时候，最重要的事情就是抢地盘。有时候，抢地盘跟练内功是矛盾的，等你什么内功都练好了，可能地盘也让人抢光了。所以在这个阶段，抢地盘比练内功更重要。

不要指望消费者是个聪明人

同样的产品，贴不贴品牌的标签对消费者而言完全不一样，你千万不要认为消费者对产品的性能会有多少认知。那种“别人只要一用就知道我们的好”“别人只要一吃就知道我们的好”这种说法在现实市场中是很荒唐的。消费者的选择很多时候是由产品的附加因素决定的。比如两个杯子，从作用上来讲是大同小异的。你在左边的一个杯子上贴上麦当劳的标签——家庭主妇马上就会做出选择：“我要买左边的那个。”你问她为什么，她会回答说：“这是麦当劳的。”你再提醒她：“左边这个比较贵。”她会回答：“没有关系，我们家小孩最喜欢麦当劳。”她认为这个杯子贵但有一定的附加价值。如果再有人告诉她：“这个杯子和那个杯子是一样的，都是一个厂生产的。”她的第一反应是会怀疑你说的话。

为什么一双鞋贴上一个勾，不但价格完全不一样，大家还都追着去买——这是同样的道理。所以，我们不要指望消费者对产品有多少认知。电视上做过这么一个游戏：把丈夫的眼睛蒙起来，他太太跟一群女孩子站在一起，让丈夫去摸这群女孩子的手。只要丈夫把太太的手摸出来，就可以获得一个奖品。游戏时主持人问：“你跟你太太结婚多少年了？”“8 年了。”“那应该对这个产品很熟悉了。”然后就让丈夫开始摸。游戏的结果是：当丈夫自以为已经“摸出”他太太的时候，他太太正站在旁边一脸的尴尬。结婚 8 年，得出来的就是这样的结果。这个游戏告诉我们的道理是：说消费者对产品有多少认知的话完全是骗人的。

强势品牌会改变你对产品的态度。我十几岁的时候，有一次得到一瓶可口可乐，几个小伙伴分着喝，喝了以后感觉就跟止咳糖浆一样。但第二天有人问："你们昨天喝可口可乐，感觉怎么样？"我都不敢跟人家说不好喝。因为那个时候可乐在电影里都是特别高级的人在特别高级的场合喝，所以只能怨自己没文化，连嘴巴都没有国际口感。

在产品同质化时代，不需要改变产品，只需要改变思路

古时候，有个书生在进京赶考之前连续做了三个梦，于是就在出发前去找他善于解梦的丈母娘解梦。丈母娘不在家，只遇到小姨子，小姨子揽上身说："我帮你解。"

于是书生开始叙述，他的第一个梦是梦见一棵墙头草。小姨子掐指一算说："说明你根基不牢。"书生的第二个梦是梦见自己戴着帽子还打伞。小姨子说："这说明你这次进京赶考是多此一举。"第三个梦书生不好意思，支吾很久才说："我梦见和你背靠背睡在一张床上。"小姨子眼睛一瞪："你做梦去吧！"

结果书生垂头丧气地走了。在回家的路上遇上丈母娘——就是遇见像叶茂中这样的策划公司了，丈母娘一看女婿怎么赶考前精神状态这么差，问起缘由，很有权威地说："你小姨子解错了，我来帮你解。第一个梦，梦见墙头草，大多数草都长在地上，有几根能长在墙头上？这说明你天生高人一等。第二个梦，戴着帽子还打伞，帽子就是官（冠），这说明你这次一定会官上加官。第三个梦，你想，你小姨子长得那么漂亮，身材又那么好，你跟她背靠背睡在一张床上，肯定要翻身！"

同样一个产品，说法不一样，给人的印象就不一样。"所有的行业都是娱乐业，商业的实质就是做秀。"如何让你的品牌和你的产品像故事那样吸引人，这才是最重要的。

一个产品的制造商，其实需要两个经销商：一个经销商是把产品铺到消费者的面前；另一个经销商是把产品铺到消费者的心里去。因为如果消费者心里没你，就算你总是在他面前晃，也打不开他的钱包。

雅客的成功在于做到三个集中

品牌集中：

在我们介入雅客之前，这个企业曾经有几十个品牌，有“精彩”，有“派对时刻”，有运动巧克力。对这样一家企业来讲，我们觉得这样的品牌结构是不合理的。中国企业家有时候有一种不恰当的追求，总是希望多做一些品牌，或者出于安全的需要或者出于市场的需要，他们做很多的品牌，每个品牌都会投入，做点广告或者推广。像巧克力和奶糖就分别有好几个品牌，一些品牌又分别找了一些明星做代言人，比如巧克力找了田亮。

这实际上是一个很大的资源浪费。因此我们介入以后，建议他们都统一到雅客这一个品牌上来，不要做那么多品牌，其他类别所需要的产品线的细分，我们可以用副品牌的方式来完成。

品种集中：

之前，雅客的产品有 800 种以上。尽管品种很多，但却没有形成一个强势的品牌。这就像是一个球队没有球星，为什么贝克汉姆一上场，全世界妇女都喜欢看足球？大家知道，球星是市场的号召力。所以一个球队里没有球星，一个企业没有强势的品牌，都不算是成功。如果没有一个适合的强势品牌，就要创造出来。弱势企业必须产品创新和打品牌同时进行，成功的胜算才大，因为在任何一个品类诞生的时候都会诞生一个品类的领袖。实在无法进行产品创新的时候，也要进行产品的概念创新。

我们在通过市场研究，以及我们自己的一个市场经验分析之后，决定让雅客做维生素糖果，给它命名叫雅客 V9，诉求为每两粒 V9 补充 9 种维生素。为什么这样讲呢？非典之后，补充维生素基本上是全国人民一致的共识，大家都知道要补充维生素。而且你看，饮料里面“鲜橙多”销量非常大，“成长快乐”，包括“黄金搭档”，都是在卖维生素这个概念，消费者是不是可以多一个选择呢，就是我们的维生素糖果。

我们希望以雅客 V9 这个品种打响雅客品牌，希望它成为维生素糖果的第一品牌，我们再以这个品牌带动系列产品的销售。因为在补充维生素这方面，大家都已经取得了共识，你并不需要做太多的引导工作。叶茂中营销策划机构帮很多中小企业做策划的时候，有一个原则，绝不引导消费者，我们只做迎合消费者的事情。

媒体集中：

一个男生约一个女生上街，只有1000块钱的预算，怎么办才能让女生印象深刻？正常的

做法是：吃顿饭，看场戏，买件小礼物，送一束玫瑰花。但是这是一种无效的做法，全世界每天都有男人在这样做。最出位的方法是：把这1000块钱全部买玫瑰花——1000块钱买花就能买批发价了，搞不好能运个一小车，还帮你送上门去！这样的行动，能让女生记住你一辈子。

同样的，我们希望雅客V9能够成为糖果领袖品牌，因此我们要集中火力，选择领袖气质的媒体。谁是最有领袖气质的媒体？当然就是央视。过去雅客也做广告，但比较分散，各个地级城市的卫视都在做，我们分析，这是散弹打鸟。你有1000万打央视，就像扔到水里，没什么意思；但假如你有2000万、3000万的时候，不打央视就比较可惜。因此我们希望企业能投2000多万元来尝试一下。

成效：

2003年8月26号，雅客V9广告在中央一台播出，广告播出5天后，雅客公司客户服务部咨询电话每天达到50多个，15天后，每天100多个，网站点击率5000多次。在雅客V9的第一次招商会上，签约金额达到2.3亿多元，经销商预付款6700万元。糖果不是一个很大的产业，这种招商规模在中国糖果业里是绝无仅有的。雅客V9上市4个月就卖了3.5亿元。

弱势品牌要迅速崛起就要“不正常”

正常营销策略已经走不通了。

市场细分和定位策略是传统的营销策略，是一种纵向的营销方式。要能从所谓“正常”的、传统的营销策略转为“不正常”的、横向的营

销策略。

打品牌要善于利用错觉和暗示。

杀手锏一：中小企业做品牌要善于制造错觉

在雅客 2003 年的全国代理商大会上，我们不好意思跟人家说“我们是中国糖果业的领袖”，因为当时我们啥也不是。因此我们打出牌子：我们要做未来领袖。这一方面表示我们懂得谦虚，让代理商看着心里舒服；另一方面，对代理商来讲，“未来领袖”和“领袖”的说法其实是一样的。这就是造成一种错觉。

雅客当年的成功，表现在我们制造出来的两个“错觉”上。

第一，利用央视制造错觉。我们以“媒体集中”的原则，把媒体资源集中在央视。广告集中在央视，可以起到“背书”的作用，就算其他企业也想建立一个维生素糖果的品牌，但它不一定有胆到中央台去打广告，只要它不打广告，就算它把这个品牌建立起来，经销商也肯定要先卖我们的产品。以中央台作“背书”，可以给消费者强势品牌的错觉。白岩松自己也讲：“你就是弄条狗放在中央台新闻演播室，一个月以后这条狗也会成为中国名狗。”

第二，招商会场面宏大。整个场面的布局让人感到很豪华，更特别请了周迅到现场跟大家互动。这个场面看起来很大，人头攒动，其实里面有一半以上都是雅客公司的员工和家属。这些举措都力图给参会者打造一种大企业的错觉，小企业做这种招商会要做得像大企业，大企业反而无所谓会议规模有多大了。

杀手锏二：做品牌要懂得心理暗示

做品牌要懂得心理暗示，而且要抢先进行心理暗示。市场营销中有一个很突出的特征是：你先说了，这个暗示所产生的效果就是属于你的，第二家再说已经没用了。

比如乐百氏，它打出了 27 层过滤的口号，这个效果就是它的了。我听很多厂家说：“我们是 30 层过滤。”但哪怕你是 60 层也没有用了，对消费者的心理暗示讲的不是事实而是效果，必须要抢先。

以前有一个啤酒厂打广告说：我们的啤酒瓶回收以后要洗三次，第一次冲洗，第二次消毒，第三次加工处理。还把整个处理过程呈现在广告上。这么一打出来以后，这个城市里这种啤酒的销量很快就上去了。消费者说："这个啤酒厂对我们多负责任！这个啤酒瓶回收以后要洗三次。别的啤酒厂都不知道洗没洗。"它的这个举措让它的竞争对手很生气，因为啤酒瓶回收以后洗三次，那是国家规定的，每个啤酒厂都要这么做的。但是这个啤酒厂首先把这"正常"的做法拿出来做广告，完成了对消费者的心理暗示，于是这个效果就属于它了。

后记

无论多好的营销策略和品牌策略，老板们没有胆略去做也是没有用的。2003 年，雅客在央视花了大概 2000 多万，但才过了一年多，在 2004 年，再要达到同样的广告效果，至少要花 5000 万。不但是广告成本，其他各种打造品牌的成本也是日益暴涨。那些赚到第一桶金的企业主如果总是犹豫在品牌的大门之外，或许等到发现被原本并驾齐驱的企业遥遥领先时，才发觉自己矜矜自守的那笔资本只抵得上人家品牌费用的一个零头，那就太晚了。所以在这个市场上，最重要的秘诀也许就一个字：快！

灵感荟萃

1. 品牌定位不是宣传产品，品牌定位的关键是挖掘出兼容这产品的理念。所以我们做品牌定位和你卖产品、生产产品不是一回事。产品是用来跟消费者交换的，品牌是用来跟消费者沟通的，你要打动他们的内心。

2. 同样的产品，贴不贴品牌的标签对消费者而言完全不一样，你千万不要认为消费者对产品的性能会有多少认知。那种"别人只要一用就知道我们的好""别人只要一吃就知道我们的好"这种说法在现实市场是很荒唐的。

3. 同样一个产品，说法不一样，给人的印象就不一样。"所有的行业都是娱乐业，商业的实质就是做秀。"如何让你的品牌和你的产品像故事那样吸引人，这才是最重要的。

4. 一个球队里没有球星，一个企业没有强势的品牌，都不算是成功。如果没有一个适合的强势品牌，就要创造出来。

没用的大数据

数据为人所用，面对冰冷的数据，如何开发，如何利用，都必须由心出发，不要让数据成为洪流或者抽屉里的历史。而在使用数据之前，首先要问清楚自己，究竟为何而用，这样才能找到入口。

比利·比恩是美国职业棒球大联盟（MLB）中奥克兰运动家队的总经理，这支球队有个很大的缺点——没什么钱。于是他不得不面对当家球星被巨头们挖角，自己又没钱去签其他明星的窘境。一次偶遇中，他接触到了耶鲁大学经济学系毕业的彼德·布兰特，这个人对棒球的了解并不比一般球迷强多少，但他是个计算机高手。彼德·布兰特研发了一套自己的数据系统，不根据人为的直觉和经验去判断球员好坏和阵容设定，而用数学建模的方式，逐渐挖掘上垒率高的默默无闻的球员（而不是以往只看重打击率），并通过软磨硬泡将他们招致麾下，然后他们顶住压力调整主力阵容，交易主力球员。

最后是 happy ending，球队一度连胜，创下大联盟 20 连胜纪录，在美联西区排行第一，进入季后赛。赛季结束后，联盟老牌强队波士顿红袜以运动史上最高总经理薪资 1250 万美元的合约邀请比利·比恩加盟，但他最后仍决定留在奥克兰。

这是个真实的故事，2003 年，迈克尔・刘易斯就此写就了《魔球——逆境中致胜的智慧》（Moneyball: The Art of Winning an Unfair Game）一书，2011 被改编成电影《Moneyball》（《点球成金》），拿下当年奥斯卡 6 项提名。

你不得不说好莱坞那帮人永远是这个世界上最引领潮流的一帮人，好莱坞电影不仅引领时尚和艺术的潮流，还是电影各类特效的引路者，更是这个世界的某些风向标。《点球成金》上映后立刻带来了一片热议，不仅因为影片制作精良，质量上乘，更是《Moneyball》无意间触及了时下最热门的词——大数据。

绝大多数人都说不清大数据是啥，就像前两年没人说得清云技术是啥一样，所以当某些案例出现时，自然会吸引到不少关注目光。

的确，在各类比赛中，数据的身影已经无处不在。美国佬自然在这方面是先行者，无论是 NBA、MLB、NFL 还是 NHL，每场比赛转播时，无时无刻不穿插着各类数字，最基本的比分和时间、球员的各类即时数据、各类赛季数据、以往对阵该对手时的各类数据、最近一个月的各类数据，以及各种乱七八糟的记录统计，×× 是 ×× 队自 ×× 年后第一个在对阵 ×× 队时打出高于 ×× 分 ×× 篮板 ×× 抢断的球员等。

而如果你有时间和兴趣，在各类数据网站，几乎可以搜索到你想知道的一切，甚至还有某些数据狂人，会一场场翻看几十年前的每一场可查询到的比赛数据，来丰满这个已经很可怕的巨型数据库。

当然，作为世界第一运动的足球也不遑多让，在欧洲顶级联赛中，数据的作用越来越重要，在科技手段的帮衬之下，一场 90 分钟的比赛被切割和整理得和一份财务报告已经没什么区别。

每个人的传球、射门、防守、抢断、犯规、阻截、跑动……没有你找不到的。

于是接下来就可以做一些有趣的假设和关联，比如，一场体育比赛中的大数据，和现实中的大数据，到底是不是一回事呢？

体育比赛和大数据的完美结合，大致有这么几个因素。

1. 封闭系统

这是一个场地有限、规则详细、指向明确、不受外界干扰（让我们先把假球之类的事排除在外吧）的对抗项目，1 对 1 或者 2 对 2 或者 3 对 3 或者 5 对 5 或者 11 对 11 或者更多对更多，谁进球多，谁得分多，谁赢。

现实中是否有这么一个完美的系统，当开始运行后就可不受外界影响，顺畅地运行下去？事实上没有一桩生意不受宏观背景影响，大到飞机、导弹、房地产，小到母鸡、鸭蛋，都不能脱离大体系之中。这是数据的变量。

2. 裁判

让我们再次先把假球之类的事排除在外，假定这个星球 99.9% 的比赛裁判，人格都是高尚的，是可以信任的，那么，是否还能找出这样的一个系统，有着清晰的行为准则、限制和规则，当有人违反时，会有权威机构即时并且准确地纠正，同时给予双方相应的惩罚和补偿？

这太玄妙了，尤其在有些潜规则就是唯一规则的游戏里，采集再多的数据也无意义。

3. 公开和清晰

这是一个所有人可以同时观测到的系统，虽然有的比赛门票确实贵了点，但还是可以看视频直播，而且转播技术的高超保证了比赛中没有细节会被遗漏，欧洲顶级足球比赛有时会设置二十台以上的摄像机，全景、球门后角度、45 度、轨道、高速摄像、球员跟拍、观众席、双方教练席，还有专门抓名人和观众的，没有任何细节可以逃过摄像机的天罗地网。

现实中有哪种系统，可以如此多角度、多切入点地准确观测目标的每一个动作，从开始到结束？现实是，很多时候若能看到某些破碎不全的信息疑点和旁枝末节，就已经要高呼万岁了。

样本量

足球算是集体项目中参与人数较多的，但也不过 22 个人，即使统计整个职业联盟，一线队也不过 500 ~ 600 的样本量，对每一个样本进行统计和整理，还是一件人力可为之事。而现实中的样本量，往往是天文数字级别的。

逻辑关系

由于内在明确、目标清晰，体育比赛中的各种数字解读也因此有了合理的推导和解释，比如：一个防守型后腰，他的跑动距离、抢断数、铲球数、犯规数、横穿数量和活动热区，也许都可以找出一些关联。比如：某球员司职左前卫，赛后对其活动区域进行分析，却发现其在中路前后场时有涉及，那么也许是其精力过剩，要么是其脑子不好没位置感，要么是队友太坑爹，不得不到处救火补位，要么其内切让出左后卫助攻线路是一种战术设计……再去对比队友和对手的各类数据，总能得出真相。从一场完整的比赛中，我们得到了一堆碎片式的数据，可以再通过数据间的相互组合，还原成一场比赛更清晰的真相。

但在现实中，数据之间的相关性研究，正是目前大数据研究的要点和难点之一，如何在几千几万种看似不相干的数据之间，找到可能的联系和逻辑关系，这事没那么简单。

第一个推论是，体育比赛因为可以满足数据分析的诸多条件，所以数据体现出了其作用，而在其他更宏观、更开放、更难以观测的系统中，数据分析面临的挑战是成倍的。

第二个推论是，如果在某些系统中，可以满足一定的封闭性、逻辑关系清晰、样本量相对可控等类似条件，那么此时进行合理的数据研究和分析，也许会有一定的作用。

最后，其实我们一开始就回避了一个最核心的问题——体育比赛的魅力就在于“随机性”和“不可预测性”。体育世界里有比利和运动家队这样的故事，但也有另外的一些真理，比如“数据会说谎”。

数据无法在赛前更衣室中，给所有人做一次热血沸腾的战前动员；数据无法在半场落后时，激励自己垂头丧气的弟子，让他们鼓起再次上场厮杀的勇气；数据无法将一名缺乏自信心的球员调教得霸气十足；数据无法把一个激情过剩的猛将调教成冷静的定海神针；数据算不出一脚射门后是奔向球网还是出界，数据也算不出一次碰撞后是马上翻身爬起，还是严重的骨折。数据能算出 1998 年世界杯决赛时罗纳尔多的意外低迷？数据能算出 2006 年世

界杯决赛时齐达内和马特拉齐之间那点事？数据能算出 2010 年世界杯决赛时罗本的两次单刀不进？

在足球这件让人既爱又恨的事里，往往直觉比数据来的靠谱，甚至，博彩公司都更有参照意义些。

不同于棒球，比赛的绝大多数是静态，不同于篮球，小范围场地内挤着 10 名大汉，为了跑出空挡更依赖战术，也更依赖明星。在足球比赛里，这片 7000 平方米的草地实在太辽阔，这是一项很少停下的动态项目，这里有高水平训练后反馈出的精妙配合，有坚如磐石的整体防守，更有那些瞬间爆发出的不可知和意外的悲喜。这些，都是大数据根本无法想象，也无法搞定的事。

总之，大数据很好，但别那么简单就陷入大数据的迷潭之中，不管是在哪片战场上！

后记

科技的确是改变人类生活的最大源动力，而人脑中最弱的数据存储和处理能力，正好是大数据的强项。但在真正意义上的人工智能普及之前，数据再大，也还是要人脑进行处理和分析，正像我们常说的，数据不值钱，如何解读数据才值钱。因为面对同样的数据，完全可能得到不一样的结果，而当数据成指数般增长之后，一方面，的确我们掌握了更多信息；另一方面我们也更容易不知如何是好。一个悲哀的事实是，数据是最诚实的，但数据也是最会骗人的。

形象广告及其载体

如果我们不是那样狭隘地理解形象载体，我们在形象表现上就会获得更广阔的空间、更丰富的手法、更深沉的力量。

形象广告包括三种：一是企业形象广告，一是品牌形象广告，一是产品形象广告。

当现代行销走过产品力、销售力阶段，走向产品力、销售力、形象力、公关等诸方面的整合阶段时，当一个企业由单一产品向多元化、综合性集团企业发展时，单纯的产品广告在营销战中就显得势单力薄，必须借助企业形象广告，在更高的高度将各类产品统领在一面旗帜下，将企业的经营理念及企业文化传达给社会大众，从而将鲜明的企业形象树立于大众的心目中。

品牌形象广告是将某一品牌赋予一种个性魅力，这是人为创造的一种精神上的氛围，帮助品牌与其他同类产品区别开来，形成自己独特的品牌形象。例如“大红鹰”的胜利之鹰，用“V”阐述了大时代背景下胜利者的形象。

产品形象广告是针对某产品塑造的个性形象宣传，像“361°”的猎豹仿生技术，用豹子的特征来表现产品属性，既独特又贴切，给消费者留下了深刻的印象。

企业形象、品牌形象、产品形象有时是统一的，比如“真功夫”；有时则完全独立，各自为政，像宝洁公司仅洗发水就有“海飞丝”“飘柔”“潘婷”等多个品牌，各品牌独立市场，自成一派：“海飞丝”是去头屑专家“飘柔”是头发柔顺专家，“潘婷”则是头发营养专家，形象诉求各有侧重。

无论是企业形象广告，还是品牌形象广告，或者产品形象广告，都必须借助一定的手段来进行各种表现，也就是通常我们说的形象的载体。

更多的时候，我们说到形象广告，总是联想到很具象的实体，比如万宝路牛仔、松下小姐、麦当劳叔叔等。无疑，这种以特定的人或物作为形象载体的手法已经广泛运用，并且事实也证明，具象的人或物传播起来比较容易，好懂易记，消费者容易接受，见效比较快。但这同时也存在一些局限性：

（1）具象的人或物有其特定的历史环境和生命规律。

举个实例：上海冠生园的大白兔奶糖历史悠久，闻名遐迩，现今 30 岁上下的人差不多是和“大白兔”一起长大的。当这一代人成了父亲、母亲后，对自己的孩子说起小时候对大白兔奶糖的喜爱与留恋，就有孩子问：“‘大白兔’那么老了吗？”

又有一实例：台湾一家企业曾请某红极一时的名人做形象广告，引起轰动效应。后来名人因涉及不光彩事件失宠于民，该企业遭池鱼之殃，形象一落千丈，元气大伤。

（2）具象的人或物难免造成相似性，从而抹杀了形象的个性。而个性是形象的生命力所在，没有个性的形象就等于没有形象。

（3）社会不断发展，时代不断进步，作为形象载体的人或物如果不能随之发展，必然会使得形象老化、单薄、空洞、不合时宜。

仍以“大白兔”为例。原先“大白兔”广告表现的形象总是非常乖巧、听话，这么多年以来，几乎没什么变化。很多消费者反映：“大白兔”不仅真的成了老白兔，而且表现也是暮气沉沉，缺乏活力，毫无现代感可言。千篇一律地“乖”了几十年的老白兔当然是要失宠了。

怎么办呢？以具象的人或物作为载体的形象广告是不是就注定要短寿呢？

世界上当然没有这样绝对的事情。

还说“大白兔”。大白兔形象经过几十年的宣传，已有相当的品牌累积效应，去改变“大白兔”的形象显然不可能，也不明智，那就只好在广告表现上对“大白兔”进行性格重塑工程。为此，我们推出了一系列“大白兔”新行动：“大白兔”游览新上海、“大白兔”参加卫生城建设、“大白兔”跳迪斯科、“大白兔”洗桑拿浴、“大白兔”为希望工程募捐街头卖艺、“大白兔”带领小朋友打野兔、“大白兔”建大白兔屋，等等。这是一个崭新的“大白兔”形象：聪明、勇敢、机灵、调皮，富有同情心和责任感，当然偶尔也会犯点小错误，具有强烈的时代感，符合现在孩子们的喜好标准。通过一系列的性格重塑工程，“大白兔”重又赢得了小朋友的喜爱。

如果我们不是那样狭隘地理解形象载体，而是将之放到事物之间更宽泛、更内在的关联上，以维护形象个性内在的统一为准则，我们在形象表现上就会获得更广阔的空间、更丰富的手法、更深沉的力量。

形象说穿了是表现一种个性，它可以是某种精神、某种情感、某种风格、某种氛围等。在表现手法上，“万宝路”用牛仔来表现它的阳刚之气，“555”用星空来表现它的高科技内涵。除了这种具象的人或物之外，主题、活动、情节、象征、事件等，都可以用作形象表现的载体。

如何寻找符号？

第一，创造品牌名的符号。品牌名称并不是随便给产品的一个代号，而是产品、企业的内在组成部分，甚至要涵盖企业的理念。所以给品牌命名就是使它符号化，以便传播、记忆、沟通。比如叶茂中策划机构策划的“真功夫”快餐连锁。真功夫代表了产品的品质，即真功夫企业主打粤菜“蒸”的原汁原味，还代表了一个时代的热点，甚至一个民族的精神，也将李小龙的形象与名字“真功夫”天衣无缝地结合在一起，既便于记忆，又含义深刻，所以被消费者广泛认同。

第二，广告语符号。目前市场上很多广告语都是从产品层次上寻找一个营销卖点，就是常说的 USP（独特的销售卖点），其实这只是一方面，广告语符号可以从很多层面来发散寻找，如，精神层面、道具、动作、社会热点等，就像“柒牌”的“男人就应该对自己狠一点”这个广告语，其实已经脱离了产品卖点的范畴。

第三，代言人符号。代言人代表了一个时代的亮点，一种个性，是一个群体的精神领袖，所以充分利用代言人的价值，融入品牌的理念，可以较轻松地建立品牌符号。代言人可以是明星，也可以是普通人，甚至是动物，NIKE 请乔丹作为品牌代言人，成为 NIKE 飞跃的关键。

第四，社会公共资源也可以成为符号。因为这种资源最为大家所熟知，代表了巨大影响力和认知度，我们把它借用过来，就容易花最小的钱办最大的事。如，叶茂中策划公司策划的“红金龙”产品，就借用了宇航员这个人们熟知的符号，抓住了一个巨大的资源。抢占资源，作为思想的传播者，不仅神形兼备，更起到了四两拨千斤的作用。

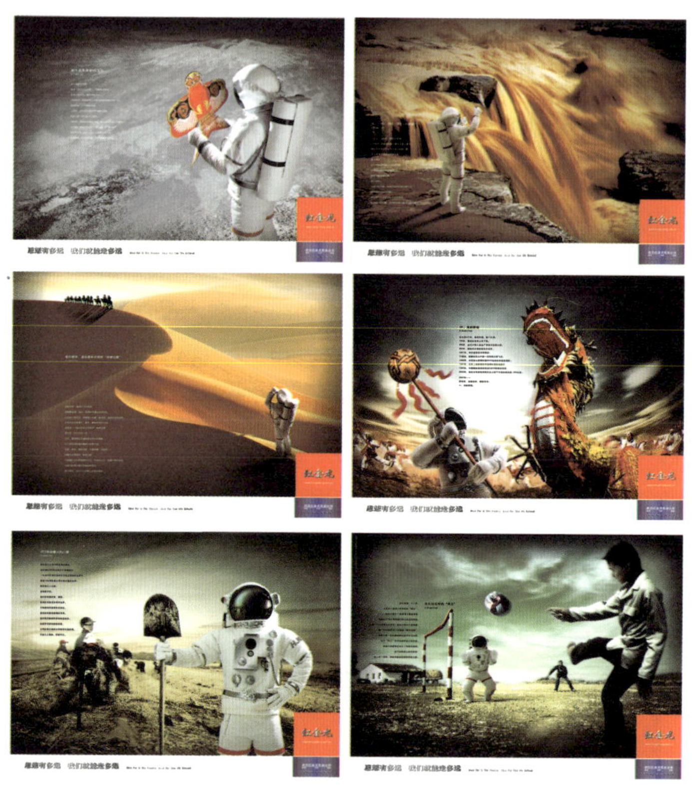

其实，寻找符号的方式多种多样，这个符号可以是产品名称，可以是广告语、颜色、代言人、音乐等，甚至是社会热点，潮流、流行语、服装，演员的一个表情、一个道具，也可以是一种创意、一种跳跃性思维、一个生活的意向。而如此之多的符号里，我们必须找到一个核心的符号，这一切符号的最后，必须上升到一个理念，一种精神。

灵感荟萃

1. 当现代行销走过产品力、销售力阶段，走向产品力、销售力、形象力、公关等诸方面的整合阶段时，当一个企业由单一产品向多元化、综合性集团企业发展时，单纯的产品广告在营销战中就显得势单力薄，必须借助企业形象广告，在更高的高度将各类产品统领在一面旗帜下，将企业的经营理念及企业文化传达给社会大众，从而将鲜明的企业形象树立于大众的心目中。

2.无论是企业形象广告，还是品牌形象广告，或者产品形象广告，都必须借助一定的手段来进行各种表现，也就是通常我们说的形象的载体。更多的时候，我们说到形象广告，总是联想到很具象的实体，比如万宝路牛仔、松下小姐、麦当劳叔叔等。

包装是凶猛的容器

信息汹涌

碎片化的时代里，一切传播渠道都被打了折扣。曾经的广告主，不知道50% 的广告费浪费在了哪里，今天的广告主，不仅浪费的广告费更高，而且还有 25% 可能找不到地方用出去。

这就是这个碎片化时代的广告现实。

每个人可以感知到的是，随着宏观经济的快速发展，身边的产品种类和品牌与日俱增，仅仅一个区域，可能一个产品就有好几十个不同的品牌，如果把这一眼光放之全国，竞争的态势又岂止只有潮水般凶猛？

基于此，叶茂中这厮重申一直以来的观点——出色的产品包装，才是最有力的传播载体，它不仅仅是容纳食物的口袋，更是竞争凶猛的武器。

不同于线上品牌专门推出的电商产品，只需要低调地做出为你服务的样子，线下产品的包装一定是需要炫示的。特别是对新进入市场或该区域的产品而言，在没有高空广告投放的时候，包装就是刺刀见红的战场武器，在产品口味同质化、产品种类极大丰富的今天，能够凭借包装吸引到消费者的尝试，可以说你已经成功了一大半。

如何凶猛？关键在于从脑到眼的识别力

对消费者而言，一个新品牌是非常陌生的。而大多数消费者又没有很开放的心态，他们会严苛地按照之前的经验选择产品，选择自认为安全的产品。有时甚至陷入这样的悖论，如果你的包装不好看，消费者会想，哎呀肯定质量不好；如果你的包装好看，他们还是会想，哎呀包装做这么好，肯定做不好产品，不好吃！

所以首先，如何降低消费者的陌生感，消除消费者对你的戒备？用消费者熟悉的事物去和他沟通，也是叶茂中这厮一直常说的“视觉载体”。

视觉载体，就是从你的品牌和产品中凝练出的气质，寻找与之相近的视觉形象。这个形象可能是动物，可能是人物，也可能是其他消费者所熟知的东西。消费者对你的品牌是陌生的，但是他对这个形象是非常熟悉的，第一眼看到的时候，脑海里就有这样的潜意识：“哦，海豚嘛，我知道，聪明、很可爱、对人类友好，这个品牌的服务和创新肯定不错。”

前年和去年，叶茂中这厮相继为乌江集团设计了“乌江榨菜”和“乌江海带丝”的包装，分别用了京剧脸谱和海龙王作为载体。这两个东西全国百姓都知道，而且既上得了台面，又非常接地气。“乌江榨菜”大家都很熟，看到新包装以后知道，哦，这肯定是领导品牌、国民品牌，京剧脸谱，而且一片红，很棒。“乌江海带丝”他不熟，但是海龙王他熟，龙王本身就是海里的，海产品都归他管，他“代言”的海带丝还能有错？这就是我们说的大脑的识别力。

然而，客观地说，在信息爆炸、碎片化的今天，要想形成脑部识别力，你

首先得有眼球上的吸引力。你想，如果你的包装被消费者当背景一样扫过，还如何和他进行深度的沟通呢？所以你得在第一时间就抓住他，绑架他的眼球。

办法是多种多样的。色彩上的区隔、材料上的区隔、形态上的区隔、容量上的区隔，这需要对基础市场环境有详细的调查和了解，才能切中命脉。当然，顺着之前的话说，形象载体起到的作用同样不可限量。

在去年十一月的上海辣酱展览会上，一个叫“英潮”的辣酱品牌异军突起，吸引了很多经销商的目光，成为展会的 MVP，究其原因，就是形象载体所展现的气质抓住了他们的眼球和大脑。

这是叶茂中这厮打造的第一个辣酱品牌。形象载体的选择着实让项目组头疼了一番，辣酱市场的格局从来是一枝独秀，群蛇并舞。老干妈遥遥领先，高高占据着庞大的品牌势能和冲击力，而其他区域型品牌的跟随者深耕渠道，占据了货架好大的牌面。品牌的形象载体，肩负着突破包围，直达消费者脑海阵地的重任，怎么办？

辣椒给了我们答案。辣椒什么特点？辣，凶，狠。谁符合这种气质，还被消费者所熟知？

丛林之王——老虎。

我们用虎头作为英潮的形象载体，并用黄色的包装区隔货架上的一片红。消费者第一眼能识别出你的与众不同，接着会进入大脑的识别模式：“老虎，好凶啊！这个辣椒品牌好凶啊！他家辣椒一定很凶，那么一定是很好的辣椒！”

这就是凶猛包装从脑到眼的识别力。哈哈，各位看官，你不吃辣不要紧，如果你是辣椒爱好者，形成了这样的想法，接下来还不乖乖掏钱吗？

灵感荟萃

1. 碎片化的时代里，一切传播渠道都被打了折扣。曾经的广告主，不知道50%的广告费浪费在了哪里，今天的广告主，不仅浪费的广告费更高，而且还有25%可能找不到地方用出去。这就是这个碎片化时代的广告现实。

2. 线下产品的包装一定是需要炫示的，特别是对新进入市场或该区域的产品而言，在没有高空广告投放的时候，包装就是刺刀见红的战场武器，在产品口味同质化、产品种类极大丰富的今天，能够凭借包装吸引到消费者的尝试，可以说你已经成功了一大半。

3. 如何降低消费者的陌生感，消除消费者对你的戒备？用消费者熟悉的事物去和他沟通，也是叶茂中这厮一直常说的“视觉载体”。

第三章

广告武林馆

03 Chapter

《中国经营报专访》
——叶茂中：我一直生活在假想的战争环境中

本报记者　张辉

“我小时候住在长江下游的小城市里，有一条街叫坡子街，街的两头当时有两个商场。一到过年，好像城里所有的人都拥出来了，穿着鲜艳的新衣服，从街头走到街尾，走过来，走过去，一天就这么过去了。大家都很高兴，认为这就叫过年。”在采访叶茂中的时候，画面感经常出现，“现在想想，这条街就像一个T台，每个人似乎都在展示自己，让大家看到自己的新衣服。用过年的机会，娱乐别人，娱乐自己。就像现在的互联网，你身处其中，躲不开，只能参与体验，按照这个大背景生存。为什么现在所有的行业都可以叫娱乐行业？因为人们之间关系的核心就是相互取悦，没有取悦就没办法生存。”

在中国，很多企业家都听说过叶茂中。策划人、广告人、营销专家，甚至艺术品投资人、画家都是他身上的标签。在叶茂中从业近30年服务的近千个企业中，无论是早期的“圣象地板”“北极绒保暖内衣”“真功夫”快餐、“大红鹰”“柒牌”男装、“雅克V9”“361°”，还是近年来的“红星美凯龙”“赶集网”“乌江榨菜”，都使这些品牌的知名度和销售业绩得到极大的提升。今日资本创始人徐新说：“叶茂中最大的成功不在于为已经功成名就的企业锦上添花，他更擅长用非常感性的市场化的创意，让更多的处于二三线地位的企业变成知名品牌，比如叶茂中用儿歌为赶集网策划的小毛驴广告，播出一个月后日 UV（网页独立访客）和销售收入都得到大幅提高，并快速让赶集网成为知名品牌。”

很多企业家认为叶茂中是一个懂营销的策划人，又是策划人中少有的广告人。叶茂中说：“策划、营销、广告行业都是个帮人成功的行业，所以理应得到社会的尊重。但它们确实都是一个附属行业，只能依附于其他行业而存在。帮助企业家成功是我存在的价值。”

奔跑中思考的狼

叶茂中最喜欢的动物是狼，因为狼是动物中唯一在高速奔跑时还在思考的动物。

叶茂中第一份工作是泰州电视台的一名“杂工”。“画背景版、采访、打杂什么都干。如果说我和其他人有什么不一样，那就是我从来没有停止过学习、思考、尝试。”

有一次，叶茂中拿到北京某广告公司的一份文案。“那是我第一次看到比较正规的带有些创意的文案，我拿到以后，连夜把整本文案抄了一遍。”叶茂中对目前创业者的建议是尝试，因为没有尝试就没有未来。“我绝对属于艺小人胆大类型的人，但现在想来，如果不是这种性格，就不会有今天。”

不久，尝试的机会来了，泰州唯一的大企业春兰集团要拍个广告片，预算只有 5 万元，台里所有人都没接，叶茂中却马上接了下来。“当时连胶转磁都不懂，所有的东西都是现学现做。”之后，这支拍摄于 1989 年的“一杆进六球”的春兰空调广告在中央电视台播出后，获得巨大成功。叶茂中开始进入广告行业。

“策划和广告行业都是附属行业，没有客户的‘活儿’就没法活。”叶茂中创业初期遇到的问题和多数初创广告公司一样，必须解决订单问题。“我当时雇了两个人，每天骑着自行车，拿着春兰广告片当宣传，转遍了泰州每个可能拍广告的企业。后来又跳槽到上海的一家广告公司。”

上海那家广告公司的规矩是，工资极低，但如果拉到“活儿”，就能拿到利润的三分之一提成。“拉‘活儿’当时只有两种方式，一种是‘扫街’（看到企业推门就进，问人家拍不拍广告），还有一种就是‘黄页广告’（当时每个城市都有黄页广告册，上面有各类公司的电话）。相对于第一种，第二种更容易些，所以，公司的大多数人都在公司等着抢电话。”

叶茂中不愿意跟同事抢电话，就跟领导说，能不能广告公司自己做广告？领导说从来没听说过广告公司自己做广告这种事。叶茂中说，比拍更重要的事是策划，而策划必须要有观点，表现观点的最好方法是写文章，大家看到文章就会来找你了。

叶茂中的这个思路，其实是国外咨询公司用的方法，在杂志上开专栏，写书，最后像麦肯锡一样“等着电话响”。

找“活儿”的岁月在叶茂中出了本名叫《广告人手记》的书后结束。“当时北京有个大书商叫文硕。我跟他说，我出这本书一分钱版税都不要，只要在书后面留下我一个电话号码。结果这本书卖了几十万册，很多城市的报刊亭都在卖。”叶茂中在这本书畅销之后，到今天为止，一直没有断过“活儿”。

产品力、销售力、品牌力是企业发展的必由之路。为企业做策划服务的叶茂中深谙其髓，在为企业策划传播的同时，时刻不忘策划传播自己。某著名策划人曾经问过叶茂中一个问题，“大家都是著名策划人，为什么你的‘活儿’更多？”叶茂中说，“我是中国第一批广告策划公司中一直坚持做自身形象广告的。每年我都会从当年的收入中抽出一定比例来做自己的广告，十几年下来，投入了几亿。如果说咱们俩策划的水平相同，那么有所不同的地方就是这几亿的广告费。这个道理跟做产品是一样的。”

观察用眼，洞察用心

叶茂中认为洞察力是营销策划者首先需要具备的能力。营销是和人打交道的艺术，必然要遵守人的沟通原则。而沟通的目的是要了解、解决问题。沟通之前，先耐心倾听，听清问题，看清局面，才能找到问题，最终解决问题。

在叶茂中服务的众多企业中，擅用“洞察力”是他成功的关键。叶茂中一直坚持用自己的公司进行市场调查，不相信任何第三方市场调查的结论，而对自己公司市场调查的结论，他有时候也会反其道而行。叶茂中称之为“不落入消费者陷阱”。

在为客户“好孩子”童车服务时，市场调查的结论是72%的消费者最看重安全度，只有26%的消费者看重舒适度。最终的方案是说服客户接受用舒适度作为产品核心诉求。为什么？因为叶茂中洞察到，童车市场的本质还是“车”。儿童对安全性没有感知，对功能性不能理解，对外观时尚美观也不能欣赏，儿童能够直接感受到的，只有舒适性。舒适度让儿童笑了，就能影响父母对童车的判断。所以，叶茂中提出的广告语简单明确：好孩子童车，更舒适。这支广告播出后，好孩子童车立即旺销。

演员胡兵曾经是中国首席男模，公认的偶像派明星，但后来十几年一直星途不畅。最近胡兵自己在电视访谈里说，自己最大的优势最后变成了最大的劣势，那就是观众认为的形象上的完美，对演员来说却并非好事，观众会认为你是花瓶，根本没有什么演技。

叶茂中认为，这种完美主义的错误经常发生在产品设计和品牌上。在对客户”真功夫“的产品设计上，坚持让真功夫在“吃好”和“吃饱”里只能选一条。叶茂中认为“吃好”和“吃饱”是两种不同的诉求，而专注才能赋予品牌更多的价值，这就叫作“产品缺陷率设计”。比如海尔就是典型的以服务支撑品牌的企业。海尔在全国有一支专业高效的服务团队，维护团队的一个重要因素就是必须保持产品在一定规模下的产品缺陷率，缺陷率太高肯定不行，但太低也不行，产品缺陷率保证了海尔在品牌表达上的专一和差异化。

想象力时代需要迭代思维

南存辉曾经有一次问马云：“我儿子跟我说了个生意上的想法，我根本听不懂他说的是什么。”

马云说：“听不懂就对了，按你儿子说的办。”

过往30年，按每10年一个阶段，叶茂中认为中国企业大概走过三个时代。

第一个10年有“胆”就行，谁敢在中央台打广告谁就能赢，因为那时候还是短缺经济的时代；第二个10年必须有“识”，开始进入产品力、销售力、品牌力阶段，市场机会多，企业经历了充分的优胜劣汰。第三个10年到今天，是创新和想象力的时代，所有的行业都可能会被颠覆，而且还有可能是被另外一个行业颠覆的。

叶茂中说，迭代思维并不是跟风盲从，而是要做一个热爱生活的人，从各个方面汲取灵感，适应时代，挑战自己固有的想法。

叶茂中的朋友，当代艺术家蔡国强，是用火药进行创作的人，很多人不懂他拿火药炸出的一幅画为什么能卖好几百万？“不懂就对了，因为洞察力90%来自天分。如果对艺术没有那么高的领悟力，那就不要去买，但也请你不要轻易否定，因为肯定会有人买。”叶茂中十多年前开始进行艺术品收藏，价值升值并不是主要目的，更多的是从中获得别人无法获得的灵感资源。

叶茂中在福建晋江地区就有28家客户，晋江企业家精明务实，但多数都是草根出身，读书少，眼界也不算开阔，但叶茂中非常佩服这些企业家。“他们当中很多人并不具备成功的条件，但他们非常勇敢，敢打敢拼，对自己不了解的东西有极大的热情，并且乐于学习接受。自己读书少，就经常跟高手聊，聊也是一种学习。”叶茂中说，“开创者是勇敢的，而跟随者是明智的。开创者就像在雾天开头车，危险很大，但他永远是第一个，我认为他是勇敢的人。他们起的作用是培育一个新市场。紧随其后的跟随者，他们可能没有开头车的人勇敢，但却是明智的。在市场成熟度相对高的时候进入，吸收开创者的经验，求大同，存小异，找到更加适合市场的营销方法。这两类企业家都是聪明的人。”

有人问近十年营销是不是发生了什么变化，未来会有什么变化，我认为没变。因为需求本身没有什么不同，不管（传播工具和手段）怎么变，只要人性没变就什么都没变。比如互联网，它带来的是传播阵地、工具以及沟通方式的变化，这些新工具你要去利用好，但是营销本质的东西不会变。相反，如利刃般割手的策略与创意，时至今日更加重要，这也给广告人带来了更大的生存空间。

这就好比《孙子兵法》是冷兵器时代的产物，但哪怕原子弹都已经发明出来了，你依然可以把《孙子兵法》中的原理用在战争和商战当中。营销战本质上和战争是一样的，涉及到双方或多方对一个共同利益与资源的争夺，而且是你死我活的。那么你当然会运用类似战争中的一些战略、策略与战术，它们会因为武器的变化发生一些变化，但它不会发生根本变化。

在广告策划行业，叶茂中公司“个性十足”：新增客户限量，一年新增客户不超过 8 家；不妥协，如果在前期洽谈时客户不接受公司的观点，宁愿不合作也不会改变自己去迎合企业；不比稿，叶茂中公司从开张那天起就没有接受过比稿。

叶茂中认为，这些带有强烈文艺范儿的规矩并不是耍大牌，而是增加自己的压力，要求自己更加努力地帮助客户成功。“营销、策划、广告行业没有独立的人格，你拿了企业的钱，就应该认真为企业服务。我拍的广告片从来不拿去评奖，拍广告是为了卖货。我拍的很多片子和脑白金广告一样被人评为恶俗广告，这没有关系，我最害怕的事情是拍完片子后，卖不出去货。我其实一直生活在假想的战争环境中。”

配文（访谈）
走别人不走的路，两点之间曲线“最近”

《中国经营报》：市场营销的一个最大特点就是不确定因素很多，有时是企业自己的，有时是市场存在的。你如何看待营销理论的作用以及实战中“试错”的意义？

叶茂中：企业要赢得竞争就必须塑造品牌，而塑造品牌的原点是基于对目标客户未来需求的满足以及对竞争对手可能行动的假设。假设能否成立，关乎营销战略最终的成败。充分的规律研究和判断非常重要，对于未来，总有一些确定的趋势可供展望。波特的竞争战略、科特勒的营销管理、里斯的定位，这些大师们的经典理论都试图为市场的未来指明理论上的方向，但和自然法则一样，和确定的未来形成对立的永远是大量的不确定因素。

正是这些不确定因素的存在，才让市场营销显得更迷人、更有吸引力，犹如瞬息万变的战场一般。战场上不会有常胜不败的将军，真正伟大的将军总是身经百战，甚至是屡败屡战。同样，充满不确定因素的市场上也没有不犯错误的企业，即使是伟大的企业。比如柯达发明了数码相机，但错失了相机数码化的未来；易趣为中国网购市场指引了方向，但今天的网购消费者可能只知道淘宝、京东；旭日升启动了茶饮料市场，却没有迎来中国茶饮料的盛世。

不犯错固然好，但无论是企业还是个人，没有从来不犯错的，若能以“小错不断”换来“大错不犯”，就不失为一种有效的经营方针，而其中的关键就是要认真对待试错，从自身实际情况出发，及时对小错做出快速的反应，否则可能就会酿成大错。

《中国经营报》：在成功学泛滥的时代，很多企业非常相信成功的逻辑，为什么这种逻辑导致很多企业在大量学习“成功的案例”之后，反而失败了？

叶茂中：两点之间直线最短，这是数学的常识。但我认为，两点之间曲线“最近”。条条大路通罗马，希望走直道的永远是大多数。可是当所有人都走上直道的时候，直道是不是就会过于拥挤了呢？因此，我们在服务成长性企业的过程中，更愿意相信离战略目标最近的反而会是曲线（资源优势突出的大品牌往往走的是直道）。而在勾勒曲线的时候，最重要的是不怕犯错，人走我不走，以差异化策略启动，并随时根据最终战略目标调整营销方案。每一个错误的发生和修正，都会让企业离最终目标更近一步。

《中国经营报》：为什么说做品牌是一把手工程？品牌投入要坚持？

叶茂中：企业启程的是产品，到达终点站的是品牌，你看品牌做得好的企业，都是老板直接管的。乔布斯那么忙，只抓两件事情，产品和广告，每个广告创意都是他亲自把关，所以苹果的每个广告都非常酷。巴黎欧莱雅的管理不是最牛的，但是品牌做得好，因为老板在董事会上讨论的不是销售和财务，而是这个瓶子的手感和那个包装的色彩。

有的企业家一想到成本控制就把品牌预算砍一半，这是很短视的行为。我认为，如果预算有限，我宁愿提高效率减少人员，也要留出预算打品牌。“铁打的营盘，流水的兵。”品牌才是你的营盘。品牌的价值主张是一脉相承的，是坚持不变的，今年说这明年说那，消费者也被搞糊涂了。海飞丝洗发水的市场占有率为什么那么大？明星换了许多个，创意换了许多个，时间过去许多年，可是说来说去都在说一件事：去屑！那是海飞丝品牌的价值主张！VOLVO 多年来只说一件事：安全！脑白金的卡通老头老太太又唱又跳许多年了，就说一件事：送礼！人们烦了，但也习惯了，接受了。同样的概念要天天讲，年年讲，重复讲，因为品牌传播就是传播一种习惯。

《中国经营报》：为什么你认为所有广告人都要遵守的准则是：广告的目的首先是提升销量，其次才是提高品牌形象？

叶茂中：这是一个肤浅、碎片化的时代。能够被人第一眼就认出并且记得变得至关重要。当销售产品和提升品牌之间产生矛盾时，我们应该毫不犹豫地选择先提升销量，然后再提升品牌，如果条件允许的话就双向提升。因为中国的许多中小企业生存压力很大，所以，帮企业卖货是重中之重，让企业挣到钱，解决生存问题之后再提升品牌。

我们不能替代消费者思考，大多数广告都是处在被消费者浅阅读和浏览的状况下，碎片化时代的来临更加剧了这一情况。消费者在短时间内接收到有效的信息，要让这种状况变成现实，通俗易懂应当是广告的一条基本原则。你的广告做得再雅，假如消费者没有记住，没有产生购买行为，那也是以艺术的名头玩弄创意，那些复杂晦涩的广告，我认为就是对企业的犯罪。

灵感荟萃

1. 产品力、销售力、品牌力是企业发展的必由之路。为企业做策划服务的叶茂中深谙其髓，在为企业策划传播的同时，时刻不忘策划传播自己。

2. 叶茂中认为洞察力是营销策划者首先需要具备的能力。营销是和人打交道的艺术，必然要遵守人的沟通原则。叶茂中一直坚持用自己的公司进行市场调查，不相信任何第三方市场调查的结论，而对自己公司市场调查的结论，他有时候也会反其道而行。叶茂中称之为“不落入消费者陷阱”。

3. 有人问近十年营销是不是发生了什么变化，未来会有什么变化，我认为没变。因为需求本身没有什么不同，不管（传播工具和手段）怎么变，只要人性没变就什么都没变。

4. 不犯错固然好，但无论是企业还是个人，没有从来不犯错的，若能以“小错不断”换来“大错不犯”，就不失为一种有效的经营方针，而其中的关键就是要认真对待试错，从自身实际情况出发，及时对小错做出快速的反应，否则可能就会酿成大错。

5. 两点之间直线最短，这是数学的常识。但我认为，两点之间曲线“最近”。条条大路通罗马，希望走直道的永远是大多数。可是当所有人都走上直道的时候，直道是不是就会过于拥挤了呢？

6. 企业启程的是产品，到达终点站的是品牌，你看品牌做得好的企业，都是老板直接管的。

7. 这是一个肤浅、碎片化的时代。能够被人第一眼就认出并且记得变得至关重要。当销售产品和提升品牌之间产生矛盾时，我们应该毫不犹豫地选择先提升销量，然后再提升品牌，如果条件允许的话就双向提升。

塑造品牌：答《北大商业评论》

品牌必须要有附加值，必须强化品牌的核心价值，没有核心价值的品牌就像没有人格魅力的躯体一样，没有自己的价值观。很多中国品牌在这一点做得很不够，它们的核心价值没有打造出来。

《北大商业评论》：从您这么多年的实务操作经验看，中国的品牌经历了怎样的发展历程？

叶茂中：中国的品牌发展大体上经历了四个阶段：

第一个阶段是品牌认知的启蒙期，从改革开放开始以后持续到 20 世纪 90 年代初。改革开放初期，企业的竞争环境不是很激烈，市场还有很多待挖掘的机会，国内企业普遍规模不大，实力也不强，中国的企业家和消费群体对品牌都是一知半解。这个时期有一批企业家先知先觉，尝试着去打广告。例如，春兰空调 20 世纪 80 年代开始打广告，结果迅速成为中国空调的销量冠军，也成了中国家电的第一品牌。但是在这个时期，无论是广告从业人员还是企业本身，品牌意识都不强，企业家并非从专业的角度来思考品牌，只是凭着感觉要打广告，利用广告来提高企业的知名度。

第二个阶段是品牌的发展时期，大体上覆盖 20 世纪整个 90 年代。这个时期企业的竞争比较激烈，有一些企业已经具备较大的规模和实力，消费者也已经开始有了品牌的意识，不仅仅只认品牌的产地了，不像80年代初期尤其是70年代的时候，消费者买东西只认上海产地就行了。这个时期的企业已经不再只会打广告了，许多企业逐渐意识到品牌塑造的专业性要求，对品牌的诉求已经有了比较明确的意识。

第三个阶段是品牌国际化的酝酿时期，从2000年开始持续至今。随着中国加入WTO，经过原始资本的积累、技术水平的提升和市场环境的磨练后，中国企业逐步成熟起来，再加上国际知名品牌的全面进攻，中国企业和中国企业家们开始认识到国际竞争的紧迫性。而从国家政策上来说，中国积极鼓励企业走出去，这也极大地激发了中国企业参与国际化进程的热情。

2000年开始，在经济学家中间有一种观点，和平时期国与国之间的竞争，主要表现为企业与企业之间的竞争，而企业间的竞争实际上就是品牌与品牌之间的较量。这样的观点也激发了中国企业家的自豪感和民族责任感，他们开始认识到，有没有中国自己的品牌，品牌能不能在国际上立足，已经不是一个企业的问题，而是关系到民族尊严的问题。

第四个阶段就是品牌国际化的融入时期。现在虽然TCL、华为、海尔、联想都走出去了，但实际上，中国企业的国际化还处在初级阶段，只有为数不多的企业真正参与到了国际化进程中。中国产品很早就进入世界市场了，不过之前做的多是OEM、ODM，自有的强势品牌很少。随着国际品牌和国内品牌的加速碰撞，品牌与品牌间的竞争将进一步加剧，中国品牌大批量地、真正地融入世界品牌竞争的潮流中，大概是未来十年的主题。

《北大商业评论》：中外企业的品牌差距，主要表现在哪些地方？

叶茂中：第一是时间积淀。国际上一些知名品牌的塑造，基本上都在50年以上，甚至几百年之久，这种通过时间积累出来的品牌效应，我们国内的企业不可能在三五年之内就迎头赶上。即使我们的产品有创新能力，企业家有出众的管理能力，再辅以大量的广告、策划投入等，中国企业的品牌也不可能在很短的时间内，含蕴一个历时百年的品牌所凝结的历史信息。

我们看到，一些国际品牌在中国从来不打广告，但在这么悠长的品牌塑造过程中，这些品牌通过电影、电视等媒介的辗转口碑，已经深深地印入消费者的内心。消费者接触到这些品牌时，就会感受到一种由时间累积所释放出来的力量。这个差距是现在国内品牌与国际品牌的现实，而且短时期内也是难以弥补的。所以，中国的企业家在品牌塑造的追求中，要正视这个现实困境。

第二是观念差距。企业观念的发展，本身要受制于企业经营的发展。现在，许多中国企业都认识到了品牌的重要性，但在面临生存和发展的时候，这些企业的现状决定了它们无法去坚持品牌的追求。观念要建筑在企业发展的基础上，对于主要追求生存和发展的企业而言，当销量提升和品牌建设相矛盾的时候，它们肯定去抓销量。当然，很多时候品牌的提升也会带来销量的提升，但在两者不可兼得的时候，企业往往更注重销量。

消费者：我就是我

“我就是我，别自作多情；我只为我，别来说教。”这句话，将是新兴消费者对死板品牌的宣战。

消费者的变化一直持续着。

事实上，这场变化已经持续很久了。从改革开放的第一天起，消费者就无时无刻不在变化着。在发展的过程中，我们或者他们，碰巧踩在了某个时间点上，做出了具有前瞻性的决策，并付出了超乎常人的努力，站在了浪潮之巅。然后很快又发现，成功是阶段性的，往往今天的经验成了明天的桎梏。

在这个时间点，他们又在经历着怎样的变化？

对营销从业者而言，所有市场活动都是围绕着消费者需求这个基点展开的，而消费者需求的产生又是由他们所遇到的冲突决定的。当消费者遇到不舒服、不顺心、不满意、还不够的情况时，需求就产生了。所以，能够更好地解决消费者冲突的企业和品牌，将受到消费者的偏爱。

因此，抛开技术发展、成本构成的因素，消费者主要冲突的改变，成为推动市场变化的一股重要的潜在力量。过去最关心的事物，在今天成了次要因素，竞争的重点出现在一个不曾料想的方向。比如，口味当然是餐饮品牌的核心竞争力之一，但是对一个上班族的午饭来说，他为了便利性肯定愿意放弃部分的口感。

然而，除了习惯、生活方式的变化，意识形态的改变也是消费者冲突观念转移的重要因素，如同一股暗流，不知不觉地影响着消费者行为的方方面面。

从现象上来看，我们可以明显地感知这个世界的信息传播在发生怎样的变化：大传播、全民价值观，逐渐被分割成小媒体、自媒体、圈层价值观；大品牌、大手笔逐渐让位于小而美、小众品牌。不管是传播的受众还是消费者，都掌握了更多的主动权和主导权，在决策的天平上，逐渐由以社会为中心向以自我为中心过渡。

这种变化是有缘故的。

文化和价值观的冲突受限于当时人们的意识形态，而意识形态的冲突又是以冲破首要的意识桎梏为方向的。回望这改革发展的三十余年，最早的意识形态觉醒，是以人道主义对抗专制主义的过程；上个阶段，则出现了以自由主义消解极权主义的过程。

在这个阶段中，恰逢电视、广播等传统媒体走向巅峰，出现了浓重的消费者品牌英雄情结。在自由意识的觉醒过程中，情感被投射在具有人文魅力和精神魄力的品牌广告上。无论是倡导奋斗、歌颂自由、赞美爱情，都可以一呼百应得到消费者的“赢粮而景从”。

大品牌、大传播的手段正是基于这样的背景，迎合消费者意识形态觉醒的方向，解决消费者价值观追求中的冲突，成为了现象级的文化。

今天呢？这样的方式出现了式微的趋势，随着消费主力军和舆论主力军进一步年轻化，他们从小受到的桎梏和压迫越来越少，受过的教育越来越高，思辨能力越来越强，对未来的看法越来越客观。各种主流价值观的传播对他们来说越来越无感。这说明，以自由主义消解极权主义的任务业已完成，过去的东西解决不了当下的价值观冲突，开始没用了。

这些年轻人的价值观冲突是什么？近四十年改革开放的发展带来巨大的财富，开始出现释放效应，互联网的快速发展让人类对信息充满了乐观。随着中产意识的兴起，他们变得更多的自我，更少的妥协，更宽广的视野，更多彩的追求。

这是一次“以个人主义消解集体无意识”的过程，如同苹果 iPhone5C 的广告词提到的那样：生来多彩。在这场意识形态革命中，作为人类个体，他们将逐渐发掘自己的喜好和独特的价值，而作为消费者个体，他们将以自我为出发点，越来越多地独立思考和独立选择。

总而言之，在这次的意识形态过渡当中，消费者将表现出更多的自信和理性，在选择品牌和产品的角度，从物质层面他们会选择更适合自己生活方式的产品，而从精神层面，他们会选择作为他们这个圈层认同的价值的品牌。

“我就是我，别自作多情；我只为我，别来说教。”这句话，将是新兴消费者对死板品牌的宣战。

灵感荟萃

1. 对营销从业者而言，所有市场活动都是围绕着消费者需求这个基点展开的，而消费者需求的产生又是由他们所遇到的冲突决定的。当消费者遇到不舒服、不顺心、不满意、还不够的情况时，需求就产生了。所以，能够更好地解决消费者冲突的企业和品牌，将受到消费者的偏爱。

2. 这些年轻人的价值观冲突是什么？在这次的意识形态过渡当中，消费者将表现出更多的自信和理性，在选择品牌和产品的角度，从物质层面他们会选择更适合自己生活方式的产品，而从精神层面，他们会选择作为他们这个圈层认同的价值的品牌。

没有大炮，就用大刀

中小企业常常面临资源困境，觉得做品牌不容易。我想，有些企业家可能把品牌的本质弄混了。有必要再次提醒各位的是：品牌是一个结果，而不是一种行为。

我们把打造品牌的关键步骤分成四步：

1. 提炼出品牌的核心价值
2. 找到正确的策略表现核心价值
3. 一遍又一遍地重复
4. 在消费者心中形成一对一的品牌联想

毫无疑问，对于打造品牌而言，这四个步骤都很重要，但是真正形成品牌积累的只有后面两个步骤。也就是说，再好的创意理念，再有效的核心价值，也必须通过一次又一次的品牌传播和积累，才能在消费者心中形成有效的认知。

每一次品牌的曝光，每一个产品的销售，都是这种积累的一部分。所以，在打造品牌方面，“质”和“量”之间其实是乘法关系。光有好的创意和核心价值却没有足够的传播量，或者光有传播量但核心价值模糊、偏差，其效果都是微乎其微的。

然而，对中小企业、新兴品牌来说，一个残酷的现实是，销量和品牌往往陷入二元悖论。没有销量，品牌无法积累；没有品牌，销量就上不去，这在认知盈余的今天更是如此。

想要走出这样的循环，必须寻求战术上的突破点，这种突破点常常出现在地域条件上。

中国市场有独特的复杂性和多样性，在这片市场上的中小企业也有其独特的生存本领和资源。中国是一个整体快速发展、东西差异巨大的国家，每一个局部地区都有和其他地方或多或少的差异性，包括文化差异性、消费观差异性、竞争环境差异性甚至是潜规则差异性。在这样的背景之下，要在该地运用各种特殊的、甚至是奇思妙想的资源，形成新产品独特的资源优势。这种优势，成为了品牌初期发展的一把大刀，能有效地在区域市场划开一条口子，甚至形成自己的根据地。

那么，什么是优势资源，什么可以用来组成大刀呢？不胜枚举，但又需要营销人的想象力。产品是资源，人脉是资源，对本地消费者心理的准确把握是资源，借势其他地方不可借势的规则和品牌都有可能是重要的资源。

举个例子。英潮鲜椒酱是叶茂中这厮合作的一个辣酱品牌。作为一家有数十年辣椒加工经验的企业，其辣酱产品的质量自然不用质疑。结合竞争环境和产品特点，我们提出了“敢为天下鲜”的品牌理念，并利用老虎作为形象载体，诠释其辣椒的品质。

然而，回到上面的课题，在早已一片红海的辣酱市场，老干妈一骑当先，众区域品牌强势跟随，一个新品牌如何在本地区形成资源的差异化突破，以此快速积累品牌势能，建立根据地呢？

组建英潮鲜椒游击队！在当地派出我们的辣椒车，渠道自建，广告位自建，用游击队的概念撕开市场的口子。当然，在车上印广告不是什么新鲜事，如何把这个战术用活、用好，起到突破点的作用，则必须经过一番研究。

我们考虑了三个方面：

从企业自身来说，英潮品牌的大老虎和“敢为天下鲜”的理念有极强的识别性和记忆度，我们每一次传播和销售，都会起到相当大的关联影响。同时，英潮企业有非常丰富的产品组合，英潮鲜椒酱也有多个口味，一旦形成购买和口味依赖，就会形成极强的粘性，单个客户价值很高。

从环境上来说，英潮所在的山东德州武城，对车载广告的管理并不像北京上海等一线城市那么严格，这给我们辣椒车的发挥留下了极为丰富的传播空间。

从竞品的角度来说，我们的辣酱经过反复口味测试，绝对有极强的产品信心，为什么不敢拉出去溜溜？

在这样的构思下，英潮辣椒车顺利开进了武城市场，几个月销售下来，每辆车已经可以达到日均销售额上千元，这对处于初创期的品牌而言，是一次非常好的品牌曝光和种子用户积累的过程。同时，英潮辣椒车的闪亮亮相，也非常好地支撑了英潮鲜椒酱在KA以及其他快消品渠道的拓展，相得益彰。而这种特殊的既结合销售又起着品牌传播作用的模式，也引来了很多经销商的兴趣。目前英潮鲜椒酱已经走出武城，英潮的辣椒车也已经在更多的区域开动起来。

因此，如题所言，在没有大炮的时候，我们必须要找到自己的大刀，用凶狠的战术突破市场，成为品牌早期能够快速发展的突破点，完成第一阶段的快速积累和过渡。

灵感荟萃

1. 再好的创意理念，再有效的核心价值，也必须通过一次又一次的品牌传播和积累，才能在消费者心中形成有效的认知，所以，在打造品牌方面，"质"和"量"之间其实是乘法关系。

2. 然而，对中小企业、新兴品牌来说，一个残酷的现实是，销量和品牌往往陷入二元悖论。没有销量，品牌无法积累；没有品牌，销量就上不去，这在认知盈余的今天更是如此。想要走出这样的循环，必须寻求战术上的突破点，这种突破点常常出现在地域条件上。

打造一个有识别力的形象

我们常强调，Logo 作为品牌视觉最重要的元素之一，不仅是一个标识和一个身份，更应担负着浓缩、沟通、吸引等多样化的任务，应该作为形象的载体，成为品牌资产最重要的部分。

但同时要考虑，在传播环境越发碎片化的今天，这一传播和沟通的载体，常常被淹没在纷杂的信息和噪音中，消费者已经产生了过目就忘的习惯，即便是形象载体，又如何突破消费者心智的高墙？

这个课题，同样摆在了鱼酷项目组的面前。

鱼酷作为烤鱼品类的餐饮品牌，毫无疑问的是，没有什么形象载体比“鱼”更直接、更合适了。“鱼”的形象，也天然符合鱼酷“每一条活鱼都是运动员”“活鱼现烤”的诉求。

然而，现实的困境是，不仅是绝大多数的烤鱼品牌，还包括很多其他和鱼有关、和海鲜有关的品牌，都已经采用了“鱼”的形象，并做了各式的延展设计。

众鱼齐舞，鱼酷的这条鱼，如何鱼跃龙门？面对众烤鱼品牌的形象，鱼酷又如何脱颖而出：既有效地承接鱼酷现有的品牌资产，同时又独树一帜，掠夺本就剩余不多的消费者心智资源？

我们从其中一个角度来谈一谈鱼酷形象载体的创作：

把熟悉变新鲜，把新鲜变熟悉，用冲突构建从脑到眼的识别力。

从认知心理学的角度来说，人的认知行为是非常复杂的，无法确保载体被所有人都喜欢；但从另一方面来说，增强视觉载体的识别性，达到给消费者造成深刻印象的同时，有效传递品牌的核心价值的目的，则是营销人应该注意的。

其中两个重要的词语叫作：熟悉感与陌生感。

消费者每天接收到大量的信息，然而沉淀下来的少之又少。简单来看，图形信息通过视网膜神经加工成信号传给大脑的过程中，遇到两堵墙：认知和分辨。

认知靠脑。我们对这个世界的大多数认知方式，都是建立在已有的认知之上的，消费者倾向于理解他们可以理解的事物。因此，以形象载体和消费者沟通的过程中，熟知的元素带来的是消费者认知上的亲切感，这种亲切感消解了消费者接收信息的第一堵墙。

与此同时，分辨靠眼。并不是所有亲切的事物都能吸引消费者的目光，恰恰相反，也有可能被消费者自动过滤掉。所以，通过元素的重新组合，形成对消费者来说相对新鲜的信息，激发消费者的好奇心，是突破消费者第二堵墙的关键。

综上，一个有效的创作形式是，如何在品牌元素中挖掘消费者熟知的元素，对这些元素进行新鲜、奇妙，又不会令消费者反感的组合，这是对消费者认知高墙的一种有效突破。

所以，就有了“鱼骑自行车”的组合，用最熟悉的元素组成最陌生的表达形式，在识别力和品牌内核之间架起一座桥：

无论是鱼还是自行车，都是消费者熟知的形象，没有谁不认识这两个元素。但是一条鱼骑着自行车，有多少人见过呢？

关于这一形象载体，还有一个有意思的灵感来源。在欧洲女权运动兴起时，有一句广为流传的口号叫作："一个女人不需要男人，就像一条鱼不需要自行车"。

嘿，谁说不需要？鱼酷运动员级别的活鱼，就是要骑上自行车！

当形象载体运用熟悉的元素进行陌生化的组合之后，载体的延展性也会变得丰富起来。叶茂中这厮一直认为，延展性是一个形象载体非常重要的特点，上得了 TVC，下得了 POP，如果还能直接用于公关活动，将会给品牌传播带来事半功倍的效果。

既然形象载体是鱼骑自行车，那在做促销活动的时候，何不就召集"鱼粉"来骑自行车呢？当然，顾客不比鱼，骑自行车是很正常的。在活动中，如何构建冲突，带来戏剧性？

那就让大人骑小车吧！

配合鱼酷整体的品牌传播活动和门店装修计划，启动了鱼酷一系列的公关活动，“小自行车竞赛”是其中有代表性的一个。作为营销活动，这样延展的好处是，克服了品牌日常营销活动的两个难点：1. 和品牌联系不强；2. 活动噱头大于趣味性。

骑自行车，既和鱼酷的形象载体同源，也契合“每一条活鱼都是运动员”的健康理念，解决了品牌层面的融合问题。让大人骑小车，融入竞技和奖励模式，操作性和趣味性兼得。

活动当天，不仅活动报名处人满为患，观众也是亢奋不已。偌大一个中庭，连二楼都围满了观众。我们每个人仍然拥有一颗童心！记得项目组第一次和鱼酷同事沟通这个形象载体时，大家都笑称这只“骑自行车的鱼”酷得没朋友，和鱼酷的品牌名相辅相成，但从这人满为患的现象来看，只怕够它忙一阵子，没时间装酷咯！

灵感荟萃

1. 在传播环境越发碎片化的今天，logo 这一传播和沟通的载体，常常被淹没在纷杂的信息和噪音中，消费者已经产生了过目就忘的习惯，即便是形象载体，又如何突破消费者心智的高墙？——把熟悉变新鲜，把新鲜变熟悉，用冲突构建从脑到眼的识别力。

很高兴遇见你，文艺

文艺，总是让人充满向往，它是现实世界通往内心世界的对角线，是生活轨迹和梦想轨迹重合的地方。文艺那么美好，但当它变成一种商业，文艺青年们，你们还是不得不面对纷扰的现状。

如果不做广告，你会去做什么？

80% 的广告人会告诉我：想做一名自由职业者，开一家咖啡店、书店、特色服装店，或者一家充满文艺气息的小餐馆。

文艺，总是让人充满向往，它是现实世界通往内心世界的对角线，是生活轨迹和梦想轨迹重合的地方。文艺那么美好，但当它变成一种商业，文艺青年们，你们还是不得不面对纷扰的现状。

细数那些小而美的文艺店，仿佛穿着木屐的日本女人，迈着踢踢踏踏的小碎步，在销量和规模上总也没法取得突破性的进展。比如在上海开了六年之久的老麦咖啡馆依然仅此一家别无分号；淘宝上能写出“你写 PPT 时，阿拉斯加的鳕鱼正跃出水面；你看报表时，白马雪山的金丝猴刚好爬上树尖……”的文艺服装店“步履不停”，尽管好评率达到 99.69%，但销量实在没怎么涨上去，这就是文艺与商业接轨的窘境。

文艺和商业接轨为什么会有窘境？这窘境应该怎么破？我们还是从案例中寻找答案吧：这是一家餐厅，它选择了很文艺的地段，很文艺的店名，很文艺的菜名，很文艺的装修风格，甚至是很文艺的开业时间（201413），更加有一个很文艺的老板，难怪可以理直气壮地号称自己是“魔都最文艺的餐厅”，它的名字叫“很高兴遇见你”。

截至2015年3月20日，“很高兴遇见你”刚满一周岁，但实力非凡，它迅速攻占了上海、南京、杭州、无锡4座城池，总共16家店！简直惊呆了，“国民岳父”到底是怎么做到的？

◆品牌也需要灵魂，韩寒就是自己最好的“背书”！

你还在信奉“同类产品质量最高，同质产品价格最低”的准则？醒醒吧，年轻人！这个定律只适用在工业社会以前的经济水平。在这个产品过剩的年代，一个品牌如果没有灵魂，其产品是卖不上价的，产品的溢价率关键就在品牌灵魂上，消费者的忠诚度也同样在此。你为什么觉得褚橙比你家楼下水果大卖场里的橙子要值得你付出更多的血汗钱呢？因为褚橙有品牌“背书”啊！

都说韩寒是个文人，其实他也是一个很优秀的商人，他很明白自己的价值就是“很高兴遇见你”的品牌灵魂。80后的骚年们，乍听到韩寒开餐厅是不是有些激动地睡不着觉了？面对00后们的不理解，你用饱含着幸福的目光45度角仰望星空，娓娓道来初中高中年代读着韩寒小说的美好时光，你去“很高兴遇见你”不是吃饭，而是去回味你逝去的青春。

◆每一次开业，都是一场明星发布会

越是信息碎片化的时代，越需要偶像。这个时代，你在发声，他在发声，所有人都在发声，但没有人听。我们只能借助偶像的话来表达我们自己的意见，才有可能让你的话听起来更有分量，“比起那些用大嗓门企图压制世界的人，让全世界都安静下来听你小声说话的人更可畏”，很不巧，韩寒就是那个可以让全世界安静下来听他小声讲话的人。

所以，亲到现场，亲笔签名，亲自端菜……这些对粉丝来说简直是莫大的福利，可能一辈子也就这么一次机会了，哪怕凌晨 4 点起床，也是绝对不能错过的。这阵仗，跟明星发布会有什么区别？

◆好名字，就是最好的宣传

既然是文艺餐厅，那么不管是品牌名还是菜品名，如果没有个文艺的好名字简直就是愧对“文艺”二字，赶紧找块豆腐撞死吧。广告人都相信一个好故事的不凡力量，而“国民岳父”显然更高一筹，这个餐厅的名字本身就是一个故事：阳光明媚的午后，文艺青年戴着黑框眼镜，穿着平整的衬衫，在一个充满油墨香的餐厅里用餐，这时候一个身着碎花裙，飘扬着柔顺长发的丁香一样的姑娘轻轻走到面前，微笑着打招呼：“Hi，很高兴遇见你！”

接下来的故事，每一道菜的名字都文艺得像是诗人的调情，“你没吃过我的豆腐”“来自星星的炸鸡”“阿根廷大虾遇见小辣椒”“不离不弃提拉米苏”，当然不会忘记寒范儿十足的“寒之寒”。尽管每一个吃过豆腐的人都说下次再也不点了，但不妨碍“你没吃过我的豆腐”依然高居最受欢迎的菜之榜首，可见一个好名字的分量。

◆谁说韩寒做的是餐饮？他做的是一种生活方式！

文艺是什么？假如文艺是一个宗教：文艺教，会是世界上最神秘的宗教，它诞生于人类开始打绳结和磨石饰的原始社会时期，由一群最先满足温饱的“闲人”建立。他们追求内心的自由，因此教内没有任何组织原则，没有职位设定，更没有入会标准以及年费，他们认为，文艺教是全世界最没有野心的宗教，因为他们很友好，他们喜欢偶遇之后，轻轻地说一句：Hi，很高兴遇见你！

事实上“很高兴遇见你”就是“文艺教”的一个归属地，韩寒定义的餐厅不是餐厅，而是一种生活方式。你还在以开餐厅的方式开餐厅吗？那么你真的OUT了，餐厅的目的是让大家吃好喝好，而生活方式的目的是让一群相似的人聚集在一起，重要的是玩得开心。

纵观近几年混得风生水起的餐饮：外婆家、黄太吉、海底捞、叫个鸭子、三只小猪等，他们做的都是生活方式。消费者的观念已经发生变化，他们需要通过自己的行为模式来告诉别人自己是什么样的人，他们要所有穿的、吃的、用的、玩的都来为自己发声，向世界表达他们的态度。如果仅仅是吃饱吃好，那么兰州拉面足够了，可我们显然觉得这还不够。

既然“很高兴遇见你”这么厉害，是不是就意味着它成功避开了“文艺与商业接轨”的窘境了呢？一周前我到建国路那家重温记忆中的味道，却并没见到几个人，整个餐厅一大半都空落落的，跟刚开业时千人排队的场景落差太大，这种零下一度的清冷现状倒是让人头脑冷静了下来：“很高兴遇见你”到底为什么会陷入窘境？

事实上，韩寒作为一个刚刚踏足餐饮业的年轻掌门，在上文提到的几方面上做得真是相当出色了，“很高兴遇见你”有一个很有故事的名字，更有一个很有故事的老板，但在品牌落地上却有些无力——从进门到吃完饭，我没有感受到一丁点有谁很高兴遇见谁的意思，大家都闷头各吃各的饭，跟其他餐厅没什么区别；服务员腼腆得可爱，仿佛开一个玩笑就能落荒而逃；那笨重拥挤的木质椅子，有种上学校不能随便乱动的赶脚。“很高兴遇见你”仿佛只是一个飘在空中的口号，根本落不到实处。这肯定不是“很高兴遇见你”的初衷吧！

无论服务还是店内设计，都是一个品牌的组成部分，就让你的品牌从骨子里文艺起来吧，让消费者切切实实感觉到：很高兴遇见你，文艺！

灵感荟萃

1.你还在信奉“同类产品质量最高，同质产品价格最低”的准则？醒醒吧，年轻人！这个定律只适用在工业社会以前的经济水平。在这个产品过剩的年代，一个品牌如果没有灵魂，其产品是卖不上价的，产品的溢价率关键就在品牌灵魂上，消费者的忠诚度也同样在此。

2.越是信息碎片化的时代，越需要偶像。这个时代，你在发声，他在发声，所有人都在发声，但没有人听。我们只能借助偶像的话来表达我们自己的意见，才有可能让你的话听起来更有分量，“比起那些用大嗓门企图压制世界的人，让全世界都安静下来听你小声说话的人更可畏”，很不巧，韩寒就是那个可以让全世界安静下来听他小声讲话的人。

3.你还在以开餐厅的方式开餐厅吗？那么你真的OUT了，餐厅的目的是让大家吃好喝好，而生活方式的目的是让一群相似的人聚集在一起，重要的是玩得开心。

4.消费者的观念已经发生变化，他们需要通过自己的行为模式来告诉别人自己是什么样的人，他们要所有穿的、吃的、用的、玩的都来为自己发声，向世界表达他们的态度。如果仅仅是吃饱吃好，那么兰州拉面足够了，可我们显然觉得这还不够。

合并！合并！合并！

这词已经实在不新鲜了，继优酷土豆、爱奇艺 PPS、滴滴快的之后，赶集和 58 闪婚成功，范冰冰和杨幂终于一起快乐地骑在小毛驴上（当然，小毛驴也许不快乐）高唱“这是一个啥都有的神奇网站！”

王子和公主最后过上了幸福的生活，这大概就是传说中的，我们要相互亏欠，我们要藕断丝连。

为什么要合并？当然是为了省钱，这答案虽然正确得不容置疑，但似乎却无趣了些。不过这种欢喜冤家斗争一世最后却结为秦晋之好的故事，在传统的商业世界里其实早就有一些类似的例证了。虽然没到鱼水交融的地步，但相似的是，他们也不约而同地选择了一样的结局。

假设在中国这片土地上，有且只有两家卖臭豆腐的，姑且称其为老张和老王。老张、老王一开始约定，一人在北京开店，一人在广州开店，井水不犯河水。这么做的结果似乎也很公平，九百六十万平方公里的市场一人一半，各占 50% 份额。北边的去北京老王家，南边的去广州老张家，至于在上海的顾客想吃臭豆腐，随便他们去北京还是广州，选择困难症除外。

第二天臭豆腐摊开张，相安无事。

但第三天早上起来，老张傻了，老王竟然把臭豆腐摊悄悄地搬到了上海！这么一来，不仅长江以北的份额通吃，而且还抢掉了湖北、安徽、浙江的顾客，甚至连福建的顾客都要考虑去哪家臭豆腐摊方便了！一下子老张失去了一半的销售额，从 50% 跌到了 25%，而老王从 50% 上涨到了 75%

老张愤愤不平地想，你玩赖！就你会玩赖！你以为只有你会玩赖？！

第四天鸡都没打鸣的时候，老张就摸黑把铺子开到了石家庄，他打着一手好算盘：南边的顾客全是俺家的！老王你就吃点东三省的份额吧！叫你玩赖！

等日上三竿老王悠悠醒转看到南边老张的铺子后，呵呵一笑，把铺子不声不响地开在了济南，把河北和东三省的小块份额丢给了老张。

老张又傻眼了。

第四天、第五天、第六天……两人都在重复相似的过程，老张开在济宁，老王就开在徐州；老张狠狠心搬到了蚌埠，老王就淡定地搬到了南京；然后是镇江、常州、无锡、苏州……无论如何，老王的份额永远比老张多。

最后，身心俱疲的老张终于发现了真相，对老王表示要不谁也别争了，反正你我卖的臭豆腐都差不多一样臭，价钱也差不多，再说招徕生意上，你老婆和我那口子长相也是半斤八两……干脆咱们一块把店开在上海吧，消费者爱买谁买谁的，随便丫的，你看中不。

老王呵呵一笑，拍了拍老张的肩膀，说是啊，一块开在上海咱们不就纳什均衡了吗，利益最大化你好我也好，不过你咋今天才发现呢。

于是老张和老王过上了幸福的生活。

这个老张老王故事的经济学解释，叫作“霍林格空间竞争模型”（Hotelling's Model of Spacial Competition）。简而言之，就是一个线性市场上的双寡头厂商定位模型。在没有价格竞争的情况下，厂商追求利润最大化的结果就是每一个厂商都倾向聚集在市场中心，即最小差异原理。举例来看，这就解释了为什么在一家加油站的对面总可以找到另一家加油站。

如果我们把肯德基和麦当劳代入老张和老王，就很容易理解这样一种情况，为什么经常可以同时看到这对相爱相杀的小伙伴，找到一个，就很容易找到另外一个。

请注意，其实霍林格模型真正的适用情况并不广泛，这是因为其有诸多条件的限制。比如必须假定这是一个线段性市场，双方均以边际成本定价，产品结构类似，品牌力接近，以及不考虑双寡头之间有没有合谋控制定价权的行为等。而如你所知，真实世界的空间格局是一堆堆线段结成的平面，变量过多，难以计算，若考虑到城市中心、区域中心、核心商业区、居住区、办公区等各种不同空间层级的相互辐射和交错之后，霍林格模型就只能成为一个理论模型了。事实上也的确如此，并不是每一家 K 隔壁都有一家 M，也不是每一家钩子隔壁都有一家三条杠。

但不管如何，霍林格模型仍具有深远的意义，对一个市场的后入者来说，面对已有成熟竞争对手的空间格局，到底是做它的邻居分享客源，还是去隔壁街尽可能规避竞争？在一定条件的限制下，也许贴身肉搏是更为激进也稳妥的做法，首先选址这一关的试错步骤已经有对方帮你完成了，其次市场的培育和人气的聚集对方也完成了，在细致分析后进入市场，与对方一起把人流潜力进一步挖掘提升，岂不快哉？

竞争的另一面，其实叫作竞合。

而对互联网经济来说，事实更残酷些。空间因素完全消失，开在哈尔滨和昆明是一回事（忽略物流因素前提下）。长尾理论带来的低边际成本，使得马太效应进一步加强。消费者的低选择成本与高迁移成本。

于是垄断成为了互联网经济的常态，事情只有两种结局，要么吃掉所有人一家独大，要么干不掉你就娶了你。霍林格模型在传统商业领域中的体现是“开在隔壁”，而在互联网经济领域，则是这一行为的进化版——合二为一。

垄断并不是个贬义词，只是，在传统商业时代里，这个词受时代所限，总是被垄断者们施加了一层灰色的涵义，所以才会有谈“托拉斯”“卡特尔”而色变的故事。

垄断在这个新经济时代里，则意味着下一次创新的起点，姚劲波在合并后致 58 同城的内部信中也明确提到了这一点：……我们合并将产生很多协同效应和好处：

1. 将立即停止一些短期的市场行为，协调一致以提升整体的收入和利润水平；

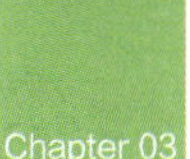

2. 将提高信息发布门槛和审核标准，促进整体网站的信息质量水平，更好地保护用户的利益；

3. 将加大在创新产品和模式上的投入，更好地把握市场机会。

……

省钱、服务、创新。

毫无疑问的是，在可见的未来里，合并这两个字将越来越多地出现在你我的视线中，时代巨轮驶来，当骨牌倒下已知道。

只是不知道的是，在有生之年，能不能有幸看到肯麦合并？哈哈哈。

这样我们就可以同时吃到原味鸡和巨无霸啦！

至于合并后的名字，倒是已经有个现成的备选了。

需求升级和科技革命

人类的欲望是永无止境的，这种停不下来的需求驱动，是产品升级的源动力，甚至是人类科技、人类文明不断前进的根本原因。

人类的欲望是永无止境的。

当商家推出某个看起来完美的新产品后，消费者啧啧称奇，但把玩了五秒钟之后，他可能会微笑地着看着你："这很不错，可是还能更好点吗？"

这种停不下来的需求驱动，是产品升级的源动力，甚至是人类科技、人类文明不断前进的根本原因。

而对产品经理来说，这一切并不是简单的"升级"两字这么简单，如同和菜头曾经提到的："好的产品经理会说：嗯，让我们来做一个东西，它可以帮用户解决一个 XX 问题。而糟糕的产品经理则会说：哈！这个东西太烂了，我找出了一百个优化点！想出了一百个新功能！提升了一千项用户体验！"

换个角度说，单纯从 1 到 2 再到 3，这是升级，但是往往人在需求上的变化最终会以迭代的方式出现，从一个点，变成线，变成面，变成立方体。按《三体》的说法，这似乎也可以叫维度攻击。

在摄影技术出现之前，绘画是唯一记录画面的技术，绘画的历史可比摄影的历史长得多，几千年来，伟大的画家不断更新自己的技艺，色彩的拿捏、透视的关系、光线的明暗，都指向一个终点：让画更像。

但摄影技术出现后，很多画家差点被逼得自杀。

画得再像又有什么用呢？

摄影技术出现之后，复制了绘画曾经走过的道路，从大又笨的箱子逐渐变成了小巧的傻瓜机，然后胶卷太麻烦，好，升级成数码相机即刻成像，数码相机画面表现力不够强？我给你微单，数码相机拍完回去就忘了？我给你拍立得。还嫌不够？

有人甚至捣腾出了手机外设，即时打印高画质照片。

但是当手机的摄影功能愈发强大，各种滤镜、各种图像技术逐渐成熟时，当 Instagram 和 Snapchat 甚至是足记这样的 APP 人人乐见时，摄影技术又遭遇了维度打击。

拍得再好又有什么用呢？

老罗的锤子手机里有项功能很值得玩味，即“瞬时拍”功能，从口袋掏出来的时候按住左右侧边功能键，手机就能自动完成启动相机——对焦——拍摄的一连串过程，而不用担心错过某个瞬间的特别场景。

这项功能背后的深层逻辑则是，“摄影”这两个字的意义。过去，“摄影”等于旅游、纪念、风景、专业、特别的时刻等，本身“摄影”这两个字就带着一定的正式感。今天，“摄影”是生活中一件再普通不过的事情，任何人，任何时间，任何方式，所谓“决定性的瞬间”？任何人都可以是布列松，只要你手快，只要你有一双敏锐的眼睛。

这些都是已经发生的，而未曾发生的呢？你未必不能体会。

一百年来，汽车工程师孜孜不倦地使汽车变得更快、更舒适、更安全，光是看看今天驾驶座四周的那一堆按钮、一堆设备和屏幕上的一堆信息，就知道为了让人们有更好的驾使体验，工程师们花费了多少心血。

可也许十年之后，汽车根本不需要司机了。

很多人对谷歌眼镜的失败表示喜闻乐见，可是谁都承认这只是一个不完美的初代试验品而已。

很多人认为 Apple Watch 可以打败瑞士表业的观点是不值得一提的，可是没人能否认可穿戴设备浪潮的来临。

更何况当微软的 Hologens 这种科幻小说黑科技式的产品出现时，再守旧的人也会动容。

当然，我们并没有狂热地单纯鼓吹所谓的颠覆式创新，因为你很难把“需求升级”和“技术革命”做个精确的区分，技术革新的萌芽往往在不断的需求升级中默默地出现，而一次完整的技术革命，其中也必定伴随着不断的需求升级，更何况一次技术革命也许会摧毁一些旧有的事物，但废墟里也会开出花。

数码相机打倒了柯达，但富士的拍立得反而卖得很好：2014 年卖出了 350 万台，销量比 2013 年增长 1.5 倍，甚至超过了富士的数码相机销量，去年 10 月，富士宣布投资 10 亿日元增产 30%，毕竟那种“瞬间得到实物照片的惊喜感”依旧是强有力的刚性需求。摄影技术的出现更是带来了绘画的新生，自印象派打开了新世界的大门之后，绘画艺术短短几十年就变得面目全非但更为绚烂。去卖好拍立得和将线条和颜色用更多彩的方式呈现在画布上这两件事，都不算什么逆潮流而动，相反，这都是“对”的事。

一家企业关于产品的战略，与消费者需求的变化有关，与竞争对手的方向有关，与本身的基因与资源有关，但在当下还得加上一句，与这个时代的变化速度有关。爱因斯坦曾经说过：“你不能运用当前思考解决当下问题。”这句话在今天看来，更是意义深远。

怎么办？路径只有一个：就是学会“让正确的事情相继发生”。

没人能阻挡历史的趋势，但摧毁一切然后重建一切也太过不切实际，马克思说得好，历史毕竟是呈螺旋式上升的。重要的是，在这上升的盘旋之路中，

你是否能抓住每次需求升级与科技革命的脉搏？

灵感荟萃

1.一家企业关于产品的战略，与消费者需求的变化有关，与竞争对手的方向有关，与本身的基因与资源有关，但在当下还得加上一句，与这个时代的变化速度有关。爱因斯坦曾经说过："你不能运用当前思考解决当下问题。"这句话在今天看来，更是意义深远。

第四章

广告纵横谈

Chapter 04

“真功夫”是怎样炼成的

——“真功夫”全球华人餐饮连锁全案策划纪实

2004 年，双种子改为“真功夫”，真功夫表达了把中国优秀的餐饮文化带到世界各地的雄心壮志；2004 年，“真功夫”首次突破华南区域，进驻华东，成功登陆杭州、宁波、上海；2005 年 7 月，“真功夫”成功登陆北京，不出半月在北京连开三家餐厅，成为最早发起全国连锁攻势的中式快餐企业之一；2005 年 12 月 24 日，“真功夫”全国第 100 家连锁直营分店在广州中华广场开业；2006 年 6 月，中国烹饪协会评选出“2005 年度中国快餐企业 20 强”，真功夫排名第六位，居本土快餐品牌第一；2006 年 10 月，“真功夫”当选中国快餐十佳品牌企业；2007 年 1 月，“真功夫”总裁蔡达标荣获“2006 年度广东商业零售业风云人物”奖项；2007 年 8 月，“真功夫”荣获“品牌中国金谱奖——中国餐饮行业年度十佳品牌”奖项；2007 年 10 月，“真功夫”第 200 家店落户上海，获得 3 亿元风险投资；2008 年 10 月，“真功夫”总裁蔡达标入围 2008 年“中国最佳商业领袖奖”；2009 年，“真功夫”开了 150 家新店；2011 年，全国直营店超过 400 家。截止到 2015 年 4 月，中国饭店协会发布的《中国年度餐饮报告》，真功夫位居快餐十强品牌榜第一，这已经是真功夫品牌连续 9 年蝉联第一品牌的荣誉了。

……

从几十家门店扩张到如今的 600 多家直营店，从一个区域性品牌成长为无可动摇的本土快餐第一品牌，从默默无闻到如今在本土快餐业叱咤风云，“真功夫”在十多年的时间里，克服种种困难，获得了极为快速的发展。

为什么在竞争日益激烈的餐饮市场，“真功夫”会快速崛起？“真功夫”又是怎样炼成的？让我们把视线拉回 2003 年 8 月。

8 月的北京暑热如荼。叶茂中营销策划机构的大会议室里冒着“嗞嗞”的冷气，却无法消退双种子餐饮集团（“真功夫”餐饮管理有限公司的前身）几位核心成员眉间的焦灼。1994 年，第一家双种子在东莞诞生，随着双种子迅速壮大，他们决定走出东莞，先后开拓广州、深圳市场，然而问题也在这时出现了。同样的产品、同样的管理、更贵的房租、更大的人流量，双种子怎么一到广州、深圳就扩张乏力、扩张速度受到限制？新开店面“慢热”，单店盈利能力低，过往人群多、进店人数却少，单次营业额始终徘徊不前，同时让他们费解的是双种子引进了与麦当劳、肯德基同样品质甚至更好的西式餐点，并以更低的价格销售反而不被接受。

他们感受到了强大的压力。压力还来自越来越多的和他们一样成长迅速的竞争者，也来自不断涌现的模仿者，更有一些跟进者只图眼前利益使整个餐饮连锁行业信誉受到质疑。

于是，他们想到了叶茂中营销策划机构。

这是一场名符其实的战争，38 摄氏度的高温下，叶茂中营销策划双种子项目小组成员热血沸腾。

“真功夫”的拳头应该打向谁

1. 一个重要课题：区域品牌突围

单店盈利能力低、单店营业额停滞不前，广州、深圳等大城市扩张速度受到限制等问题困扰着当时的双种子。

表面看，似乎是双种子店面盈利问题，而从更深层次来看，这其实是一个典型的从区域品牌向全国品牌突围的课题。

解决好了，双种子从此可以参与逐鹿中原；解决不好，那就只能困在一个狭小的区域内，等待着要么被招安、要么被消亡的命运。

双种子该如何突围？双种子的拳头应该打向谁？如何才能打通双种子的任督二脉，让双种子成为中式快餐的功夫高手？

2. 中式快餐竞争实质

追本溯源，首先要弄清楚中国快餐业竞争的实质。项目组从 2002 年中国快餐业发展状况的几组数据开始顺藤摸瓜。

数据一：中国快餐市场的经营主体仍是中式快餐。80% 为中式快餐店，而 20% 是西式快餐店，尽管西式快餐日益受到欢迎，中式快餐仍以其在主要消费层次中的口味优势，占据大部分国内快餐市场（如下图所示）：

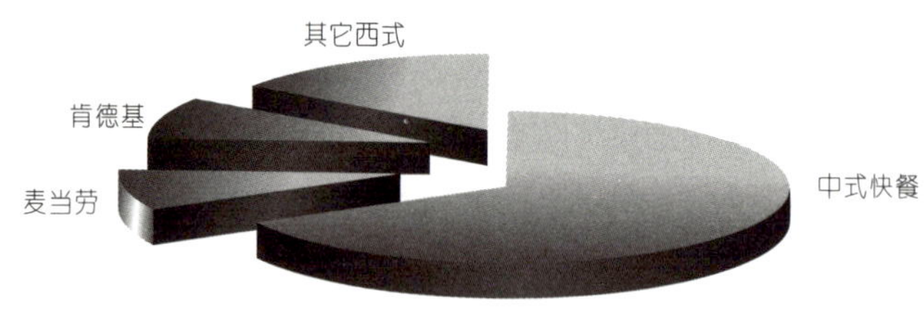

（数据来源：叶茂中营销调研中心）

凭借标准化、产业化、规模化、服务理念、品牌效益、营运管理等领先中国数十年的优势，西式快餐在中国从无到有，开拓了品类市场并超高速成长，迅速形成麦当劳、肯德基两大巨头垄断的成熟市场状态。

但就整个中国快餐行业来看，占主流地位的仍然是中式快餐。这取决于中国深厚的东方文化底蕴、千年传统的饮食文化和口味习惯，从而形成庞大而稳定的中餐消费群体，这是中式快餐仍将处于主流地位的坚实基础。

中式快餐总体市场容量远远高于西式快餐。

数据二：中国餐饮业权威机构中国烹饪协会向社会郑重推出十大国内快餐连锁品牌：上海新亚大包、马兰拉面、深圳面点王、丽华快餐、千喜鹤、江苏大娘水饺、东方饺子王、广西桂林人、武钢集团快餐公司、广州大西豪。

这说明什么问题？这说明基础雄厚稳定、控制着大于西式快餐 4 倍市场份额的中式快餐品类市场，品牌集中度其实非常低，近年来刚开始出现市场份额向部分区域品牌集中的特征——品类市场成长处于启动期。

数据三：在 2002 年度的中国快餐业 20 强中，麦当劳、肯德基等外国公司占据了 19 席，上海新亚大包成为 20 强中硕果仅存的一家中式快餐，排在第 17 位。

这些意味着什么？

在成熟的品类市场中，20/80 原则会得到充分的体现，就像麦当劳、肯德基之于西式快餐。

通过对以上三组数据对比分析，不难看出，在当时，市场基础雄厚稳定、控制着大于西式快餐 4 倍市场份额的中式快餐品类市场，品牌集中度非常低，没有真正的“领导者”。

而直到 2004 年前后，中式快餐才开始出现市场份额向部分区域品牌集中的特征——品类市场成长处于启动期，中式快餐品类市场内存在着巨大机遇。

中式快餐品类的主流地位必然决定了，谁能成为中国市场中式快餐品类的领导品牌，也就能成为中国快餐业的霸主。

这对于双种子而言，是一个巨大的市场机会。

《隆中对》想必大家都耳熟能详，它是孔明为刘备集团的发展所贡献的一份策划书。

毛泽东曾对孔明的这个战略计划从矛盾论的观点有过精彩的评价。

先是在皖南事变发生后，毛泽东说：刘备伐吴之所以失败，是因为没有分清主要矛盾和次要矛盾；《隆中对》中把曹刘关系定为主要矛盾，把孙刘关系定为次要矛盾。

在这里，毛泽东对《隆中对》是褒，是针对时局借古喻今，意思是中日矛盾是主要矛盾，国共矛盾是次要矛盾，不能因小失大，而应吸取刘备分不清主次要矛盾的教训，国共斗争要服从于抗战全局！

《矛盾论》在中国革命实践中起到了至关重要的作用，在《矛盾论》里，毛泽东对“西安事变”前后中国社会的主要矛盾曾有过精辟论述：

“西安事变前主要矛盾在国共两党之间，而西安事变后，主要矛盾则在中日之间。因此，今天无论解决任何问题，都应该以这个主要矛盾作为认识问题和解决问题的出发点。假若丢掉主要矛盾，而去研究细微末节，犹如见树木而不见森林，仍是无发言权的。”

1936 年“西安事变”时，共产党与国民党兵力相差十倍，几乎没有现代化武器装备。八年抗战结束时，共产党无论从兵力还是武器装备上，都已经与国民党相当。

毛泽东对主要矛盾与次要矛盾的分析，就反映在这一历史事实中。

通过对中式快餐市场进行矛盾论分析，我们发现了一个事实：西式快餐和中式快餐两个品类的竞争，掩盖了另一个潜在的矛盾，即中式快餐相互之间的竞争。

这决定了双种子的拳头将打向谁。

如同麦当劳从来没有将永和大王作为它最主要的对手一样，此时的双种子需要面对的主要对手，不是“洋快餐”，而是其他中式快餐品牌，是与其他中式快餐品牌共同争夺中式快餐霸主的矛盾。

中式快餐行业大局未定！军阀混战、枭雄四起的混沌之中，已经有部分品牌透出“霸主”的野心和气质：永和大王、马兰拉面、双种子，还有更多如同双种子这般内力深厚但未被人知的高手……

而双种子也将与各路高手在路上相遇。怎么办？修炼双种子的“拳法”。

真功夫应该打哪套拳法

牢牢占据中式快餐这一有利的地形还不够，还需要有正确的战略——双种子应该打哪套拳法？

1. 中式快餐业态大转型：Q.S.C.

这些品牌之所以能得以立足，是因为突破了以前制约中式快餐品质发展的瓶颈——标准化的 Q.S.C.，这些显示出中式快餐品类正经历着业态的大转型。

2. 业态大转型实质：中学为体，西学为用

然而，是不是有了标准化的 Q.S.C.，就意味着一定会取得成功呢？

我们想到了几年前昙花一现的麦肯姆、开心汤姆等。他们的 Q.S.C. 也很标准，为什么会那么快就走向衰败呢？

项目组通过调研发现，消费者选择中式快餐的主要原因在于“口味”，“中式口味”是中式快餐品类的基本属性。而麦肯姆、开心汤姆等品牌的一个共同点是：他们贩卖的是西式口味的快餐。放弃了“中式口味”的麦肯姆、德克士、开心汤姆等，就等于离开了占据 80% 的自由竞争时代的中式快餐品类，进入了占据 20% 的垄断竞争时代的西式快餐品类。在 20% 的“小池塘”里，已经有了肯德基、麦当劳这两条大鱼，小鱼注定难以生存。

由此不难看出，“标准化 Q.S.C.”是中式快餐品类业态第一次大转型的主线，而中式快餐品类业态大转型的实质是——中学为体，西学为用。“中学为体，西学为用”，这是双种子应该习练的拳法，是双种子通往成功的路，是双种子通向“真功夫”的路。

“真功夫”的核心价值在哪里？

品牌核心价值就如产品的生命与灵魂，是一个品牌个性之所在。那么双种子的核心价值是什么？

1. 发现双种子品牌拉力

1998 年到 2002 年之间，双种子以每年 43%~97% 的速度高速增长，远高于行业 15% 的平均增长水平。（如下图所示）

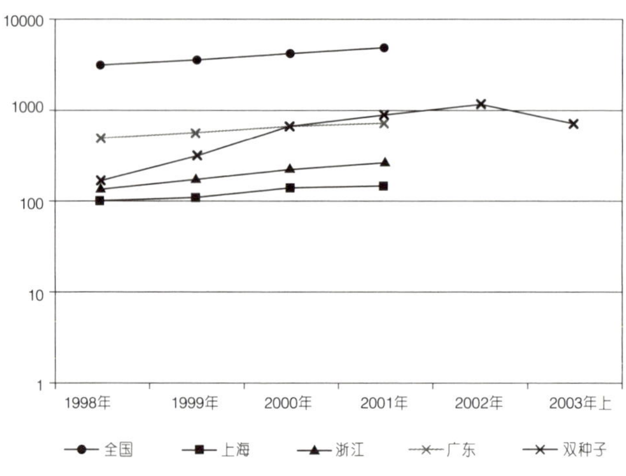

（数据来源：叶茂中营销调研中心）

这使得我们思考：在诸多通过掌握“中学为体、西学为用”这一拳法而实现了快速成长的中式快餐品牌中，为什么双种子能够走得如此神速？

双种子一定提供了更符合供求规律的产品，这才使得双种子品牌比别人更具备市场拉力。那么，双种子符合供求规律的基点在哪里？双种子的“品牌拉力”来源于哪里？

项目组将市调中得到的三组数据——消费者喜欢中式快餐的原因、喜欢西式快餐的原因与喜欢双种子的原因——进行了对比分析。

通过以上三组数据的分析，我们发现“营养”是双种子在中式快餐品类共性中，唯一形成品牌差异化并在品类发展方向上形成市场拉力的因素。

这来自于双种子的“蒸品”特色。

2. 提炼品牌核心价值

既然“蒸”是构成双种子市场拉力的重要因素，那么是不是就意味着“蒸”就代表双种子的核心价值呢？

但叶茂中营销策划在对双种子企业访谈的过程中，却发现了一个让人备感担忧的问题，那就是当问到“你认为双种子的核心价值是什么”这个问题时，包括很多中高层的管理人员在内，答案众说不一，“美味”的、“开心”的、

"蒸"的、"健康"的，大家都没有一个共同的认知。

一个企业对自身品牌核心价值都迷惘、混乱，这是危险的信号，它会造成品牌资源无法积累，品牌构建无法形成。

在企业访谈时，项目组听到双种子内部人士经常说这样一句话：我们的强势资源在于我们独特的、"蒸"的文化。

这句话对吗？是对的，但只对了一半。

"蒸"在岭南的饮食养生文化中等同于"原汁、原味、原形、不上火"。"蒸"字是个大创意，但还不是问题本质。对消费者而言，只有"蒸"等于"营养"，双种子才能在他们心中登陆。

也就是只有将品牌价值转换为消费者最直接的价值利益点，才能更加直接、深入地打动消费者。如永和豆浆突出传统；大家乐茶餐厅倡导休闲；九百碗老汤面，口味更地道；成都小吃，更川味；蓝与白干净便宜，更家常。

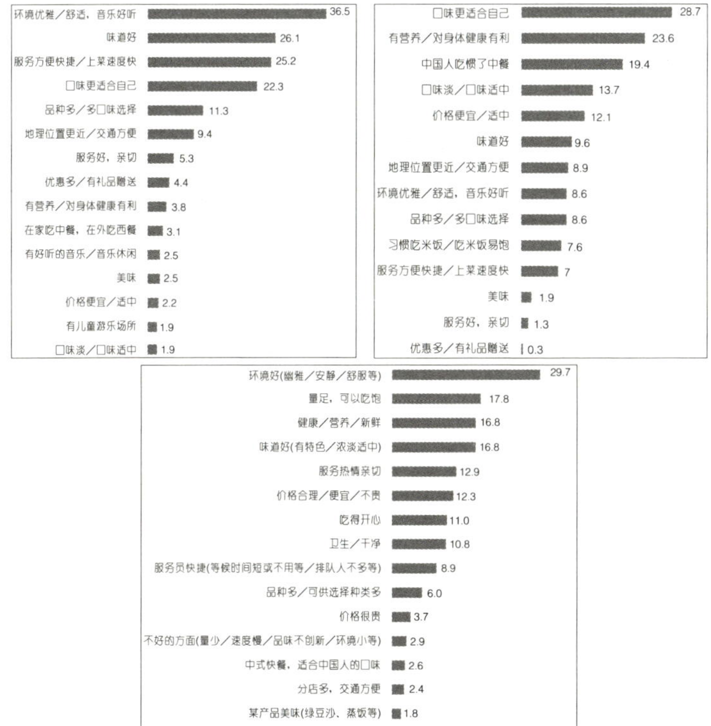

（数据来源：叶茂中营销调研中心）

蒸，只能说明你的特色，“更营养”才是消费者关心的。于是，双种子真正的品牌核心价值浮出水面——“更有营养的美味中式快餐”，我们将之提炼为一句话——“营养还是蒸的好。”

“有营养的中式快餐”概念在中式快餐品类中极具潜在价值，然而却仍是空白！

因此，在双种子品牌诊断规划报告中，叶茂中营销策划明确提出：双种子的当务之急，就是要突破发展瓶颈，加快扩张步伐，迅速建立全国品牌，在全国范围内引领消费者“有营养的中式快餐”概念。

这是整个快餐品类最有可能催生全国霸主品牌的重要概念。

双种子门店外景

“真功夫”产品线一破一立

1. 破：砍掉油炸食品

自20世纪90年代开始，快餐业的西风东渐，加速了快餐市场的竞争。西式快餐的兴起，使鸡翅、汉堡、薯条、可乐一时成为餐饮时尚。许多中式餐饮、路边摊、风味小吃部、杂货店、大小商超，随处可见简易加工的炸鸡翅、汉堡售卖点。

从创始之初就以“蒸”为特色的双种子，在坚持“蒸饭、蒸汤”为核心产品的基础上，也与时俱进地推出了一些类似洋快餐的品种，如油炸鸡腿、鸡翅、薯条、可乐等，当时双种子的考虑是，这些产品的推出可以弥补中式快餐不具备休闲属性的不足，从而带来休闲时段营业额的提升。

虽然引进了这些洋快餐品种以后，初期阶段销量并没有打开，但双种子当时认为这只是一个时间问题，不但没有放弃，反而加大促销力度，促销的刺激曾经一度让这些洋快餐食品营业额有所提升。

可以看出，当时的双种子比较重视这些油炸类产品的推广，以至于当叶茂中项目组建议把这些不符合“中式”快餐属性的产品全部砍掉时，双种子还存在着顾虑。

为什么要砍掉这些油炸食品呢？

2000年后，西式快餐在中国已成“过街老鼠”，油炸食品的高热量、高胆固醇导致肥胖、高血压、肠胃病已成洋快餐的症结，这也是西式快餐进入中国这么多年却仅有21%的市场份额的主要原因。

甚至连肯德基这样的“洋快餐”巨头也在逐渐推进以营养为主的“本土化”餐饮风味。

只是，市场的残酷就在于：真正的规律总是掩盖在表象之下，因此，企业不能一味跟着感觉走。

对双种子来说，推出鸡翅薯条，的确是增加了销售额，但是它们淡化了品牌核心价值，违背了中式快餐“营养、美味”的品类属性。

推出鸡翅薯条等产品，较好的情况是只伤害了品牌拉力，还能保留着一定的营业额增长。但更为严重的结果是极有可能使双种子在消费者心目中被划入西式快餐品类，遭受灾难性打击。

虽然油炸类食品短期内销量可观，但是，作为一个心存高远的餐饮大品牌，不符合品类属性的做法会狠狠伤害品牌的长远发展，混淆品牌定位。

品牌建设是一项长期工作，需要坚持不懈，更需要一个清晰的战略目标。

以“蒸”为属性的中式快餐，容不得半点“非营养”元素，否则会大大破坏“蒸”的营养感，枉费了前期品牌建设花费的心血。

毛泽东讲过：“凡是敌人支持的，我们都反对；凡是敌人反对的，我们就支持。”这句话其实就是定位。双种子要扛中式快餐的大旗，就要将麦当劳、肯德基作为敌人放在对立面，才能让自己的定位变得更锐利，这就是双种子

“树敌”的产品策略。

因此我们坚决提出：双种子必须砍掉油炸食品。

当时“双种子”店内的宣传品

后来的市场证明，砍掉油炸食品后，真功夫的营业额不仅没有受到影响，反而有了更大的提升，同时也更受到消费者的欢迎，消费者感觉“真功夫”更健康、更有营养了。

取消油炸食品的真功夫，“营养”这把“利刃”变得更为锋利，直击洋快餐的软肋，成为日后真功夫与洋快餐“叫板”的重要武器，向洋快餐频频展开攻击。

2005 年 8 月 8 日，快餐巨头肯德基在全国 16 个城市同时发布：拒做“传统洋快餐”，全力打造“新快餐”。

中国百胜餐饮集团总裁苏敬轼表示，“新快餐”品种丰富多样，口味中西融合，选择更多；采用多种烹调方式，蔬菜种类多，口味中国化。但他同时表示，肯德基不会放弃原有的油炸食品线，如薯条、炸鸡等。

就在肯德基打出“拒做传统洋快餐，全力打造新快餐”的口号后，真功夫于 8 月底开始在候车亭打出醒目广告“营养快餐创导者真功夫热烈欢迎肯德基加入营养快餐行列”，随后在全国所有真功夫餐厅外墙海报和餐桌台历上打出“真功夫欢迎传统洋快餐为中国而改变，关注营养”，并列举出传统洋快餐“七宗罪”和真功夫“蒸”的七大优点。

业内人士指出，这是洋快餐“横行”中国大陆多年来，中式快餐首次与其正面交锋，至此土洋快餐大战的战火正式点燃。

真功夫先是通过“营养快餐创导者真功夫热烈欢迎洋快餐加入营养快餐行列”的广告，摸了一下洋快餐的“老虎屁股”；然后“哪壶不开提哪壶”，公然祭起了“封杀油炸食品”的大旗。

最后更是在一些城市的选址上与麦当劳、肯德基展开了贴身肉搏——系列攻击无疑让真功夫赢得了许多眼球乃至喝彩。

更经典的是，真功夫的一套“拳脚”已经打得麦当劳、肯德基坐卧不安，乃至被后二者列入了“黑名单”。

叶茂中项目组曾获悉：麦当劳、肯德基如果要和某一物业签订合约，往往会在合约里同时要求后者不得将其周边物业签给真功夫。

可见，一向在中国市场“横行无忌”的快餐巨头们也开始对本土快餐格外的“照顾”起来，而真功夫敢于和洋快餐叫板，其底气正是来自于“砍掉油炸食品、营养定位更加突出”这一产品策略。

2. 立：创造中式休闲食品

大舍即是大得。

砍掉双种子油炸食品，强化了“中式、蒸的、营养”的品牌定位，使品牌属性更为单纯。

但在当时，光破不立还是没能完全解决双种子的问题，油炸鸡腿、鸡翅、可乐砍掉后留下的休闲时段的产品空白仍然要填补。

休闲时段可以说是整个中式快餐品类的软肋，没有哪一种“快餐”天生就很“休闲”，我们甚至认为它也让西式快餐一度很头疼。

显然，鸡翅、薯条原本并不是“休闲食品”，它们是后来被创造出来的。

现在的问题是如何在符合“更有营养的美味中式快餐”前提下寻找具备

“休闲特质”的品种，创造双种子“营养美味的中式休闲食品”。

难道中式快餐真的就不具备休闲属性吗？“营养美味的中式休闲食品”能不能创造？

我们发现，由于休闲时段人们大多处于一种空闲、放松、无聊的状态，所以大多数的休闲食品都有几个共性：不用餐具，用手直接拿着吃；最好有一个吃的过程，例如蘸、嗑等；长型食物似乎更让人觉得有趣。

于是叶茂中项目组提出，针对当地市场特征，基于品牌核心价值，开发相对应的休闲食品，比如，绿豆沙、红豆糕、水蜜桃布丁、芋香糯米糍……

原来在中国传统小吃中挖掘改良的机会还是非常之多的。

“真功夫”产品缺陷率设计

企业往往认为只有更好的产品才能赢得更多的市场。但实际上，卖得好的东西往往不是最好的，因为产品是由三重属性构成的，这三重属性都对企业锻造品牌有着重大的意义。

首先是核心产品，是指消费者购买某种产品时所追求的利益，是顾客真正要购买的东西，因而在产品整体概念中也是最基本、最主要的部分。

其次是实体产品，是核心产品借以实现的形式，即向市场提供的实体和服务的形象。通常表现为产品的质量水平、外观特色、式样、品牌名称和包装等。

最后是周边产品，是顾客购买有形产品时所获得的全部附加服务和利益，包括提供信贷、免费送货、上门安装、售后服务等。

比如，国内家电第一品牌海尔，正是优秀的服务口碑而非产品品质成就了其年逾千亿的销售额。

对“真功夫”而言，好的产品口味是基础，但无限追求完美的产品力并不是唯一的努力方向。因为通过对消费者的观察，我们发现吃饱和吃好是两个概念：来“真功夫”就餐的消费者更多的是冲着“真功夫”快餐的营养和口味，是为了吃好。如果单纯是为了填饱肚子，他们可以选择更加便宜而且分量更足的产品，比如，街边的拉面店。

因此，在翔实的市调数据的基础上，叶茂中营销策划机构对真功夫产品进行了一些调整，通过餐具的特殊设计，使得真功夫的产品看上去多，吃起来少。因为人们对美食的最高评价总是“意犹未尽”，产品份量减少，不让消费者吃饱，反而会提高消费者对产品品质的认同。

而事实也是如此，连续五年的消费者调研报告显示，消费者认为真功夫最大的不足就是吃不饱，甚至有些男性消费者说中午 12 点吃完真功夫，下午不到 4 点就饿了。而有这种看法的消费者恰恰正是去真功夫消费频次最高的。

“真功夫”扩张的阻力来自何处?

1997 年，双种子在东莞周边取得巨大成功，使得双种子跻身于快速成长的中式快餐品牌之一；1999 年，双种子开始进入广州、深圳市场。

阻力就在这个时候出现了。

双种子在东莞一直有良好的口碑，在进入一线城市后，同样的产品和管理，加上大城市更密集的人流量，按理说应该比在东莞更成功。但是事与愿违，广州、深圳等一线城市的市场反应都比较平淡。

新开店面“慢热”，单店盈利能力低，过往人群多，进店人数却少，单次营业额始终徘徊不前。对比 2001 ~ 2003 年上半年东莞、广州、深圳三地的营业数据，我们发现，广州、深圳的销售额与其投入额和经营成本远远不成正比，东莞仍为双种子的主要利润来源，甚至可以说是东莞店养着广州、深圳店。

双种子在广州、深圳苦熬两年，面对昂贵的租金，信心一再受挫。进不了一线城市，就意味着双种子如果要进一步扩张到北京、上海等大城市，将会遇到更加严峻的挑战。

与此同时，在珠三角一带，各路快餐诸侯在纷纷崛起。

面积 41600 平方公里的珠三角，是中国最为富庶、经济最为活跃的区域之一，包括广州、深圳、珠海、东莞、佛山、中山、潮州、汕头、江门等

14 个县市。据统计，2002 年，珠三角人口达到 4100 万，国内生产总值为 7378 亿元。

经济的高度发展，让珠三角地区成为各路快餐品牌抢占并扩张市场的重要区域。

永和、面点王、蓝与白、大西豪、大家乐、嘉旺等在珠三角地区都获得了很快的发展，纷纷对市场进行抢占，这给双种子带来了很大的市场竞争压力。

一方面是自身的发展遇到了阻力，另一方面，面临市场激烈竞争的压力，此时的双种子正在经历着一场从农村到城市的阵痛，遭遇到了品牌发展的瓶颈。

为什么同样的产品，甚至更强的管理、更好的装修、更黄金的地段，营业额却出现大幅下降？

双种子在向全国性品牌扩张进程中的阻力源自何处？

1. 阻力一：低下的单店盈利能力

在市场调研中，项目组发现，都市的消费者认为快餐的合理心理价位在 21 ~ 40 元之间。从双种子的品牌核心价值"更有营养的美味中式快餐"来看，双种子平均价格水平在"人们对快餐消费额度的认识"中应处于中线与高限之间，但双种子的实际价位却远远低于这个水平。也就是说，从产品本身来看，双种子存在提价的空间，而企业迟迟不敢提价，原因何在？

同样的汉堡，为什么麦当劳的就比超市的贵许多？同样的炸鸡翅，为什么肯德基的就比街边小店的贵许多？

那就是品牌的力量。随之而来的另一个阻力出现了。

2. 阻力二：品牌力

叶茂中营销策划真功夫项目组对双种子进行了品牌力的 7 大症结扫描。

（1）品牌领先性

在广东地区，双种子打出"蒸"字，无疑切中了岭南饮食文化中重要的一点，"蒸"等同于营养。但是在全国市场，岭南文化本身并非强势文化，更不用说这是岭南饮食文化中更细的一层。出了岭南，“蒸”有可能就是“蒸包子”“蒸馒头”，廉价而粗糙。

我们再来看看双种子的品牌联想。

根据调研显示，一个陌生的消费者第一次听说双种子时，很容易联想到稻谷食品。更有甚者将其误认为是种子酒。而在品牌名拟人化联想中，双种子则是一位“诚实”“平易近人”的农民。

这一形象，已经跟不上社会的时尚大潮，无法得到消费者的认同和共鸣，自然也会产生疏远感和沟通上的障碍，更没有领先可言。

因此，基于品牌核心价值，寻找到切合全国市场的主流文化或主流价值观，构建一个具有领袖气质的品牌，是我们所面对的首要课题。

（2）品牌国际性

国际性品牌明显要比全国性品牌更具备竞争能力，全国性品牌则比区域性品牌拥有更强的风险抵御能力。在东莞这样的二、三线市场，由于贯彻了Q.S.C.，致使当地消费者对终端用餐环境的品质感尚为认可。

但双种子从名称到形象均无国际品牌质感，甚至连全国性品牌的品质感都达不到。

因此，基于品牌核心价值，寻找具有国际背景的品牌“背书”，为品牌注入国际化的元素，提升品牌品质，则成为我们的品牌第二课题。

（3） 品牌稳定性

双种子的品牌核心价值模糊，导致长期以来连品牌的基础识别都不能达成统一。没有明确的品牌基色，色彩应用存在极大的随意性；卡通形象与品牌关系松散。在没有形成强势品牌的前提下，各个餐厅设置不同主题，以求迎合周边消费人群的喜好（而这一点亦是在没有消费者数据库的基础上进行的），这无疑分散了品牌核心资源。广告、促销更是跟着感觉走，无主题盲目进行。

因此，创建一个简洁而有传播力的品牌识别系统，将品牌名、标志、品牌形象载体、品牌色彩管理、广告、促销进行有效统一传播，是我们的品牌第三课题。

（4）品牌认知基础

双种子进入市场多年都不能获得理想的品牌认知，反观麦当劳、肯德基，在未进入市场之前，就开始潜移默化地进行品牌认知教育，到真正杀入市场时往往一炮打响。

而解决品牌认知的问题是持久战，它需要在解决前三项品牌课题的基础上，对市场进行持续不间断的品牌渗透。

杰克·韦尔奇说："一旦你产生了一个简单的、坚定的想法，只要你不停地重复它，终会使之变为现实。提炼，坚持，重复——这就是成功的法宝，持之以恒最终会达到临界值。"品牌强大的奥秘就在于对品牌核心价值的精确定位和持之以恒的坚持。

叶茂中营销策划将之总结为：集中集中再集中，坚持坚持再支持。

坚持是件不容易的事。纵观中国这么多大大小小的企业，有几个能够真的坚持呢？

（5）品牌发展趋势

双种子在都市中呈现品牌衰退趋势，老实、粗糙的品牌印象更证明其品牌活力不足。品牌活力存在问题，究其根本原因，还是在创建品牌之初未能抢占主流文化，致使品牌活动和发展的空间狭小而无秩序。

因此，注入品牌活力是我们的品牌第五课题。

（6）品牌支持

双种子一直缺乏系统的品牌传播。像一个年幼迷惘的孩子，不知道路在哪里，对未来踌躇满志却无从下手。

因此，围绕品牌核心价值制定品牌维护以及品牌管理办法，就成为我们的品牌第六课题。

（7）品牌保护

双种子的品牌合法性是没有问题的，但反映品牌所属核心产品特质的"Q.S.C""蒸"都不具备专属性。

扫描双种子的品牌强度 7 大因素，不难看出，其在中国快餐市场中完全处于弱势，特别是在都市一线市场，有些因素甚至是负分值。这导致双种子在进入都市时规模越大，品牌价值越低，品牌价值越低，产品价格也高不了，单店盈利能力自然也就越低。

针对双种子品牌的先天弱势，第一阶段的品牌工作就是进行全新的品牌构建，真正实现都市化、全国化、国际化，并解决相关的品牌课题。只有这样，双种子才能顺利地由区域性品牌向全国性品牌迈进。

双种子隐退江湖，“真功夫”横刀立马

构建新品牌，实现品牌的都市化、全国化、国际化，解决双种子的七个品牌课题，使品牌能为销售做贡献。

1. 与消费者深度沟通

品牌构建的基点关键在于要触摸到消费者这个“上帝”的心。“营养还是蒸的好”明确了品牌的核心价值，使双种子的品牌有了中心思想，有了构建的基础。品牌的核心价值与消费者发生关系，与消费者深度沟通，并能被消费者在浅尝式信息接触时就获取，这样品牌核心价值才有存在的意义。因此，品牌核心价值的认知变得尤为关键。

品牌核心价值的被充分认知，往往是由核心产品提供的产品利益和品牌提供的情感利益共同完成的。“营养”对一个都市消费者而言，核心产品所能提供的产品利益是什么呢?

项目组看到了两组数据：数据一：据社科院亚健康研究中心的一份调查，城市健康人群占 16%，非健康人群占 14%，亚健康人群占 70%（其中轻度患者约占 40%，慢性患者约占 30%）。数据二：一项研究表明，导致身体处于亚健康状态的原因：22% 的城市市民认为环境污染、严重缺乏锻炼致使免疫力低下；26% 的市民认为是饮食不规律，吃垃圾食品造成的；39% 的市民认为是工作压力大造成的，13% 认为其他原因。

由此可以判断，都市消费者中的绝大多数人对环境状况、自己的饮食结构、自己的健康状况没有信心，这导致都市市民饮食观趋向于“绿色、天然、健康”，简而言之，大众需要“有益于健康的食物”。

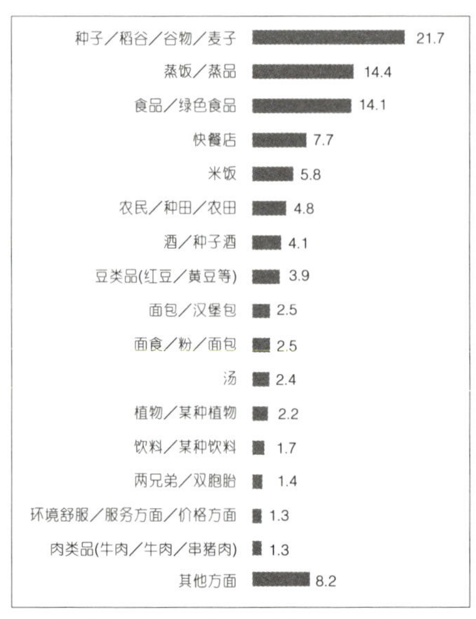

（数据来源：叶茂中营销调研中心）

“它对我们的健康有益”，这便是核心产品利益的承诺。消费者是很容易产生怀疑的，因此在别人都说自己好的时候，双种子要告诉消费者：我们为什么好，我们是如何做到的。其实，有益于健康的食物，从消费者生活经验上判断，无非是：

★ 做到材料绿色、天然、健康；

★ 做到工艺独特，保留食物天然的营养成分。

在这样一个商品泛滥的社会，一个产品能有独特之处太难能可贵了。双种子的独特就在于一个“蒸”字，因此，我们要将“蒸”发扬光大，通过独特的“蒸”、原盅、天然营养的原材料共同构成核心产品利益。

品牌竞争的关键不在物质层面，而是精神层面必须为消费者提供情感利益。于是，我们模拟一个消费群的生活状态，体验了一下他们的情感缺失——

早上起床时，我会发现枕上常有掉落的头发丝；

我的情绪经常有些抑郁，会对着窗外灰色的天发呆；

昨天的事情，今天怎么也记不起来；

上司对我不满，无名的火气令我工作情绪无法提高；

每餐食量很少，排除天气、口味因素，吃饭时仍经常觉得味同嚼蜡；

我盼望早早离开办公室，为的是能够回家躺到床上休息片刻；

对城市的污染、噪音非常敏感，比常人更渴望休息身心；

各种各样的朋友聚会，我得强打精神勉强应酬；

晚上经常睡不着，睡眠质量很糟糕；

感觉免疫力在下降，容易感冒；

我渴望有一个休憩的港湾，哪怕一顿饭的功夫也好；

我渴望成为一个生活的强者，能够反抗种种不平；

我渴望自由，渴望自己能够掌控自己的生活。

我们的品牌应该提供怎样的情感利益去满足它呢？

2. 探寻主流文化关键词

这种情感利益，必然是倚借某种主流文化与其发生情感共鸣，有规律地缓解消费者的状态。而主流文化是怎样作用于品牌的？主流文化有那么多，哪一种才是适合的？

我们踏上了探寻主流文化之路……

叶茂中营销策划的创作人员带着模拟的品牌命名，以名称测试为由，在放松开放的谈话形式下进行消费者接触。200 例访谈之后，我们听到了如下的声音：

在问及“看过什么饮食节目？”回答较多的是《八方食圣》（此为竞技类饮食节目），亦有人提到电影《满汉全席》。

在问及“除专业书外，爱看什么书？”年龄较大的人回答多为“金庸、古龙”；中青年的回答多是“席绢、黄易”；年轻人的回答多为“哈利波特、网络小说”。

聊到流行音乐方面，很多年轻人提到周杰伦，并能信口说出《双截棍》《龙拳》《东风破》等歌名。

从竞技饮食——武侠小说——功夫歌手，一条线索渐渐在我们眼前若隐若现。当晚项目组又观察了一下黄金时段的电视节目：北京四套《书剑恩仇录》、东方卫视《独行侍卫》、江苏卫视《侠客行》、内蒙古卫视《倚天屠龙记》、中央六套《动作 90 分》，加上一些都市剧及综艺类节目，黄金时段功夫片竟占了近六成之多。

这时中新网一则新闻也落入我们的眼中：中国艺术研究院副院长王文章日前在接受新华社记者采访时说，少林功夫申报联合国第三届非物质遗产代表作。

一个切合中国当前主流文化的关键词出现了——功夫！

正如张艺谋所说："每个中国人心里都有一个武侠梦，每一个导演都渴望拍一部自己的功夫片。"

在生活节奏日益加速的都市里，人人都背负着巨大的生活压力，不顺心的事每天都在上演，都市人内心渴望拥有超人的能力，能够像一个武林侠客一样，笑傲江湖，快意人生。校园里要有哥们；交朋友讲义气；生意场就是个大江湖……功夫文化充斥着中国的每个角落。

让我们进入国际这样的大视角，进一步剖析功夫文化。

李安这位深谙东西方文化的大师级导演从电影《推手》到《卧虎藏龙》都被国际影坛追捧，究其成功的本质，是他充分地利用了西方人对中国的符号化认知——"Chinese Kong Fu"中国功夫。

"功夫文化"反映的主流价值是——征服自我，超越极限！

功夫，中国数千年的养生文化瑰宝；中国之于世界的识别符号；人类生命科学的神秘境地；功夫文化在生活中俯拾皆是、老少皆宜，人人都喜于接受；功夫，强者、英雄、竞技美学的幻想，强健体魄的联想……

3. 全新品牌：真功夫

从产品利益的角度分析，通过"蒸"——独特的"蒸"，可以实现"保留食物精华，均衡内在营养"，达成"营养美味"的联想，满足对身体有益的需要。吃"营养美味"的食物令身体强健。

"功夫文化"挑战自身极限的价值观，使消费者从精神上被充电，幻想成为功夫家、强者，"功夫"导致强健身体的联想，与核心产品利益产生交集。

越深入研究，"功夫"一词越有妙意，中国人总喜欢说一个人用不用功，做事用心，就是下没下"功夫"。因此，"功夫"成为一个具有专业态度、专业感的词汇。

“蒸”与“功夫”链接组合成“蒸功夫”就成了一种用心的“蒸法”，一种独特技艺。于是，一个全新的品牌诞生了——“真功夫”。

一个全新的品牌口号也随之诞生了——“真功夫”，功夫不负有心人，营养还是蒸的好。

为了能充分演绎出“真功夫”“蒸功夫”的内涵，我们对产品的生产过程进行了进一步的深入挖掘，对“功夫——蒸——营养”进行诠释：

营养还是蒸的好！

16 代祖传秘方，近千年去粗取精，苦心成就的“真功夫”；

85 道原料选材工序，近乎苛刻的精细功夫；

±0.3 毫克的电脑配料误差，电子化称量掌控，无可挑剔的硬功夫；

32 位国家级营养调味大师，用调料征服味觉的好功夫；

103℃标准“蒸”温控制，不温不火，恰到好处，真正留住食物精华的蒸功夫；

下了“真功夫”，自然营养美味！

问天下谁是英雄？

1. 鲜明的品牌形象载体：功夫龙

就像麦当劳的麦当劳叔叔、肯德基的肯德基上校、万宝路的牛仔，真功夫需要一个能充分体现“功夫文化”的形象载体。“真功夫”的“他”必须是一个身怀绝技的英雄：他是一个美食家，以“蒸”功夫享誉全球；他是天人合一、健康美学的倡导者。

于是，一个武艺高强、体格健美、正气凛然的功夫高手形象呼之欲出，他的眼神充满力量，他的动作充满张力。一个栩栩如生的鲜活形象跃然入目，最大化地体现了功夫文化强身健体、修炼意志的精髓，完美地承载了“真功夫”

这个全球华人连锁餐饮品牌。

脑海中一个鲜明的形象呼之欲出——功夫龙！

在全球华人心中，他是民族精神的象征，是中国的功夫皇帝。于是，一个英雄形象横空出世。他眉目间透出凛然正气，他的动作及衣服的褶皱里都充满力量，是健康的代言，他就是“功夫龙”。

“功夫龙”的形象随即诞生，这再一次让项目组热血沸腾，为真功夫又争占了一个最好的形象资源。

在类别名称上，我们写下了“全球华人餐饮连锁”，既让消费者感受到国际感，又表达了全体真功夫人走向国际，弘扬中国美食文化的决心。“真功夫”就是这样炼成的。

2. 全新品牌表现

真功夫中英文标志与形象载体组合

真功夫模拟店面效果图

办学校，不做董事长，做校长

未来餐饮的竞争一定是人才的竞争，尤其对连锁餐饮而言，优秀的人才是标准化能否得以百分百贯彻执行到位的关键所在。

真功夫一间店的成功不叫成功，十间店的成功不叫成功，只有一百间、一千间，乃至更多的店都成功，才算得上是真正的成功！

因此，叶茂中营销策划机构认为，对蔡总来说，并不能仅仅把自己定位成真功夫的董事长，更重要的是能否以一个校长的角色，培养出一批又一批符合现代连锁餐饮要求的人才。

在叶茂中营销策划机构的建议下，真功夫在国内餐饮品牌中第一个办起了真功夫学院，面向社会招生，以科学严谨的流程，培育出一批又一批专业的餐饮人才。由此一来，在真功夫品牌全国扩张过程中，一个又一个由真功夫学院培养出来的优秀店长，确保了真功夫每一家门店拥有同样优秀的产品品质与服务水准。

全国布局，抢时间，更要抢空间

中国正处于历史上最特殊的一个时代，它的典型特征即是时间在不断贬值，空间却在不断升值，投资与空间有关的生意都会获得巨大回报。而事实上，过去十年，但凡与空间沾上关系的企业都获得了成功，房地产商赚得盆满钵满不用多说，分众传媒抢占中国楼宇内的空间获得的巨大成就也是有目共睹。同样，与空间搭上关系的大众消费品品牌也纷纷获得了成功。

正是因为洞察到真功夫的伟大理想，叶茂中营销策划机构一直要求真功夫以直营店占领空间，坚持走价值成长的路线。因为直营店的价值是加盟店远远不能匹敌的，尤其是在资本市场的眼中。在连锁餐饮业，真功夫的店面数量可以不是最多的，但直营店的数量在本土餐饮品牌里却必须做到绝对领先。同时，在广东市场半饱和的情况下，叶茂中营销策划机构要求真功夫不惜牺牲眼下利润，坚决进行全国市场的战略性布局，进军北京、上海、杭州等一线城市。

因为当真功夫的直营店数量扩大到800家，并且覆盖一线城市制高点的时候，真功夫就不仅仅是一间中式餐厅，而是空间，更是媒体！那时，真功夫的品牌价值将更进百步。

2007年，今日资本和联动资本联手向真功夫投入3亿元购买了其6个点的股份，真功夫市场估值已高达50亿元。

别记：分享真功夫的成功喜悦

1. 品牌力、盈利率显著提升

2004年6月，真功夫全球华人餐饮连锁正式成立，第一间真功夫餐厅也在广州东山口开业亮相。

真功夫新店一开张即显现出大品牌气质，全新的品牌名及功夫龙形象极具视觉冲击力，成为广州街头的一大盛景，路上的行人不由自主地被这一鲜明形象所吸引。

真功夫店内顾客更是络绎不绝，消费者好感度、满意度直线上升，营业额及盈利率也在大幅度提升。在广州、深圳、东莞等地区，真功夫品牌尝试率、品牌使用率大幅提升，仅次于麦当劳、肯德基。

当时，很多快餐企业为了应对激烈的市场竞争，大都采用降价的策略，但刚刚诞生的真功夫，由于价值观的提升，价格却强势增长，套餐从原来双种子时期的14元涨到22元，一下提升到与麦当劳、肯德基同等的竞争水平。

在产品上，真功夫砍掉了可乐、炸鸡翅和薯条，不但营业额没受影响，反而让消费者感觉更营养、更健康。

2. 打破品牌怪圈

就在周星驰新片《功夫》热映，中国上下再起功夫潮的时候，真功夫董事会的所有董事都来到了北京叶茂中公司，又一次带来了真功夫的好消息：真功夫在广州、深圳等地分店迅速增加到86家，市场扩张势如破竹。

但此时的真功夫面临着一个新的抉择：是走出广东直接占领全国的制高

点北京、上海等大城市，还是继续在广东周边省市开拓市场？

占领全国制高点！

真功夫在华南区域的表现足以证明，真功夫国际化的品牌形象足以支撑其登陆北京、上海等大城市，一旦成功登陆北京、上海等战略要地，将会把真功夫推进到全国性品牌高度，这对真功夫的发展意义不言而喻。

很快，真功夫在杭州、宁波、上海的分店陆续开业。2005 年 7 月 1 日，真功夫选址西单商场地下一层食街铺位，正式进军北京市场，完全打破了 2003 年双种子无法进入中国一线城市的困境，也率先走出了中式快餐业一直没能出现一个全国性品牌的怪圈。

到 2005 年年底，真功夫全国店面数量超过 100 家，当年总营业额达到 5 亿元。

在中国烹饪协会快餐联盟评选的 2005 年中国快餐 10 强中，前五名企业分别是百胜（肯德基）、麦当劳、德克士、北京吉野家和上海领先（味千拉面），无一例外是“洋快餐”，排在第六位的真功夫是国内中式快餐的第一。

3. 与客户一起领奖

就在真功夫全国市场迅猛发展之际，2007 年 3 月 30 日，由《中国广告》杂志社主办的 2007 年“中国广告与品牌大会”在安徽黄山举行。

驰骋江湖，谁与争锋？横刀立马，我为中流！盛装开幕的“中国广告与品牌大会”无疑是中国品牌智慧的一次全方位、多角度的交流与碰撞。

在这次“中国广告与品牌大会”上，全球知名营销及广告界人士汇聚一堂，在“品牌中国时代”的主题下黄山论剑，分别就“全球创意趋势与中国”“全球化与品牌传播”“中国品牌还需要什么”“未来品牌营销的发展之路”等论题，进行深入探讨与剖析。

令真功夫和叶茂中营销策划感到非常自豪的是，在本次大会上，由叶茂中营销策划机构策划的真功夫案例一举获得由国内外众多业内专家、大师评出的中国广告案例大奖，同时叶茂中还获得了中国广告突出贡献人物奖。

这的确令人感慨振奋，也再次表明真功夫不但在市场上获得了消费者的认可，在广告行业内也同样获得了巨大的影响。

图为“真功夫”董事长蔡达标（左二）与叶茂中（右一）一起上台领奖

排名	企业名称	营业额（万元）
1	中国百胜餐饮集团	1330000
2	麦当劳（中国）有限公司	700000
3	天津德克士食品开发有限公司	136192
4	北京吉野家快餐有限公司	60708
5	上海领先餐饮管理有限公司	58000（味千拉面中国代理）
6	真功夫餐饮连锁机构	50000
7	马兰拉面快餐连锁有限责任公司	46856
8	河北千喜鹤饮食股份有限公司	40000
9	大娘水饺餐饮有限公司	35000
10	丽华快餐有限公司	27500

（数据来源：中国烹饪协会快餐联盟）

4. 全国攻略

2005 年开始，真功夫正式吹响进军全国市场的号角，至 2007 年，近三年时间，真功夫发起了一波又一波的市场扩张。

（1）强攻上海，侵占长三角

从真功夫在上海第一家餐厅开业，真功夫就将华东市场作为发展重点，其中包括上海、杭州、苏州、宁波、南京等城市，而上海则是重中之重。到 2007 年年底，真功夫在整个华东的分店总数达到了 25 家。

近三年以来，真功夫在华东地区的品牌知名度及营业状况有了较大幅度的提升。以真功夫正大广场店、香港广场店为例，这两个餐厅高峰期的上座率已从起初的不到 50% 上升到目前的 95% 以上，人气甚至超过了隔壁某知名西式快餐品牌。

此外，除了继续深挖、巩固现有的华东市场外，真功夫同时进一步拓展长三角其他空白领域市场，2008 年正式进入南京、无锡等市场，逐步形成包围长三角之势。

与 1994 年就开始的华南市场不同，真功夫入驻北京是 2005 年的事情，南北口味差异显著，真功夫当初顶着巨大压力进来了。很多同行私下等着看笑话：真功夫快餐居然跑到天子脚下来了，没两年就得惨败而归。

然而几年过去后，真功夫在北京的跨区域发展速度，居然超过了很多北京土生土长的快餐店。北京签铺位并不比上海容易，租金也很昂贵，而且核心商圈还要对品牌知名度、销售量进行严格审核，能签下的店铺数量直接成为衡量一个品牌影响力的主要因素。

很快，真功夫在华北就已经有近 30 家店。在北京核心商圈，像新世界、安贞华联、王府井、国贸、西单、朝外、双安和 SOGO，真功夫已全部进驻。

（2）稳固大本营，坚守珠三角

相对华东阵营，真功夫的大本营华南市场更加稳固。2007 年，真功夫华南市场总店数已经达到 170 多家。其中，华南市场商家必争之地广州、深圳辖区总店数就已近 100 家，再加上其将西式快餐的品质、服务和清洁运用得炉火纯青，它的势头远超过了其他本土快餐企业。

2007 年 10 月 25 日，中式快餐企业真功夫宣布，其全国连锁门店数达到 200 家，并获得今日资本和联动资本联手向其投入的 3 亿元资金，该笔资金将用于扩店和培训之用。真功夫高层表示，2008 年计划增加 130 家直营店。“我们今天全国直营店数量已经达到 200 家，年营业收入增长约 50％，今年年底全国直营店将增至 250 家。”真功夫餐饮管理有限公司总裁兼董事长蔡达标宣布。

2009 年，真功夫米饭销量突破 8000 万份。2010 年，真功夫米饭销量预计突破 1 亿份。也就是说，平均每 13 个中国人就有一个是真功夫的消费者。

而截止到 2011 年，“真功夫”全国直营店铺已达 400 多家，麦当劳不过 1400 家店；“真功夫”客单价 29 元，超过麦当劳、肯德基两大洋巨头。

并且，凭借卓越的品牌及优秀的产品，真功夫作为中式快餐的唯一代表，与肯德基及必胜客等诸多国际品牌并肩，成为举世瞩目的上海世博会的餐饮供应商。笑容出现在真功夫每一个董事的脸上，蔡达标董事长对叶茂中营销策划项目组说：“现在我们可以下这样一个结论，真功夫是成功了，这绝对是一个伟大的创意。”

还有什么比这句话更让人振奋呢？

真功夫凭借强势社会文化力量越来越红火，再次验证了叶茂中营销策划对其品牌核心价值的挖掘是真的到位并具有高度传播性。

真功夫品牌实战再一次坚定了我们的信仰：只有自己炼就真功夫，方能以快刀斩开客户的一团乱麻。

写在赶集网、58 同城两个分类信息大佬合并之时

2015 年 4 月 17 日，一向水火不相容的分类信息两大巨头赶集网和 58 同城宣布合并，58 同城以 4.122 亿美元现金和 3400 万份 58 股票的代价获得赶集网 43.2％的股份。这充分验证了营销界的一句真理：没有永远的敌人，也没有永远的朋友。

58 同城与赶集网的发展与竞争整整持续了 10 年，在这 10 年里，两大品牌在竞争中共同推动了分类信息平台在中国的发展，也一直是以针尖对麦芒的宿敌形象为众人所周知。而当两大巨头竞争冲突到最激烈的时候，解决冲突的方案却也是最戏剧化的方式。

作为分类信息平台率先在美国上市并获得腾讯战略注资的 58 同城，为什么最终会以如此巨大的代价收购赶集网的股份，为什么赶集网会成为 58 同城董事长姚劲波眼里最难啃的竞争对手呢？

洞察用户冲突，推动赶集发展

市场是动态的、变化的，这注定了任何品牌的成长道路都不可能一帆风顺，技术的进步、竞争的加剧、用户习惯的改变、管理的失控等诸多内外因

素会不可避免地导致品牌陷入阶段性的发展瓶颈，这对营销而言是一种常态。

而那些真正以用户为中心的品牌，会不间断地洞察用户生活中那些尚未被解决的冲突，并通过强有力的品牌活动激活冲突，形成新需求，进而对产品或服务进行有针对性的创新以满足这些需求。因为新的冲突就是一次新的机会，就是品牌突破瓶颈再次成长的新入口。

赶集网的困惑和突围

赶集网 2005 年创办，经过几年的发展，他们提供的服务已经覆盖了人们日常生活的各个领域，如房屋租售、二手物品、招聘求职、车辆买卖、宠物、票务、教育培训、同城活动、交友、本地生活及商务服务等信息。

在北京、上海等一线市场获得用户认可的基础下，赶集网开始了扩张，在全国 343 个主要城市逐步开通了分站。

但是在扩张的同时，赶集网也感受到了发展的压力。一方面，由于极易被模仿和抄袭，在北京、上海等传统优势市场，赶集网遭遇 58 同城、百姓网等同类网站的分流，成长进入瓶颈状态；另一方面，分站的扩张也让赶集网面临更多的竞争对手。据专业机构统计，截止到 2010 年，全国有接近 3000 家区域性分类信息网，由于这些地头蛇的阻击，兼之赶集网品牌势能的不足，扩张不仅没有带来实质性的流量增长，反而不断提升了企业的运营成本。

显而易见，赶集网遭遇了发展的瓶颈。在这种情况下，2010 年年底，赶集网在投资人今日资本总裁徐新的推荐下，决定与叶茂中营销策划机构合作。

赶集网的困惑

在缜密调研和与企业沟通之后，叶茂中机构认为赶集网在推广上面临着两大关键困惑：

赶集网是分类信息网，但分类信息网这一概念在中国并没有很好的认知基础。在和用户沟通过程中，大多数现有用户能感知的赶集网是一项项业务的存在，如买卖二手货、找宠物、找搬家等，而很多潜在用户对分类信息网的概念基本上是一问三不知。在网站概念认知基础极低的情况下，如何让更多用户知道并了解分类信息网一直是赶集网思考的问题。

大多数成功的网站一般都有用户高频需求的核心业务，如新浪的新闻、腾讯的QQ、淘宝的购物等，围绕着这些高频需求展开传播推广，可以起到事半功倍的效果。但赶集网恰恰相反，赶集网有很多业务，不过每一种业务对用户而言都是相对低频的，用户不可能天天在赶集网上买卖二手货，也不可能定期上去找二手房、找宠物。在缺少核心的高频需求业务的状况下，应该如何有效推广品牌，这一直是企业高层的困惑。

正是由于这些思考与困惑，赶集网在之前的发展过程中一直没有启动品牌传播，同时由于这种网站的门槛低，较易复制，导致了大量竞争对手开始复制赶集网的模式并不断分流用户，赶集网的发展由此受到制约，如何在近3000家同类型网站中迅速突围，成为赶集网战略发展的关键所在。

用户的冲突

毫无疑问，分类信息网提供的信息服务对用户而言是极为有用的。这一点可以从Craigslist（美国的分类信息网）上得到印证，Craigslist在美国绝对是一个主流网站，这个既没有图片也没有视频、只有密密麻麻文字的网站是美国手机用户浏览时间最长的网站（2008年专业机构调研数据：Craigslist的用户每月平均浏览时间为1小时39分钟，排名第一，排名第二的网站为eBay，用户平均每月浏览时间为1小时26分钟）。

虽然分类信息网对当时很多的中国用户而言还比较陌生，也没有形成使用习惯，但Craigslist在美国的成功说明分类信息网的确提供了其他主流网站所不能提供且能解决用户冲突的服务。赶集网在中国要突围，成为中国分类信息网的代表品牌，甚至成为互联网的主流品牌，关键就是要找到这个冲突，激活这个冲突，并围绕着这个冲突构建赶集网的品牌核心价值。

那这个冲突在哪里？

打开赶集网的主页，用户的第一直观感觉是什么？如果用一个字来表达就是“多”。对一个普通老百姓而言，无论是你现在需要的还是未来可能需要的，无论是你一年找一次两次的还是可能几年才找一次的，你需要的信息或服务都能在赶集网上找到。

反观当时的主流网站，几乎都是围绕着目标用户可能经常使用的高频需求提供相对垂直的服务。

而在 2010 年的中国，互联网已经像空气和阳光，成为人们日常生活不可或缺的一样事物，人们接受甚至已经习惯了享受互联网带来的种种方便和快捷。而当人们越来越依赖互联网的时候，一个新的冲突就逐步形成了。

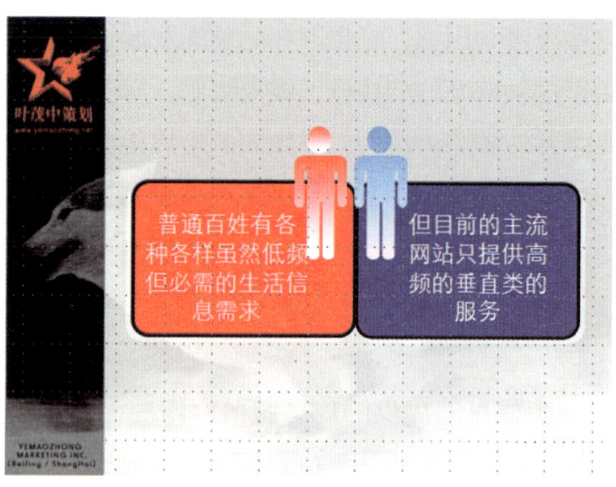

是的，在互联网时代，长尾效应确确实实变得越来越真实了，任何以前看似需求极低的产品或服务，现在只要有人提供，就会有人买单。

对一个普通百姓而言：

可能她这一辈子只会搬一次或两次家，但真正到搬家的时候是不是会为找搬家公司而着急呢？当然，现在你可以轻松地在赶集网上找到。

可能她突发奇想想要养一只宠物但周围却没有宠物店，咋办？没问题，你现在可以上赶集网。

可能她偶尔有一天忘带钥匙进不了家门，别着急，拿出手机就能在赶集网上找到离你家最近的开锁老师傅。

……

当互联网巨头们抢占甚至是垄断了那些最有价值的高频需求市场之后，

普通老百姓零碎又低频但却是必需的信息需求，构成了赶集网赖以生存和发展的巨大市场。

早醒三天，快活三年

对于互联网行业，技术其实永远不是构建竞争门槛的防火墙，只有足够的乃至是绝对优势的用户量才可能突破竞争。分类信息平台也同样如此，2005 年到 2010 年，分类信息在技术层面已经没有门槛可言，赶集网虽然具备一定的先发优势，但这种优势在产品层面已经几乎可以忽略。

因此，赶集网必须在最短的时间内吸引更多的新增用户，用绝对的用户量来突破同质化竞争。当我们洞察了用户的冲突，下一步的工作就是如何通过传播激活用户冲突，在竞争对手还没有准备好的时候，率先启动传播，抢占并引导新增用户使用赶集网。

在互联网时代，我们是谁其实并不重要，因为用户并不关心你是谁，但你能干什么是很重要的，因为他们有很多的冲突等着我们去解决。当初苹果推出 iPad，众多营销专家纷纷质疑，对苹果推出一个没有定位的产品表示不看好，但消费者很简单，口袋里的银子就是投票器，iPad 是什么有啥重要的，关键是 iPad 好用，能解决不同的人不同的冲突啊。

因此，我们和赶集网高层通过深入沟通最终确定，不强化分类信息网这一用户难以理解的概念，而是针对用户日常生活中经常出现的各种冲突，给出对应的解决方案：

赶集喽

赶集网

找房子、找工作

找装修、找宠物

找保姆、找搬家

买卖二手货

赶集网，啥都有

是的，当用户的众多零碎的需求没有得到满足进而形成冲突的时候，赶集网就是一个解决用户冲突最好的平台，因为这是一个“啥都有”的网站。叶茂中机构在《营销的 16 个关键词》“碎营销”篇中阐述了在碎片化时代，品牌有必要成为一块能将各种碎片需求整合成一体的吸铁石。在我们看来，赶集网的商业模式和核心竞争力就恰恰是如此。

“啥都有”不仅充分表达了分类信息网对用户的价值，更是一个产品的聚合器、用户的聚合器，是一个把低频黏合成高频，聚沙成塔的战略。即使赶集网每一个产品都是低频的，但所有的低频产品一旦黏合在一起，用户就会离不开赶集网，进而形成使用习惯，赶集网就会成为用户日常生活不可或缺的服务平台。

围绕着用户的冲突，我们确定了赶集网的诉求，接下来就是如何有效地进行传播了。

三个借力，赶集杀出重围

（1）借力优质资源：抢占最具“赶集”特征的声音和形象载体

“赶集网”这个名字取得好，但是这个有着好名字的“孩子”，却一直没有一个让人印象深刻的形象符号或声音符号。如何在消费者脑海中现有的资源里找到最能够吻合赶集网的声音符号或形象符号，借势现有的优质资源，正是我们创作的第一件工作。

“我有一只小毛驴，我从来也不骑！有一天我心血来潮骑它去赶集……。”

一首耳熟能详的儿歌，一只可爱有趣的毛驴，既有不可复制的声音识别性，又具备了极强的视觉冲击效果，这首被传唱了几十年的童谣，70 后、80 后、90 后都相当有共鸣，最关键的是，还与赶集网有着天衣无缝的关联。为了强化传播效果，我们在创意中还为小毛驴设计了一个不堪重负而发出的独特的“驴叫声”，使创意增加了极强的独特记忆点。

小毛驴之于赶集网，不仅仅只是一个创意，更是一个如同牛仔与万宝路、李小龙与真功夫这样的品牌符号载体。有了小毛驴，赶集网的品牌更加具象化，更有亲和力，更容易将品牌的价值传递给用户。随着品牌传播的积累，小毛驴不仅仅是赶集网最佳的品牌代言人，更是品牌价值资产的一部分。

赶集网创始人：杨浩涌先生

（2）借力微博女王：牵手最当红的网络红人

这还不够狠！为了更好的传播效果，叶茂中建议，用“微博女王”——姚晨，在创意中与小毛驴进行互动，用姚晨的声音说出“赶集网，啥都有”。姚式幽默可以充分演绎出现代人骑驴赶集的趣味性，能够更好地提升广告的传播力与品牌的公信力。

在正式签约姚大嘴之前，一个意外的消息传来：姚晨离婚了。伴随着离婚事件，姚晨的受关注度达到了最大化。这个事件对很多品牌来说可能是一个噩耗，但对于赶集网，我们分析这恰恰是一个利好事件。一方面赶集网可以抓住这个机会降低代言费用，另一方面，离婚后不是要搬家、买卖二手货吗？这可是和赶集网的业务紧密关联的哈。

拍摄当天，第一个大分贝的“赶集啦……”镜头，我们特地用广角镜头放大姚晨的大嘴，而姚晨的表现也实在是可圈可点，拍打着驴屁股向前，对着驴耳朵念出一长串快板似的广告片旁白——“赶集啦！赶集网，找房子，找工作，找装修；找宠物，找保姆，找搬家；买卖二手货；赶集网，啥都有！”换一般演员还真会舌头打结。

（3）借力黄金时段：启动 2011 春节档

在大多数人眼里，在春节档进行大规模广告投放必然要冒很大的风险，一是传播成本非常高，二是各类影响投放质量的广告干扰也非常多。

但叶茂中机构分析，对赶集网这样的生活信息分类网站来说，这却是个不能错过的机会：首先，春节期间，平时工作繁忙的上班族、打工族都有闲暇时间看电视上网，广告传播的到达率较高；其次，春节期间也是生活信息分类网站最能满足目标用户各类需求的黄金时段；最后，细水长流式的传播策略不适合这类网站，集中爆破式的投放更能吸引潜在用户的点击，因为用户上了就不会跑！

于是，叶茂中大胆地建议赶集网将传播预算在 2011 年春节集中投放，于是，一支大家耳熟能详的广告就此诞生。

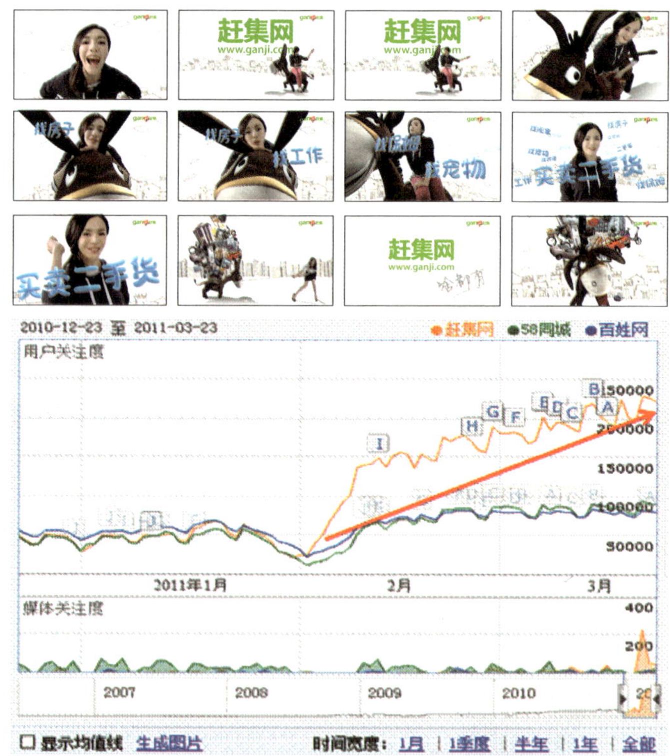

在 2011 年 2 月广告投放期间，百度用户日搜索指数从 2 万多上升到 20 万　彻底甩开众多竞争对手

从大年初一到元宵节，短短的 15 天传播，事实上吹响了原本混乱的分类信息市场开始整合的号角，也激活了更多新增用户对分类信息的需求，而赶集网作为第一个启动传播的品牌，也获得了更多用户的关注。

赶集网 2 月 2 日投入广告，当时其在百度指数上的用户关注度仅为 23977，当广告投放结束时，数值疯涨，达到 135434，到 3 月 14 日更是达到一个峰值 219166。与同类网站 58 同城、百姓网相比，原本不相上下的数字，在短短的时间内差距就拉开超过 100000。

同时，赶集网让人过目不忘的创意以及有效的借力传播策略，让 750 万的传播投入被迅速放大，甚至当时有不少媒体预估出赶集网两个版本的投放费用：2 亿和 4 亿。当然，对于这样的误读，叶茂中和赶集网的团队也只好偷着乐了。

在赶集网的传播压力下，百姓网先战术性地推出了一个“赶驴网”试图借个力，进而邀请大腕冯小刚代言，但小的火焰很快被大的火焰扑灭。而另一个已经实现全国化的竞争对手 58 同城，在投资人看到赶集网的传播效果后，最终确定了 Double（双倍）的传播跟随策略。据 58 同城的财报显示，2011 年 58 同城广告费为 6900 万美元。呵呵，这是多少倍呀？

赶集网率先启动传播，58 同城大手笔强势跟进，两大品牌的强势传播快速形成了市场的整合效应，短短的时间内，全国各区域的近 3000 家分类信息网逐步瓦解，双巨头格局正式形成，赶集网成功突围。

聚焦蓝领招聘，流量变现做第一

在中国互联网的发展过程中，做平台型的网站第一阶段的发展就是流量之战，为了吸引更多的用户和流量，免费成为最重要的策略，因为免费是很能解决冲突的，所以淘宝靠免费击败了收费的易趣，所以 360 杀毒靠免费干掉了瑞星。但是免费并不是永远的，因为商业的最终目的还是要盈利，流量如何变现，成为真正考验互联网品牌成败与否的关口。

淘宝流量变现的大杀招是支付宝、天猫；腾讯则通过网络游戏把 QQ 的流量最大化地变成沉甸甸的银子；而微博则因始终无法找到合适的变现手段，只能采用赤裸裸的广告方式，这种方式满足了自身发展的变现需求，却没有很好地解决用户的冲突，微博也由此开始从盛转衰。

分类信息市场通过 2011 年的竞争整合，赶集网与 58 同城两大品牌开始了持久战的竞争态势，而持久战本质上也是消耗战。在不断的消耗中，58 同城加大了融资的速度，2011 年华平注资 5500 万美元，2013 年在纽交所上市融资 1.87 亿美元。面对 58 同城的持续融资，赶集网则把目光放在了市场层面，制定了流量变现长期作战的策略。

赶集网这一次流量变现策略的突破口，我们把目光放在了基层蓝领招聘领域。为什么是基层蓝领招聘？答案当然是因为用户冲突巨大呀。

一方面，随着无线网络及智能手机的普及，以往那些不怎么上网的基层蓝领现在已经成为互联网规模最大的一个群体，传统的费时费钱的线下招聘中介已经不被这些用户待见，他们也希望能像白领一样，通过互联网或手机更方便地寻找工作，但他们要找的职位却不是前程无忧、智联招聘等已经成型的互联网招聘品牌所能提供的。

另一方面，由于目前 80 后、90 后的基层蓝领换工作相对随意，同时他们也是企业招聘需求最大的群体，比如富士康在郑州一家 30 万人的工厂，每年要招 60 万人（每 6 个月“大换血”一轮）。同样，我们经常看见的多如牛毛的小饭馆、小作坊、小洗车铺，虽然每次可能只招一两个人，但每名新人平均只干 2.6 个月。据统计，中国基层就业人数的总规模为 3.75 亿人，平均每人一年跳槽 2 次，每年就是 7.5 亿次。不断的员工流失，就意味着需要不断地招人，传统的线下招聘无法满足这种不定期招聘的需求，企业也迫切需要一个更方便、更及时的基层蓝领招聘平台。

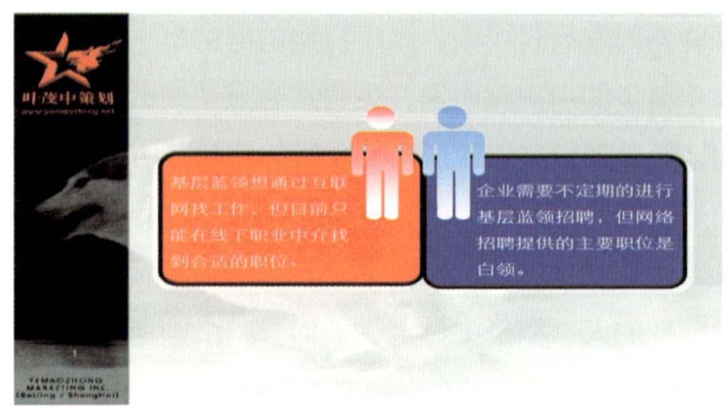

这个巨大的用户冲突隐含着一个巨大的市场机会，赶集网通过分类信息聚合的超大规模的普通用户，为解决这个冲突提供了最好的用户基础。

于是，一场针对基层蓝领招聘的传播战役就此启动。

2012 年，跨栏很难，找工作不难。

2012 年最火的事情是什么？毫无疑问，是刘翔在伦敦奥运会的退赛。没有人知道刘翔到底是真摔还是假摔，但是这并不妨碍赶集网借势的策略思路。叶茂中策划通过“跨栏很难，找工作不难”的传播诉求，巧妙地将基层蓝领找工作与刘翔事件结合起来，通过一系列的传播与公关活动，牢牢地将赶集蓝领招聘业务印在了用户的脑海里。

赶集网《跨栏篇》

找工作喽！

赶集网

找销售，找技工，找司机

找行政，找财务，找厨师

找导购，找店员、找客服

跨栏很难，找工作不难

赶集网

2013 年：找工作，还有比赶集网更大的吗？

随着赶集网蓝领招聘推广工作的展开，在基层蓝领招聘这一巨大的蓝海市场里，赶集网快速取得突破，成为蓝领招聘规模最大的网络平台。因此，2013 年，我们的工作就是放大赶集网的领导优势，并在不违反《广告法》的前提下，能够让企业和用户感受到赶集网的领先优势。于是，“工作，还有比赶集网更大的吗？”的传播主题出炉了。围绕着这个传播主题，我们在请湖南卫视当家花旦谢娜代言的同时，在创意上还把赶集网的小毛驴肚皮搞大了，强化“更大”的诉求。

赶集网《谢娜篇》

找工作啦

赶集网

找销售，找行政，找财务

找文员，找客服，找导购

找工作还有比赶集网更大的吗？

赶集网，啥都有

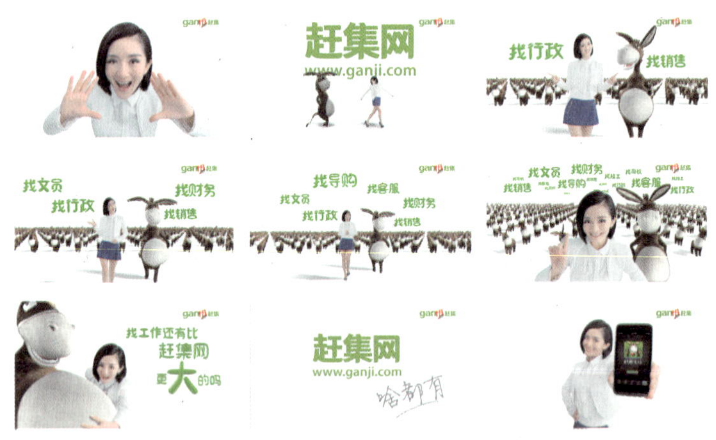

2015 年：女皇范爷代言赶集招聘节

2014 年，一部《武媚娘传奇》火遍了整个中国，成就了范冰冰范爷的女皇地位，而这一年我们的客户赶集网也荣获“2014 年中国分类信息网站龙头奖”。女皇对龙头，门当户对，于是 2014 年年底我们确定与范冰冰合作，推动赶集网基层蓝领招聘业务在 2015 年再一次加热升温。

赶集网《范冰冰》篇

过完年，找工作上赶集网

2015 赶集招聘节开始了

不管初中毕业、高中毕业、大学毕业

都能找到好工作

赶集网

更专业的分类信息网

荣获中国分类信息龙头奖

通过一系列的传播推广，赶集网基层蓝领招聘业务很快实现了流量变现的战略意图：

2014 年，赶集网在线招聘业务平均活跃简历量超过 1 亿份，总简历量近 2 亿份，在招聘高峰期，有近 1.5 亿份的活跃简历。赶集网简历量已经是传统网络招聘品牌前程无忧加智联招聘之和的两倍有余。2014 年，前程无忧线上个人求职者总数不过是 38.8 万，而赶集网已经有上亿数量的求职者。

2014 年，赶集网整体销售增速 150%，58 同城的增速为 80%，赶集网的营收增速为 58 同城的近 2 倍。其中招聘业务增长最快，全年共有 500 多万家企业在赶集网上发布招聘信息。

2014 年 8 月，赶集网宣布完成新一轮融资，总额超过 2 亿美金，投资方为老虎基金和凯雷投资集团。而这个融资额度是国内分类信息网站发展史上的最大单笔融资，甚至超过了此前 58 同城上市时的融资额度，赶集网聚焦基层蓝领招聘的突破被资本市场充分认可。

2015 年，赶集招聘节启动，在短短一个月的时间内，共有 142.8 万家企业提供了 3200 万个岗位供应聘者选择，共有超过 4 亿人次登录赶集网找工作，平均每天有 1165 万人在赶集网上找工作。这相当于吸引了中国 3 成以上有求职需求的蓝领阶层登录赶集网找工作，350 万 / 日的简历投递量更是相当于连续两周举办万人规模的传统招聘会 350 场以上。

2015 年 3 月 10 日，赶集网对外宣布 2014 年招聘业务营收 7.68 亿元，同比增长 160%。在发布会上，CEO 杨浩涌还透露，2015 年、2016 年赶集网招聘业务的营收目标分别为 15 亿元和 30 亿元。一旦实现这个目标，赶集就不仅成为蓝领招聘的第一平台，更将全面超越前程无忧，成为互联网招聘的第一品牌。

后记

无论是消费者的冲突，还是竞争的冲突，最终都需要企业以正确的策略去解决。赶集网与 58 同城的合并，当然是戏剧化的，但无疑也是解决双方消耗性竞争冲突的最好方式，同时也成就了中国分类信息平台最大的王者。

相信 58 赶集未来会创造出更好的产品去解决消费者的冲突，也会获得更好的发展。

杨浩涌眼中的叶茂中：

2010 年冬天，今日资本的徐新刚刚投资了赶集网，我们一起坐下来讨论赶集 11 年的品牌宣传，徐新说，我给你介绍三家营销策划公司吧，一家本土的，效果不错，价格也合适，一家国际的 4A 公司，还有一个叶茂中，比国际广告公司还要贵，你可以听听，找找感觉。徐新知道我们创业公司苦惯了，一分钱掰两半花。就当开开眼吧，我心里想。

于是就有了刚过完圣诞节的那个下午，在老叶的那个长长的会议室里，见到了这个永远戴着帽子，留着黑胡子的策划人。当投影仪画面显示出一只毛驴的时候，我的心咯噔了一下，感觉不可接受。

一小时后，我和徐新走出会议室，我告诉徐新，不挑了，就是他了。

老叶就是这样的人，每次的创意出来，我和一起来的公司同事都会说，我总感觉这家伙的神经连接和一般人不一样，有“shortcut”（近道），聊着聊着创意就突然出来了，永远不会让你失望。

一晃四年多了，老叶和我从客户变成了朋友，我读了一些大脑神经学的书，也开始渐渐发现，这样的“近道”来自于20多年的极高标准要求和不断的突破自己——没有好创意就去死。

老叶是我另一个完全不同世界的朋友和大哥，永远给我很多启发和思考，不仅是创意，还有做人。

赶集网创始人、CEO：杨浩涌

洞察消费冲突，重塑“乌江”
——记“乌江榨菜”两次品牌战略策划

如你所知，市场营销是一项复杂的学问，其中涉及方方面面的知识，是一门集大成的学问。而其中的核心为何？答案很清晰，即是洞察消费者的需求，洞察消费者一切现有的、潜在的、可以满足的、无法满足的需求。只有通过各种手段洞察了消费者的各种需求，才能说找到了一把钥匙，否则根本就是无门可入。

可是如何洞察消费者需求？洞察从何而来？

叶茂中营销策划认为，洞察从冲突中来。冲突正是营销的关键，在冲突的背后，一定隐藏着利益！而消费者会在能解决他们生活中冲突的品牌上，花费更多的时间。人性先天就是贪婪的，生理的需求是有限的，而心理的需求是无限的，在这有限和无限之间拥有巨大的冲突，为这些冲突提供解决方案，就是营销的根本所在。而冲突也是企业获得巨大成长的机会，人类社会之所以能够进步，也正是基于人类能够不断地解决冲突，并满足因冲突而产生的需求。

冲突这玩意儿无处不在。有人的地方就有冲突，有交易的地方就有冲突，在各个时期面对不同消费者的不同产品，都有自己的冲突存在，手机如是，时装如是，房产如是，当然，榨菜也不例外。

榨菜并不是一个新产品，它是一个有较长历史的刚需消费品，但在不同时期，消费者对榨菜的需求是不断变化、不断更新的。需求在变化，其关键的冲突点也在变化，因此，一个榨菜企业的营销策略也必须根据不同的市场环境所形成的冲突点而有针对性地设计。所谓天下没有无敌的策略，只有因地制宜，身随心动才是武林大师应有的范儿。

总之，一个真正伟大的品牌，一定是在不断解决消费者冲突的过程中，逐步成长并最终获得消费者认可的。

2004 年，三清三洗三腌三榨

2004 年，叶茂中营销策划机构第一次与乌江合作。

当时的酱腌菜市场规模超过 200 亿，但是却没有一个强势品牌，而榨菜又是酱腌菜市场中空间最大的品类，这对乌江而言是一个巨大的机会，但机会的关键点在哪里呢？

在缜密的市场调研之后，这一组数据引起了项目组的重视：

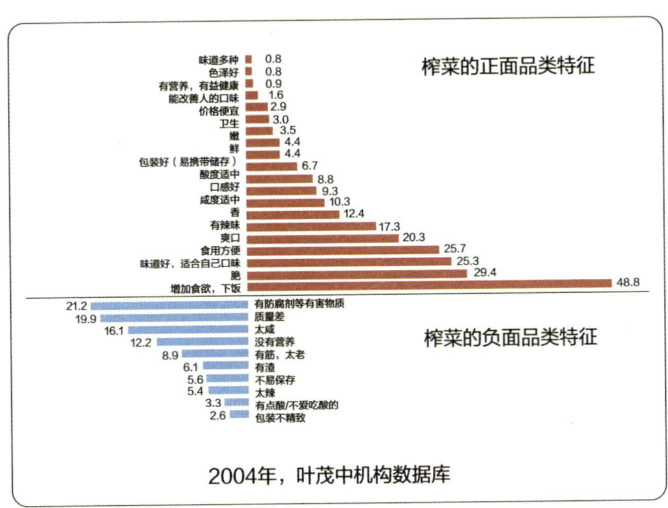

2004年，叶茂中机构数据库

在榨菜产品正面及负面品类特征的调研数据中，大多数消费者为了增加食欲、下饭而购买，但也有相当大比例的消费者因为榨菜可能有防腐剂、质量差等因素而产生了担心。不可否认的是，榨菜虽然有着广泛的消费者基础，是居家旅行必备的小食，但长久以来榨菜也和低价、低质、不卫生、口味重等负面因素联系在了一起。消费者在食用榨菜这件事上，其实是有着显性的消费冲突的。

而这正是榨菜产品升级的市场机会所在。这个机会的背后，隐藏着这样的一个关键冲突：

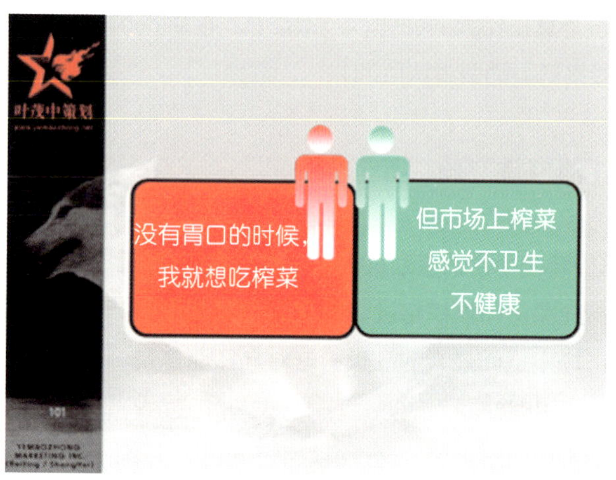

一个简单的事实是，消费者在没有胃口的时候就想吃口榨菜，2004 年，消费者在选择餐桌上开胃食品时，榨菜一定是主要选择之一。但消费者碰到的首要问题是，市场上的榨菜普遍感觉不卫生不健康。正如前文所论述的，有冲突的地方就有机会，谁解决了冲突，消费者就有可能在谁身上花费更多的时间和金钱。针对这个关键冲突，项目组开始了乌江品牌的整体策略构思：

(1) 什么样的榨菜才能称之为“好榨菜”？

去改变消费者的固有认知总是困难，做市场的启蒙教育者更是成本巨大，但是在市场处于低水平竞争阶段时，抢先在竞争对手之前树立一定的行业标准，则往往事半功倍。在一个没有标准的市场里，谁首先制定出了工艺标准，谁就抢占了品质的制高点，我们为乌江品牌创作了“三清三洗三腌三榨”的工艺标准：

一榨还原天然柔韧

二榨浓香入骨入髓

三榨鲜香嫩脆无穷回味

将“三榨”打造为明星产品并对其进行有效控制，向消费者传递“乌江榨菜”的工艺是更健康、更安全的，从而从同质化的、低水平的市场中脱颖而出。

同时，通过传播乌江的“三榨”诉求，一方面让消费者感受到乌江产品的优质标准，另一方面也无形中将竞争对手打入了“一榨二榨”的低品质阵营当中，隐隐地提示消费者，其他品牌的榨菜可能是一榨或二榨的低价低质产品。

（2）比竞争对手快半步

在市场调查中，我们还发现了一个有趣的现象，当时全国的榨菜厂商仿佛说好了似的，所有 80g 的榨菜产品定价都在 0.5 元左右浮动，且这一定价已多年未变。可是事实上，2004 年的消费者早就有能力接受单价在一元以上的榨菜产品了。可能是在这个行业中，“枪打出头鸟”的思想严重束缚了所有从业者的思维模式，而消费者事实上并不排斥较高价格的产品，关键是高价是否有强大的理由支撑。

在已打造出“三榨”作为乌江明星产品的基础上，我们进一步将单价从 0.5 元提升到 1.2 元，跳出了低价低质的恶性竞争泥潭。

（3）未雨绸缪，普通棋手看当下，高明的棋手算三步之后

我们进而为乌江制定了第二阶段的市场策略：即当“三榨”诉求有效提

升乌江品牌之后，再以乌江品牌延伸进入酱腌菜其他产品的机会市场。

乌江以叶茂中机构制定的三条策略为核心进行整体市场策略的调整后，迅速取得有效的市场回报：

2005 年，乌江产量达 64520 吨，创历史最高水平，同比增长 13865 吨，其中创新产品“三榨”销量突破 1 万吨，而时间仅用了 6 个月，且利润是老产品的 4 倍。也正是通过“三榨”策略的执行，乌江成为了榨菜市场的绝对强势品牌。

2010 年，乌江成功在资本市场上市，成为酱腌菜领域唯一的上市公司。

2012 年，从小乌江到大乌江，从正宗榨菜到国粹乌江。

2012 年，时隔 8 年后，乌江品牌再次与叶茂中机构启动了第二次全案合作。

事实上，无论对乌江决策层还是对叶茂中机构而言，这一次合作比 2004 年显得更为特殊。我们迫切地想知道，促成两家 8 年后再续前缘的究竟原因是什么？这背后又有什么故事可说？

乌江品牌在 2008 年之后，与另一家策划公司进行了合作，这家公司建议乌江放弃“三榨”诉求，认为乌江应该定位正宗涪陵榨菜，以“中国榨菜数涪陵、涪陵榨菜数乌江”为核心诉求进行市场推广，并要求乌江放弃其他酱腌菜领域，只聚焦在榨菜品类。

毫无疑问，“弃三榨、做正宗”和“弃酱腌菜、专营榨菜”的这两条策略是完全舍弃了 2004 年叶茂中机构为乌江制定的核心策略，这同时也让乌江决策层在寻求第二次与叶茂中机构合作时增加了很多顾虑。

叶茂中参加乌江 2012 年半年销售会议

合作双方没有变，合作的产品也还是那个榨菜，但市场现状与消费者已经发生了翻天覆地的变化。因此，在乌江决策层的支持下，项目组再次启动了 2012 年的消费者调研工作。

双份市调，双倍威力

对于市场调查，大家总是抱着一种既爱又恨的心态，市调是对消费者需求与心理状况最好的洞察手段，但市调也往往只能反映出当前阶段的表面现象，无法解读消费者可能的潜在需求，这也是为什么会有乔布斯和福特这样的“死硬市调无用论”者存在的原因。但不同于其他案例，由于 2004 年我们与乌江合作时同样进行过大规模的市场调查，所以在 2012 年的市调工作结束之后，我们同时拥有了时隔八年的两次相同课题的市调数据，根据对比两次市调成果，我们可以更清晰地了解消费者，了解他们的变化，进而判断两家策划公司制定的不同策略是否准确？当然，判断的标准依然是：此策略是否有效地洞察了消费者的冲突，进而解决了消费者的冲突。

（1）不能承受的涪陵之重

首先，我们来看“中国榨菜数涪陵，涪陵榨菜数乌江”的诉求是否能够支持乌江品牌的持续发展，通过 2012 年与 2004 年的几组数据的对比，我们找到了有意思的信息对比：

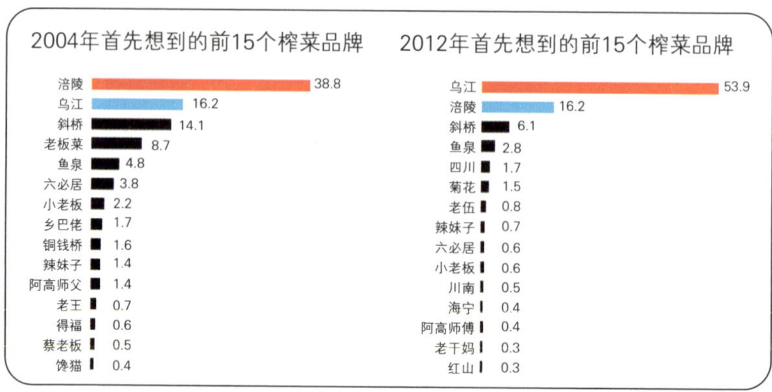
2004年首先想到的前15个榨菜品牌
涪陵 38.8
乌江 16.2
斜桥 14.1
老板菜 8.7
鱼泉 4.8
六必居 3.8
小老板 2.2
乡巴佬 1.7
铜钱桥 1.6
辣妹子 1.4
阿高师父 1.4
老王 0.7
得福 0.6
蔡老板 0.5
馋猫 0.4
2012年首先想到的前15个榨菜品牌
乌江 53.9
涪陵 16.2
斜桥 6.1
鱼泉 2.8
四川 1.7
菊花 1.5
老伍 0.8
辣妹子 0.7
六必居 0.6
小老板 0.6
川南 0.5
海宁 0.4
阿高师傅 0.4
老干妈 0.3
红山 0.3

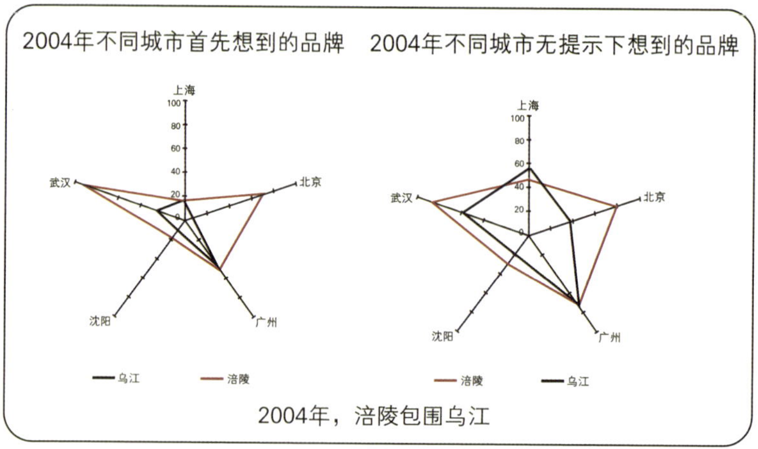
2004年不同城市首先想到的品牌
2004年不同城市无提示下想到的品牌
上海
北京
广州
沈阳
武汉
100
80
60
40
20
0
乌江
涪陵
2004年，涪陵包围乌江

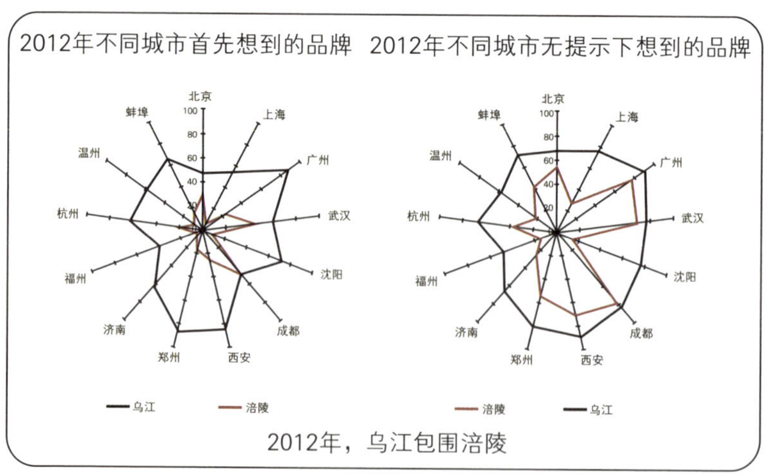
2012年不同城市首先想到的品牌
2012年不同城市无提示下想到的品牌
北京
上海
广州
武汉
沈阳
成都
西安
郑州
济南
福州
杭州
温州
蚌埠
100
80
60
40
20
乌江
涪陵
2012年，乌江包围涪陵

从上面几组数据中，项目组发现从 2004—2012 年这八年时间中发生了足够多的变化：

1. 在 2004 年，涪陵是榨菜的第一品牌，而事实上涪陵只是榨菜产品的一个产地，但到了 2012 年，大多数消费者已经认为乌江才是第一品牌。

2. 在首先想到的榨菜品牌这个问题的认知度上，2004 年，涪陵全面包围乌江，但到了 2012 年，乌江完成了大逆转，以绝对优势包围了涪陵。

可以说，在 2004 年，涪陵尚是一个有价值可以借力的概念，但到了 2012 年，涪陵的重要性对消费者来说已经大大下降。“中国榨菜数涪陵，涪陵榨菜数乌江”的诉求，在一定意义上更多是为“涪陵”做了重要贡献，甚至是为所有的涪陵榨菜企业做了宣传，但乌江的品牌获益并不大。而当“乌江”的认知超过“涪陵”时，再去诉求此榨菜是正宗来自“涪陵”（次要认知），对消费者来说毫无意义。

换句话说，消费者的冲突并不在于他们是否能吃到百分百正宗、百分百原汁原味来自某个产地的榨菜，消费者也不会在超市货架上手持放大镜寻宝，看到来自涪陵的就如获至宝，看到不是涪陵的就紧蹙眉头。

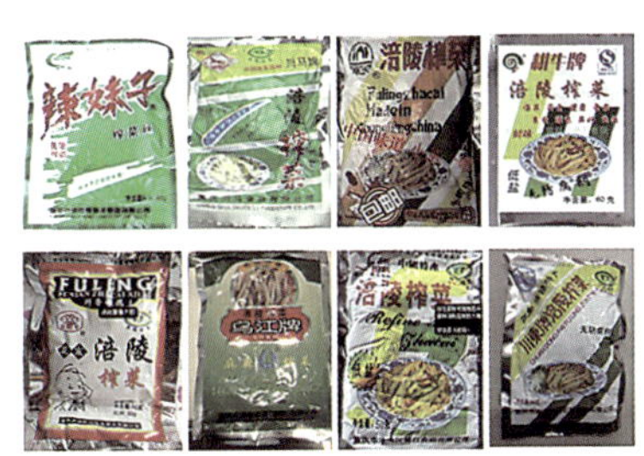

而且事实上，涪陵通过产地和历史所形成及具备的优质榨菜属性，对中国的大众消费者特别是年轻的 80 后、90 后一代，已经越来越不起作用，这也在很多中国老字号品牌的没落上得到体现。可以说，仅仅依靠地理及历史资源倚老卖老确立的品牌核心价值，已经逐渐与当今社会的主流价值观背离，更无法真正获得消费者的认同和共鸣。

同时，随着乌江的主力购买者——家庭主妇群体从 70 后向 80 后甚至 90 后过渡，可以预见，无论乌江品牌是否继续在“涪陵”上投入传播资源，“涪陵”无论对乌江还是对消费者，价值都只会越来越淡化，这将是一个必然的趋势。

因此，涪陵的价值只能属于过去的乌江，而乌江的未来则必须与时俱进，设计塑造新价值。

（2）鸟笼里容不下雄鹰

那乌江是不是只能做榨菜品类，不能延伸呢？还是让消费者来回答吧：

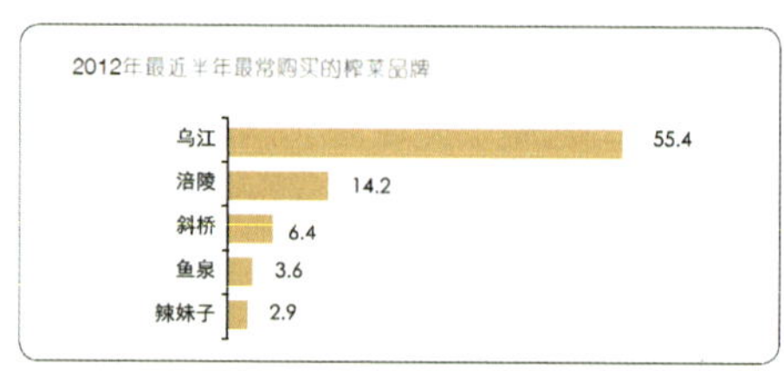

2012 年，在项目组的城市调研中，乌江袋装榨菜产品的市场占有率已经达到了 55.4%，这在一定意义上表明了乌江目前已经在袋装榨菜市场有了垄断性的品牌地位，仅仅依靠榨菜市场的空间，已经很难支撑乌江品牌的再次高速发展。乌江品牌，已经逐渐变成一条小池塘里的大鱼，虽然威武雄壮，可如何畅游？

当然，在“正宗榨菜”的定位下，乌江展开了一系列的营销活动，包括收购并推广真正正宗的涪陵榨菜“邱家”品牌，以及推出礼品概念的零售价 2000 元左右的“沉香榨菜”，但都没有很好地解决成长的课题。事实很明显，想在短时间内迅速提升消费者购买频次或者大幅度提升客单价，都极为困难。在榨菜市场，企业想再造一个乌江品牌，在短期内几乎是不可能的。

从 2012 年的消费者市调报告中，我们发现了另一个极明显的新的消费冲突：

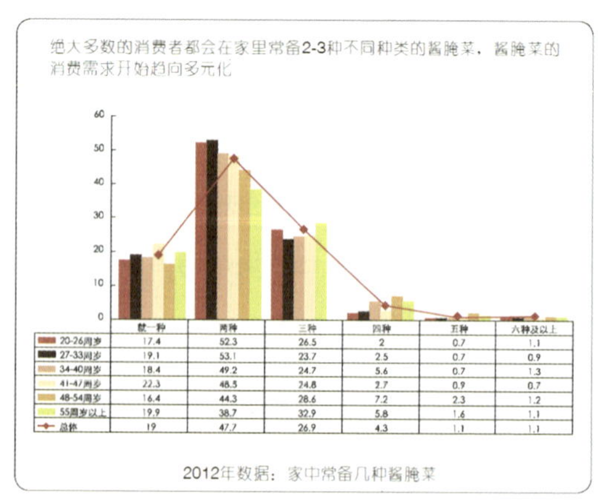

	就一种	两种	三种	四种	五种	六种及以上
20-26周岁	17.4	52.3	26.5	2	0.7	1.1
27-33周岁	19.1	53.1	23.7	2.5	0.7	0.9
34-40周岁	18.4	49.2	24.7	5.6	0.7	1.3
41-47周岁	22.3	48.5	24.8	2.7	0.9	0.7
48-54周岁	16.4	44.3	28.6	7.2	2.3	1.2
55周岁以上	19.9	38.7	32.9	5.8	1.6	1.1
总体	19	47.7	26.9	4.3	1.1	1.1

2012年数据：家中常备几种酱腌菜

市场研究中的这组数据，让项目组明确了乌江下阶段的策略方向。2012年，绝大多数消费者都会在家里常备 2 ~ 3 种酱腌菜，这意味着顾客对酱腌菜的消费需求已经开始趋向多元化。而更关键的是，除腐乳、辣酱等少数产品有强势品牌之外，萝卜干、辣白菜、酱海带、酱菇等大多数产品市场上还没有强势品牌。2004 年的消费者希望吃到安全卫生的榨菜但市场不能满足，从而产生了消费冲突，到了 2012 年，消费者的首要需求是餐桌上有更多品种的酱腌菜，而市场无法满足。

因此，酱腌菜当前市场存在的重大的消费冲突是：

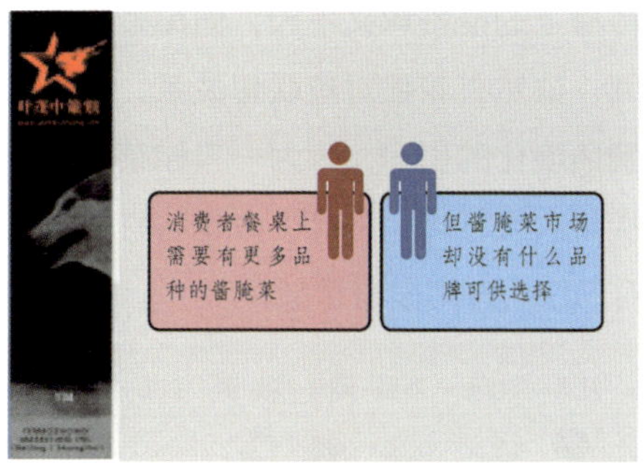

对于乌江而言，做榨菜市场强势品牌的目标早已实现，乌江品牌的发展绝不能因“正宗榨菜”的定位就画地为牢，自我限制。品牌延伸的取舍，应该视实际情况再作定夺，很明显，消费者并不会因为乌江出了萝卜干和酱海带就破口大骂：乌江你变了！并一气之下再不购买乌江的任何产品。乌江应该立足的根基是酱腌菜这个发展中的大品类，而不是榨菜这个有限的空间，乌江应该充分利用乌江品牌的影响力，在酱腌菜这个大市场、大池塘里充分作为。

乌江 2011 年销售额 7.04 亿元，2012 年销售额 7.12 亿元，增长率仅为 1.14%。总结这家策划公司的两项主要策略，无论是诉求“涪陵”概念和“正宗榨菜”的定位，还是聚焦榨菜的策略，都没有立足于洞察消费者的变化，并基于此解决顾客层面的新消费冲突，因此也无法真正有效推动乌江品牌的再次发展。

叶茂中营销策划机构认为，乌江要再次起飞，关键是要由“小乌江”变为“大乌江”，首先需要让消费者增加消费频次和可能，再延伸一系列酱腌菜产品线。而“小乌江”向“大乌江”发展的核心策略及关键机会所在，在乌江决策层与叶茂中机构达成共识之后，叶茂中机构再次提出三个细化策略：

☆ 舍正宗、回三榨

乌江不能只成为“榨菜”的代名词，但是需要控制榨菜最优质的工艺资源，以此持续占据榨菜市场的主导地位。“三榨”作为优质榨菜的核心资源，在目前的市场大环境下，依然有其价值所在。

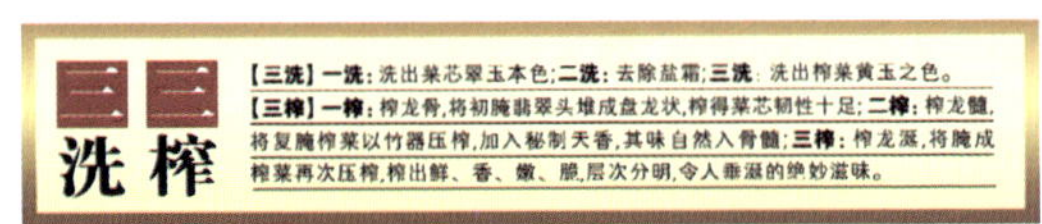

☆食物可以分为两种，与榨菜可以完美搭配的，以及其他。

为“涪陵”做传播上的投资意义不大，但榨菜依然是乌江的核心产品，乌江品牌与榨菜之间，依然有着强对应联想关系，因此我们需要通过榨菜产品对消费者进行消费情境化的引导，因为一旦榨菜只等于喝粥、喝稀饭时的附加品，其消费频次将大大下降，产品生命也将打个折扣，而为榨菜未来的市场扩容与投资，对乌江而言则很有意义。

☆ 张铁林 Bye Bye，国粹 GO，GO，GO！

在品牌层面，将乌江与“中华酱腌菜美味文化”关联，去除已经无法借力的“张铁林”形象，进而借势更为博大精深且不存在过气风险的“国粹”形象，为乌江品牌未来延伸进入酱腌菜的机会市场预留空间。于是在整体品牌设计上，我们创作了以中国红、中国剪纸以及京剧脸谱为核心元素的品牌整体视觉，同时为了迎合低年龄层消费群体，在 tvc 声音识别上以 RAP 的方式呼应，将国粹与现代文化进行了完美的融合。

2013 年，为了配合新的策略执行，为了体现国粹乌江的品牌质感，乌江将所有榨菜产品再次进行工艺升级，以挂牌招标的方式采购最优质的榨菜原料，以全新的优质产品、全新的国粹形象给消费者全新的品牌体验。

2013 年，乌江以融合国粹与现代感、引导榨菜多用途情境的全新广告片在全国性媒体上强力传播。同时，新包装、新形象也快速在全国终端推进。

2013 年，乌江以资本优势开始在酱腌菜市场进行优质整合。

乌江决策层与叶茂中项目组相信，在新的战略执行推动下，“小乌江”向“大乌江”的发展升级必将给乌江带来新一轮的高速成长。

后记

2014 年，基于“中国好味道”战略推进，通过缜密的产业链考察和产品口味研发的市场调研，叶茂中策划机构协助乌江推出第二支战略新品“乌江凉拌海带丝”。

“乌江海带丝”在推广上，延续承接乌江品牌的国粹属性，同时巧妙地以“龙王”为符号载体，演绎乌江海龙王给消费者馈赠“一清二洗三漂烫 去沙去腥去盐霜”的更健康的下饭休闲小菜。

2014 年 4 月，乌江在昆明、武汉、西安、天津四座城市设立“乌江海带丝”新品招商会场并同步举行招商会，四个会场共吸引全国 1000 多家意向经销商参会，经过激烈的招投标，圆满完成新品乌江牌海带丝产品的全国招商。

2015 年 4 月，乌江全资收购四川惠通，本次交易是乌江在酱腌菜行业实行并购发展的第一步，通过收购，乌江将进一步完善产品系列，从较单一的榨菜等产品迅速完成榨菜、泡菜等红油味产品全覆盖，满足广大消费者多样化的口味需求，形成新的利润增长点。

中国好味道，乌江在路上。

装得下，世界就是你的
——“爱华仕”箱包策划纪实

马丁·路德·金说：“我有一个梦想，人人生而平等。”

爱华仕董事长李建明说：“我有一个箱包梦，让人人拥有爱华仕。”

2013 年春节刚过，叶茂中这厮就收到了爱华仕董事长李建明先生的一条短信：“2012 年爱华仕线上与线下渠道销售的箱包总量超过了 300 万个，已经成为中国本土销量最大的箱包品牌。”

实在是为爱华仕高兴！恭喜老李！

2004 年到 2014 年，通过 10 年的努力，李建明董事长以箱包这一消费者出行的刚需工具为战略焦点，构建了以爱华仕全能箱包为战略基础，轻生活女包和劲美户外两大箱包品牌为两翼发展引擎的品牌矩阵，成就中国箱包品牌已经不再只是梦想，属于爱华仕的箱包帝国蓝图已经跃然而出。

这是一段传奇的历程，而任何通往传奇的道路上都充满了各种的不可能，爱华仕的箱包传奇同样也是从不可能开始的。

回顾 7 年前，2008 年金融危机来袭，做了 18 年代工的李建明瞬间觉得阴云密布：外贸受阻，OEM 贴牌加工业务开始萎缩；同时内销业务举步维艰连年亏损，2004 年启动的爱华仕箱包品牌，2008 年内销销量仅为 1400 万，库存却有 900 万……李建明同学如鲠在喉。外贸乏力但整个箱包内销市场还是大有可为的，他打算亲自在北京市场“肉搏”招商，帮代理商租房、装修并进行产品铺底，但就算这样，还是没人愿意经销爱华仕。

一个个不可能没有让有着箱包品牌情结的李建明退缩。在这样的一个时候，李建明找到了叶茂中。

“大市场”VS“小朋友”

1. 金融风暴丝毫没有影响箱包市场快速成长的步伐。

从 2004 年开始，国内箱包内销市场就已经进入了快速成长期，年复合增长率达到 25.9%，并且呈现出三种发展趋势。

商务、旅行市场的高速发展有力地拉动着箱包市场的发展：据 2008 年 11 月 AC 尼尔森调查报告显示，中国消费者心态和行为没有受到金融风暴太大的影响，超过半数的受访消费者表示在有闲钱的情况下愿意花钱享受度假旅游，这一比例居全球之首。2020 年，我国将成为全球最大的商务、旅行消费市场，这是一个高速且持续发展的市场，将有力地拉动箱包市场的发展。

运动市场持续增长带动运动箱包产品的发展：在 2008 年北京奥运的带动下，中国成长速度最快的就是运动市场。运动市场的成熟也持续拉动着运动箱包产品持续成长——李宁、安踏等运动品牌的箱包产品销售占比逐年上升，比如，李宁 2007 年箱包类产品完成销售额 2.69 亿元，占到其整体销量的 6.2%。

服装消费时尚化、个性化将带动服装搭配箱包的发展：2006 年，以 ZARA、H&M 为代表的“快时尚”服装品牌在中国深受欢迎，代表着服装消费的时尚化、个性化已经成为消费主流；服装消费时尚化、个性化将促使作为服装搭配关键因素的箱包市场持续发展。

一系列的数据和现象都呈现着国内箱包市场正高速成长的态势，威豹、亨得利、卡拉扬、达派、美旅等箱包品牌正抓住机遇快速发展：在强化通路、提升产品基础的同时更是加大了品牌塑造的力度，通过明星代言、传播推广等手段迅速在渠道商、经销商、消费群体中建立起了一定的品牌影响力。

2. 箱包在KA中的整体排面在增加，但爱华仕在缩小。

作为箱包内销市场的后来者，爱华仕从2004年开始摸索上路却一直徘徊不前。就拿KA箱包市场来说，爱华仕先后成功进入了好又多、乐购、大润发等大型KA连锁卖场，但随即却又面临了销量不畅、频繁退货、排面逐日缩小的问题……平均退款20%。每年来自各KA卖场的退货运费就要占到一年总运费的1/3（一年的运费六十多万，退货十几万、二十万，仓库囤积了八九百万的库存产品），爱华仕甚至一度被有些优质的强势卖场拉入了进场"黑名单"。用李建明的话说："箱包在KA中的整体排面在增加，但爱华仕却在缩小！"

3. 吸引不到优秀经销商，就连零散户也只把爱华仕当点缀和补充。

2007年，爱华仕开始发展以批发市场客户为主的经销通路，但那些大的、优质的箱包经销商资源都已经被竞品抓在手里，于是"爱华仕"只能加大力度，通过首批铺货政策开发到了太原、成都、广西等区域市场30多个经销商。但从日后的经营看，这30多个经销商却一直没有给爱华仕带来什么销量上的贡献，而且这些经销商大多是零散型商户，运营能力不强，但就连这些零散商户也只是将爱华仕作为店里锦上添花的补充型产品，而非主推产品。

爱华仕的"大麻烦"

爱华仕当时的前路和退路似乎都被浓浓的大雾笼罩着，爱华仕为什么会陷入这样的困境？此时只有清醒地洞悉到市场真相，找到真正适合爱华仕箱包的市场机会，才能拨开迷雾，找到出口！

"价值成长"的双脚走不到"规模成长"的终点。

从2004年开始内销市场时，爱华仕就以KA渠道作为内销的主要渠道。既然选择了KA渠道，就意味着爱华仕选择了一条规模成长、以规模来带品牌的道路：高性价比的大众化箱包产品才是这个渠道和这里的消费者所需要的。

但是，我们从爱华仕随后的行为和动作来看，爱华仕其实一直用"价值成长”的双脚走在这条“规模成长”的路上。

比如，在产品上：爱华仕选择设计感强、外观时尚的产品进入KA，这些高价值感的产品其实更适合将产品独立、分系列陈列的高端商场，而当这些产品出现在参差不齐、品种不一的KA箱包货架上，就很快被那些排面更大、价格更便宜的“大路化”产品淹没了。

比如，在价格上：因为设计感强的产品成本更高但销量却上不去，爱华仕不得不一次次地提价，背包售价甚至逼近耐克、阿迪达斯等一线运动品牌。最终的高价远远超出了KA箱包的主销价格段，至此曲高和寡鲜有人问津。

同时，由于产品不适销、价格不对路导致爱华仕一直在摸索开发新产品，试图通过不断推陈出新来获得消费者的认可，但这样不断推陈出新的背后又是研发和生产周期加长，于是紧跟着断货、库存等问题又出现了。

“价值成长”的路径如何能走到“规模成长”的终点？这种行为与成长模式的不匹配最终让爱华仕陷入了死胡同！

小品牌能否运作“大规模”？

我们先探讨爱华仕是否能实现价值成长。

当时的爱华仕传播费用有限，没有渠道资源，更谈不上品牌力，这样捉襟见肘的现状根本无法实现价值成长。

但我们看到，2004年爱华仕就开始试水KA卖场，虽然成绩平平，但摸爬滚打四年也算有了一些市场基础，只是一直以来爱华仕用不适销的产品和思路在运作这一市场。其实，最适合爱华仕的发展策略就是统一行为与路径“将规模成长进行到底”——在尽量短的时间内通过量的积累实现品牌质的变化！等到规模成长达到一定量，积聚了品牌力及多方资源以后，再去实现价值成长的长远目标。

树榜样型的大市场

“爱华仕”的主要竞争对手如威豹、亨得利、卡拉扬等品牌，都是通过十多年对市场的耕耘和培养才取得了相应的成绩，作为一个后来者，爱华仕必须要突破常规思路，找到销量受阻的症结，即找到销量提升的发力点。

自营和经销两方面的通路受阻，成为阻碍爱华仕销量提升、实现品牌目标的重要因素。

自营通路受阻的原因：

不盈利→产品提价→竞争力下降→销售受阻→库存增大→盈利能力差

经销通路受阻的原因：

管理不规范→无成功样板市场做盈利示范→经销商无信心→无优质经销商

无论在自营通路还是经销通路，销售受阻的原因都是没有找到有效的盈利模式做示范，于是我们的第一个重点工作就是为自营和经销通路打造“有效盈利的榜样”。这个榜样作用必须还要能够在较短时间内起到量的效果，所以我们选择的这个榜样市场不但能够盈利，而且市场要足够大，潜力也要足够大，并能够有效地影响及辐射其他市场。

根据爱华仕当前的通路资源和原有的市场基础，以及箱包各区域市场容量两方面的因素，我们选择了上海和广州这两个“大市场”来作为爱华仕品牌战略要地、核心榜样型示范市场。

这个结果显然是出乎爱华仕意料之外的，也是与威豹、亨得利、卡拉扬等大多数同类箱包品牌的做法背道而驰的。为了规避在大中城市与一、二线品牌的正面竞争，箱包品牌往往会选择农村包围城市的方式，先发展经销商再发展大城市。

高屋建瓴将上海、广州“大市场”作为盈利榜样

从“箱包市场品牌分布格局金字塔”来看，满足消费者精神需求和品牌需求的大城市箱包市场的竞争当然是异常激烈的。但是如爱华仕、达派这类满足消费者基本需求的箱包，各市场尚处于品牌混乱期，市场容量最大，虽然有众多品牌在竞争，但部分领先品牌是鞋类品牌的顺势延伸，存在品牌定位的先天不足；而另一部分则依靠通路建设的先发优势，形成了微弱的规模优势，但消费者认知度并不高。

品牌竞争相对初级、同类竞争品牌对大城市的畏手畏脚，对爱华仕这样一个后来者来说，是一个摆脱跟随者角色的最好机会。

不能是深入全国各个批发市场扫街式的招商，不能是跟随者式的农村包围城市，我们要站到敌人的对立面，我们要高屋建瓴地将上海、广州这些“大市场”作为战略要地通过全力打造以上海、广东两个“大市场”为核心的样板市场，通过核心市场、重点市场的辐射作用，不断扩张、渗透到其他市场，从而全国开花、异军突起。

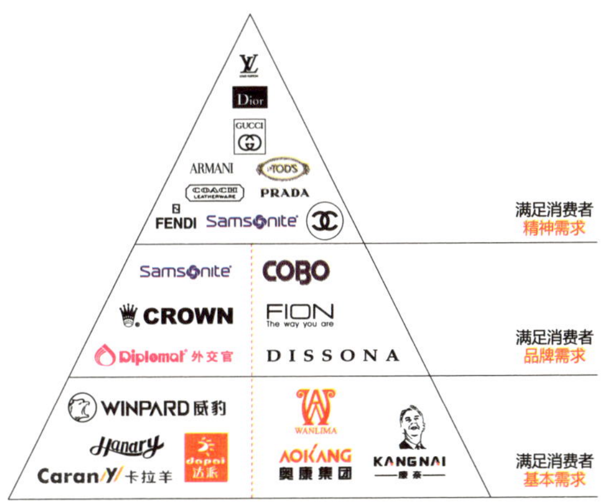

核心市场：上海、广东区域具备较好的市场基础，且市场空间潜力也最大，有辐射作用，是品牌发展的战略要地。

重点市场：四川、江苏、北京、浙江等区域市场空间大，也有一定通路基础。

潜力市场：山东、湖南、湖北、安徽等能被核心和重点市场有效辐射，可作为潜力市场发展。

补充市场：在前期资源相对不足的情况下，这些市场应以渗透为主，不宜投入过多精力。

织遍布全国的大网络

招商？一流的经销商会选择一流的品牌，大城市的经销商更是看中品牌

优势，而且都已经被竞品先入为主了。“爱华仕”作为一个后来者，投入资金有限，通过招商来完成打造榜样型“大市场”的想法是既费钱又费时的，这肯定不是一个好的思路！要经营“大市场”，我们必须要再次突思。

爱华仕 四级市场划分空间排列图

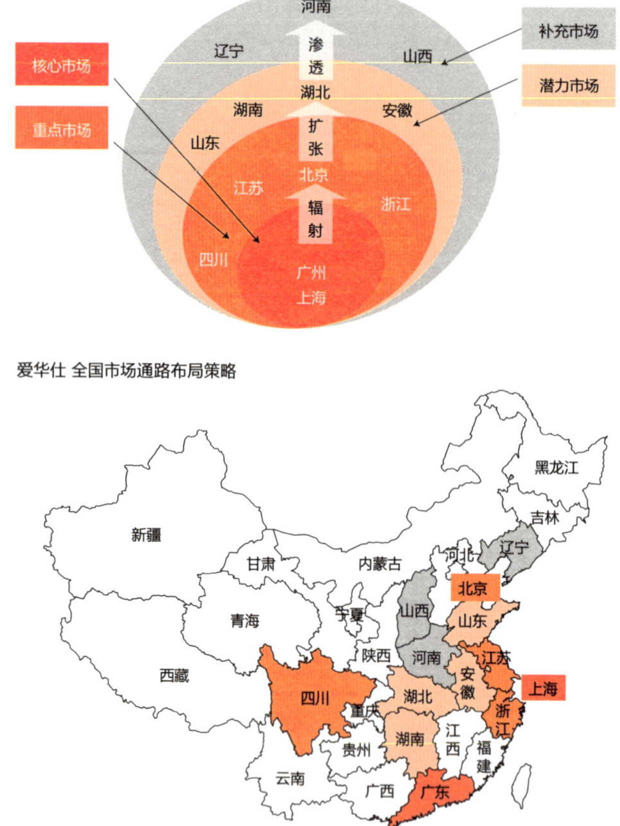

爱华仕 全国市场通路布局策略

● 核心市场2个 ● 重点市场4个 ● 潜力市场4个 ● 补充市场

借力 580 家国际 KA 卖场为爱华仕织了一张遍布全中国的渠道大网。

在上海、广州这些大城市，国际性大卖场像家乐福、沃尔玛、卜蜂莲花等已经遍地都是，人们的消费方式也更趋向于集中购买。国际性 KA 卖场运营经验丰富，终端质量水平相对较高，且对周边市场能产生辐射作用，爱华仕若实现全覆盖，那无疑是借到了580家国际KA卖场的力，为自己织了一张遍布全中国的渠道大网。

爱华仕这样一个曾经被国际性大卖场列入过黑名单的品牌，是否能够有做大品牌的信心，再次去抓住这些国际性KA卖场呢？最初爱华仕凭借产品质量优势尝试着进入了KA，但是一直不盈利使爱华仕对KA举棋不定，也是某些强势KA曾经给爱华仕下“逐客令”的原因。

所以在全国KA渠道，爱华仕的工作重点不是如何进入，而是如何织好这张大网：有效地提升KA终端的质量，有效地提升爱华仕在KA终端的盈利能力。通过对“人、店、景、促”四个因素进行整合，提高终端质量，促进终端销售。

店：打造爱华仕“样板店利润店规模店”

叶茂中建议对终端进行分级，划分为核心店、重心店、有效店、无效店四种形态，支撑爱华仕成长的就是核心店、重心店和有效店。

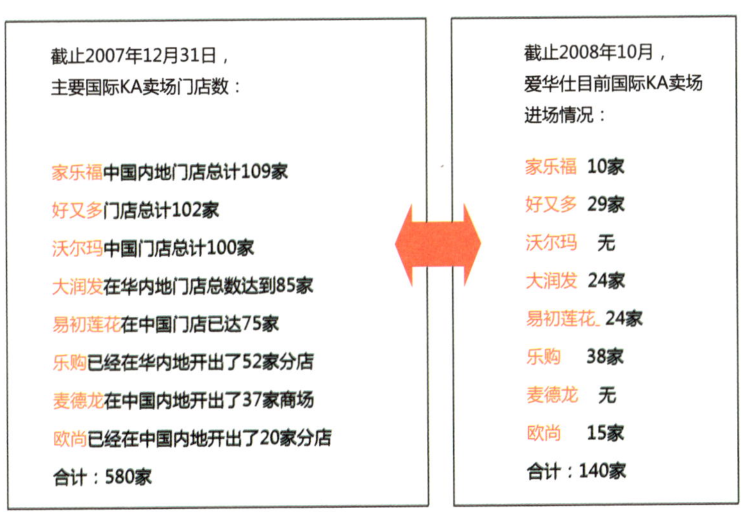

核心店也可称为样板店，是爱华仕必须打造，供其他终端学习以及向代理商示范的终端类型（比如，上海的七宝乐购店）。

重心店是爱华仕创造利润的最大来源。

有效店则起到支撑销售规模的作用。而无效店，我们希望能够对之进行提升，否则就需要淘汰它。

通过四种终端类型的合理比例控制，调节爱华仕终端的盈利能力。

人：持续创造利润的有效资源

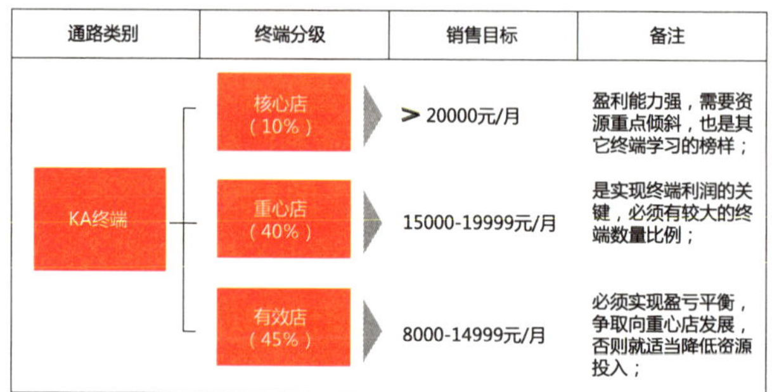

通路类别	终端分级	销售目标	备注
KA终端	核心店（10%）	＞20000元/月	盈利能力强，需要资源重点倾斜，也是其它终端学习的榜样；
	重心店（40%）	15000-19999元/月	是实现终端利润的关键，必须有较大的终端数量比例；
	有效店（45%）	8000-14999元/月	必须实现盈亏平衡，争取向重心店发展，否则就适当降低资源投入；

核心店和重心店必须安排优秀导购员，一个优秀的导购员对爱华仕品牌来说，绝对是一种具有高价值，且能够持续创造利润的有效资源。

景：抢在竞争对手之前抢占货架资源

现阶段，主要竞争品牌尚未开始在 KA 终端大量使用宣传物料，如果爱华仕能在这方面不断强化，一定可以取得良好的效果。

促：根据箱包市场销售高峰的时间节点，合理规划，及时实施促销活动

做适销的产品才能起大量

爱华仕的产品质量没的说，十八年如一日；产品设计也没的说，有专业香港设计师的加入，有接轨国际市场的眼光；但是为什么反而在那些质量、外观都没有太大竞争力的竞品面前败下阵来呢？造成爱华仕产品竞争力不足的根源在哪里？

爱华仕所处的 KA 市场，在市调过程中我们发现：大多数 KA 卖场的产品都是以平价为卖点，目标消费群体也多是追求性价比的顾客；KA 终端箱包各品类产品是集中陈列的，风格化、系列化产品受终端陈列方式的影响，很难起到应有的效果；目前不管是爱华仕还是它的主要竞争品牌，销售的核心也是高性价比的大众化产品。

因此，KA 卖场热销产品主要是性价比较高的大众化箱包，而原来爱华仕的风格化产品很难形成溢价效应，且有可能成为低效品项，从而限制整体销量。

针对做对产品，叶茂中就产品研发、产品定价给出了相关建议：

促销规划			促销方案
主要时间节点	主要目标消费群体	主销产品品类	虚拟促销主题
春节期间（1-2月）	返乡、探亲群体	旅行箱、包、袋	春节到，福到礼到
小学讯（2-3月）	大、中、小学生	旅行箱、书包	开学礼到，折上折
旅游高峰期（5月-8月）	出门旅游的群体	双肩包、挎包、旅行箱	休闲旅行，就选爱华仕
大学讯（8月-9月）	大、中、小学生	旅行箱、书包	好箱好包，还有好礼
法定节假日（五一、十一、圣诞、元旦等）	泛群体	泛产品	迎（五一），厂价优惠

2006 年，香港设计师加盟爱华仕，对爱华仕产品的研发进行了变革，但同时也带来另外一个问题：研发模式的不匹配。爱华仕目前的研发模式是：从顾客角度出发，提供不同需求的产品（比如，逛街用的、旅行用的、小的配件等），形成了一个整体。我们可以把它称为从个体需求出发的“系列化研发模式”。这种模式符合时尚产品的发展趋势，但这种研发方式对目前以 KA 卖场为主通路的爱华仕来讲就是一种挑战。

KA 卖场为消费者提供基本的产品需求，消费者只有先决定了购买哪种类型的箱包，才会在相应的区域选择，也就是一种“品类”导向：消费者先确定要买个旅行袋，才会在旅行袋区进行挑选，并最终决定自己喜欢的风格（款式、颜色）。

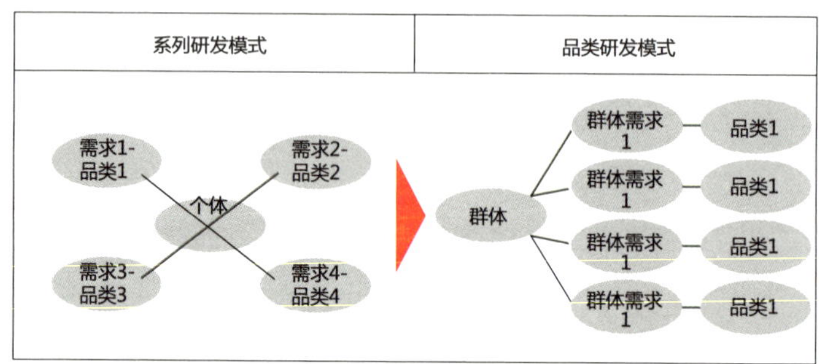

我们建议在目前以 KA 卖场为主通路模式的情况下，采取品类研发模式，这样会更具有针对性，更能满足市场的需求。

在 KA 产品研发上，叶茂中还建议爱华仕应该“由下而上”——哪些产品正在热销、哪个区域出现了爆款……让听得见枪声的销售人员参与到产品开发的决策中。

同时在产品风格上，我们也给出了一个相对科学的建议：KA 卖场也需要研发少量的风格化产品，起到区隔竞品、拉升品牌及打造终端形象的作用。这个比例大概在 7：3（70％的高性价比大众化产品，30％的风格化产品）。而这些风格化产品应与爱华仕的品牌内涵或未来有可能涉猎的高端产品调性相一致，与竞争品牌形成有效的区隔。

做对价格起大量：箱包消费形态及消费价值观

在 KA 卖场购买箱包的消费者对价格是高度敏感的，KA 箱包消费属功能消费，属刚性需求购买。价格是否合理、性价比如何，是 KA 箱包能否畅销的最关键因素，而爱华仕之前的产品定价却严重偏离市场的主销价格带。

拉杆箱：消费者最能接受的价格为 200 左右，爱华仕的核心价格是 200 ~ 499 元；

挎包：消费者最能接受的价格为 100 左右，爱华仕的核心价格是 89 ~ 160 元；

双肩包：消费者最能接受的价格为 100 左右，爱华仕的核心价格是 99 ~ 299 元；

学生包：消费者最能接受的价格为 100 左右，爱华仕的核心价格是 129 ~ 169 元。

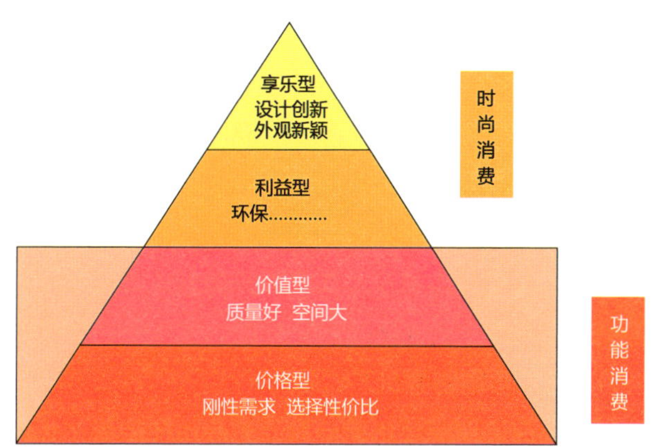

学生包是体现得最明显的一块。往年学生包卖得都比较好，但在 2008 年由于价格的大幅提升，导致了库存积压，新品几乎没有销售。而竞品卡拉扬在 49 ~ 100 元的价格带中却几乎卖疯。爱华仕的拉杆箱因为较大地偏离了主销价格，虽然整体销售比重较大，但与竞争品牌相比就处于了劣势，特别是在广东地区，销售较差。而近年来在区域市场快速崛起的一个小品牌，主打产品就是拉杆箱，它的价格贴近市场主流，快速实现做大，仅华东地区就能实现近 2000 万元的销售额。

像 KA 箱包领先品牌——威豹虽然价格带较宽，高、中、低档都有，但据实际了解，其主销产品同样也是在平价价格带中。所以我们在制定产品售价时，必须重点考虑产品的销售价格带，从而给产品规划和研发做出指导。

长线产品起大量

长线畅销产品无沉淀，对爱华仕终端销售提升绝对是一个极大的制约因素，而新产品上市本身就带有极大的销售风险，这延伸导致爱华仕的库存积压严重。

爱华仕在做产品规划时，未考虑市场需求的基本规律，未对长线产品进行有效的积累，而长线产品对终端销售提升是具有最大价值的。爱华仕在做产品规划时，必须考虑对长线畅销产品进行有效的积累，而不是一味放弃。新产品开发和供应可以作为适当补充，或者对长线产品进行改良。

“比如他说15日，可能他会拖到下个月15日。”

“如果新品上市以后要补货的话，OK，没有了。这个货要重新再生产，这个补货的路途就很遥远了。”

“如果不断货，可以提高20%的销量。”

缺货的主要原因是箱包本身产品生产周期较长（45～60天），等到缺货再开始补单生产，基本上是来不及的；同时，爱华仕在上半年的外销任务紧张，无法全力为内销市场服务。

长线产品就能够很好地解决货期问题。若爱华仕积累了长线产品，就可以解决这一问题。在工厂外销任务相对轻松期间（7—12月），集中力量生产长线产品，保证主销产品的供应。

造一个人人都能够拥有的大品牌

品类	主销价格	次销价格	备注
拉杆箱	199	99、159、299、399	爱华仕在主销价格上必须要有多款产品，而在次销价格上款式应求精不求多。
旅行袋	99	159、199	
双肩包	129	79、99、169、199	
挎包	99	59、159、199、299	
公文包	99	79、159、199	
学生包	99	59、79、159	

我们在大市场构建了大网络，销售消费者人人买得起的产品。但问题是这样一个大众化消费品，怎么样才能是独一无二还不能被竞品所模仿的呢？

大众化≠大路化。大众意味着“主流”“品质”“放心”，大众化产品可以塑造出非常强势的品牌。

在注意力经济时代，你只有一条路可走：集中精力与消费者建立长久的、情感上的联系。如果你没有这种联系，那你就什么也不是。在规模化成长的时候，我们也要开始做品牌，与消费者建立情感上的联系。但是，我们的品牌形象不能高高在上，也不能与竞品一样只是请请代言人，毫无自己的品牌独特印记。

所以爱华仕要建立的这个品牌形象，必须是一个能够呈现出爱华仕的品牌内涵，同时还要让人亲近、让人有共鸣的品牌形象，一个人人可亲近、人人能拥有的品牌！

伟大的品牌需要象征物

没有什么东西能像神话和象征物般拥有巨大的魔力了，这是为什么？因为它们便于记忆，而记忆是心的源泉。许多伟大的品牌同时也是象征物。

就像李小龙之于真功夫；胜利之鹰之于大红鹰；黑人之于黑人牙膏。

伟大的象征物应该是直接的，是一种对需求的直接反应，而不是对企业发展中某一环节的反应。

爱华仕目前只有商标没有形象载体。爱华仕的这个标志主要起商标作用，它不是一个可以延展、可以创意、可以借力的形象，也就不是一个形象载体。

对手都在用明星

我们从以下四个标准出发，对各种动物、卡通形象、人物形象、文化符号等逐一进行筛选。

必须从直观上就能压住竞争对手：在不用明星的情况下，爱华仕唯一可以借力的就是形象载体，好的品牌载体胜过代言人。

必须形象、生动，容易和箱包产生联想，爱华仕通过形象载体完成这一工作。

必须符合爱华仕的品牌特质：好载体自己会说话，我们选择的形象载体要容易让人联想到爱华仕的品牌特性——安全、坚韧、值得信赖……

必须有足够的创作空间：爱华仕的产品线很长，该载体在创作上要能和各种箱包自然结合，上得了TVC，下得了POP，而且画面要有戏剧性、故事性。最终我们找到了一个能完全满足以上标准的形象载体——大象。

大象作为形象载体，作为识别性很强的LOGO出现，很容易被识别和记住，从形象上压住对手。在没有明星的时候，大象就是我们的明星！

大象的外在形象：坚固、坚韧、能承载重物，这些特质和箱包有天然联系。

大象给人的内在印象：安全、坚韧、值得信赖，正是爱华仕的品牌特质。从创作表现上，大象和箱包可以紧密结合。

空间广阔：大象家族与箱包家族的结合：象群是个家族，有大象、小象，爸爸象、妈妈象、孩子象，工作象、休闲象、旅行象……箱包品类中的挎包、背包、学生包、公文包、旅行箱包等都可以很容易地找到表现方式，换一个形象载体很难做到如此贴切。

大象和箱包结合，表现起来充满戏剧性、故事性。

厚德载物，包容万象，专属爱华仕的大象代言。

大象是陆地上最大的动物，代表宽广、包容的世界。大象具有亲和力，且坚韧、强劲，能承载重物，是爱华仕品牌箱包的最佳形象代言，它表现出爱华仕给消费者以安全、值得信赖的品质特征，生动地彰显了爱华仕的强势大品牌形象与个性，与同类品牌形成鲜明区隔。

品牌梦想如何承载消费者的大梦想?

我们赋予爱华仕大象的灵魂，只为让其以最博大的包容和最温暖的安全感，帮助消费者承载整个世界的梦想!

同时，在找到了大象这个能够承载爱华仕品牌的形象载体后，我们也需要更深层次地挖掘与消费者形象深层次沟通的方式，并且能生动地运用形象载体与每一位消费者进行生动对话。

梦想引发行动，行动激发梦想。

触动梦想能向人们鲜明地表白，我们了解他们的欲望，并能将他们的欲望转换成快乐，从而改变品牌与消费者之间的关系。最经典的梦想企业要数哈雷，他们在敏锐地了解到中年人仍然还想摇滚后，借机起死回生。消费者梦想着有朝一日自己也可以放下一切，轻装上阵，是否按照美国州际高速公路的规则驾驶并不重要，哈雷的梦想就像它的轰鸣声一样真切实在。现在，自由和冒险精神主宰一切。它已经附加了一些法语，称之为“心理满足”的东西，它正在给你我们称之为“心理补偿”的东西。

箱包的本质——装东西

向精神层面延展——拿着装满东西的箱包，开始上路；是箱包，让我们走得更远，伴我们去更多的远方，看更远的世界。

一包一世界；一叶一菩提。对我们的目标消费者来说，爱华仕不是饰品，而是他们实实在在装载世界、装载梦想的工具!

我们需要有一个共性的利益点，来支持这一精神主题——

装得下，世界就是你的。

同时，我们利用箱包的属性以及与品牌内涵相符合的 Slogan（口号，标语），还专门创作了一个能够促使消费者购买的品牌“背书”——“全球旅行爱好者的合作伙伴”。

装得下，世界就是你的——画面中，无数头大象从爱华仕的箱包里钻出来，直观地表现了爱华仕箱包更大空间、牢固耐磨，外刚内柔的物质利益点，更将爱华仕品牌的精神诉求提升到了“海纳百川，有容乃大”“包容”的高度。

大象载体直观呈现产品物质利益

在产品包装、吊牌、POP 等消费者可以关注到的各种物料上通过大象做直观呈现：牢固、抗摔等。

同时，利用形象载体，可以为爱华仕打造独特的“终端专柜化形象”：在核心店、重心店上设品牌形象专柜，强化品牌形象，在有效店则通过产品陈列、物料布置，尽可能与其他品牌形成区隔。

我们的这个终端形象专柜，同时满足了：

√足够醒目→“挑选”时一眼跳出

√足够直观（展示产品优势）→“比较”时迅速胜出

√值得信赖→“购买”时坚定决策

借力大象，传播也有大效果

完美的TVC创意为爱华仕的传播大大加分。爱华仕全新广告片“装得下，世界就是你的”，以大象为主体形象，用富有戏剧性的手法体现爱华仕箱包的更大空间、更抗震、更抗压、更防水等物质利益点，重点突出大象形象与爱华仕箱包的天然联系，让观众过目难忘。

2009 年 6 月，爱华仕广告片《装得下，世界就是你的！》顺利杀青，由于广告预算有限，所以只选择在央视《欢乐中国行》投放周播广告。

其间达派、威豹也在媒体上进行大规模的地毯式轰炸，虽然从投播频次上来看，他们的媒体投入肯定比爱华仕高很多，并且还有形象代言人的助力，但是从最终经销商和消费者的反馈以及后续的销量提升情况来看，爱华仕的大象广告创意为其扳倒了各大竞争对手，小投入却赢得了大回报。

2009 年年末，爱华仕在 KA 渠道实现全覆盖，但爱华仕的品牌力还不足以支撑其在经销商渠道的大规模招商。为了使其更快速地实现规模成长的目标，叶茂中建议爱华仕要在目前还没有哪个箱包品牌在电子商务领域有所建树的情况下，抓紧时机进军电子商务渠道，让电商成为爱华仕规模成长之路上新的成长点！

爱华仕在电商的规模成长

电商渠道对爱华仕来说是一个全新的业务领域，但未来却会占有很大的市场份额（就和电商之于服装行业一样）。与传统渠道一样，我们建议第一阶段以借势大平台的方式来完成爱华仕在电商渠道的规模成长：

第一阶段，先从电商最大的平台“淘宝”切入，进驻淘宝商城，充分利用专业网购平台，逐步积累电商的运作经验。

2010 年，爱华仕长线款在淘宝的销量已经达到 4 万件，其中最热销的单款达到 14298 件。

成长为箱包界首屈一指的电商品牌

在我们的建议下，爱华仕成立了专门的电商部门，针对网络营运和客户发展对网络销售平台进行规范。2010 年，爱华仕电子商务部门已经是有 20 到 30 名成员的稳定团队：有自己独立的产品摄影、有独立于传统渠道之外的客服、售后、物流团队。在我们的建议下，爱华仕针对电商渠道调整了产品开发方向，推出更年轻化 & 高性价比的产品，专门开发适合网购人群的产品。（针对如何在电商渠道做品牌、如何在电商渠道做产品、店铺流量如何上去、店铺销量如何上去、产品如何持续热销等电商渠道一系列的战术型问题，我们都给出了可执行性建议。）

经过两年不到的时间，爱华仕已经成为像麦包包一样的淘宝首屈一指的箱包供应商，单款明星产品半年销量就突破 2 万件。2011 年 4 月 12 日，爱华仕淘宝商城网店更是借助淘宝商城 3 周年庆的活动，单日销量就冲破 100 万元……目前，电子商务已经成为爱华仕规模成长新的引擎！

在短短 3 年时间内，爱华仕箱包在规模成长的道路上逐步提升着品牌的影响力。

在 KA 渠道，爱华仕，这个曾经被国际 500 强卖场列入过“黑名单”的品牌，今天已经被家乐福、沃尔玛等国际型 KA 卖场认证为优质品牌供应商，更是多家区域卖场争抢的黄金级优质品牌。今天，爱华仕已成功进驻全国近 1000 家 KA 零售终端，盈利稳定在全国 KA 卖场的整体销量，已成功超越威豹、亨得利等 KA 箱包界元老。

爱华仕目前拥有的话语权及销量贡献已将其推向了 KA 箱包市场老大的位置，在经销渠道的市场拓展更是势如破竹，爱华仕格外受到皇冠、新秀丽、JanSport 等一线品牌经销商的青睐。2010 年，爱华仕全国优质经销商突破 300 个，西安、成都、重庆等各大城市一级商场已有将近千个爱华仕的高端产品专柜。

在电商渠道，爱华仕的日销售额从 2009 年三四百元一天到 2010 年 4 万元一天。2011 年 4 月 12 日，淘宝商城 3 周年庆，爱华仕淘宝商城网店一天销售额就破 100 万元，在箱包界创造了一个新的奇迹。

2012 年 11 月 11 日，爱华仕在天猫商城销售额突破 1150 万元，创下中国本土箱包品牌单日销量的历史最高纪录。同年，爱华仕全年线上线下实现箱包销量超过 300 万个，成为中国箱包销量最大的品牌。

后记
爱华仕品牌崛起历程

从 2004 年运作内销市场起到 2008 年，爱华仕历经波折：产品不适销、国际卖场排斥、库存压货严重，想借力 ITAT 渠道发展但 ITAT 却最终破产。历经 4 年的内销打拼之路，却在年销售额 1400 万元、库存 900 万件的坎上难以前进。但，爱华仕没有止步，老李同志也没有退回到“被别人掐着脖子但也很安逸”的外销OEM之路上。2008年年底，在资金并不宽裕的情况下，老李牵手叶茂中机构，启动了爱华仕的品牌之路：

2009年2月，叶茂中机构为爱华仕确立了“人人拥有爱华仕”的品牌愿景，以“老百姓买得起的高质量箱包”为产品切入点，把拥有大梦想的年轻人作为核心消费群体，构建了爱华仕全新的品牌价值主张：“装得下，世界就是你的”。

2009年7月，以“大象”为视觉载体的爱华仕新定位、新形象开始启动传播，得到了以家乐福、沃尔玛为代表的国际卖场的欢迎，爱华仕品牌的渠道建设进入了良性发展阶段。

2010年，基于整体市场的发展及箱包产品的消费特征，叶茂中机构与爱华仕确定了“以连锁大卖场为基础，以中档商场专柜和电子商务为两翼发展”的渠道战略，提升爱华仕产品的品牌感和市场覆盖率。

同时，爱华仕的高速发展引起了国际箱包品牌新秀丽的关注，新秀丽针对爱华仕的营销策略，被迫改变其在中国一贯的高价路线：如果某商场里有爱华仕品牌，那商场必须得同意新秀丽专柜内可以销售其二线的平价品牌“美旅”的产品。而在这之前，美旅只是新秀丽作为其拓展大卖场渠道的特供品牌。今天，在大多数新秀丽专柜内，消费者应该都可以购买到比新秀丽性价比更高的“美旅”产品了，这不能不说是爱华仕的功劳。

2012 年，叶茂中机构为爱华仕拍摄了新的广告片，再度演绎“装得下，世界就是你的”，并同步启动全国商场专柜的形象升级工作。

创新研发产品功能“3X 空间设计”，让爱华仕箱包的品质更加完善。

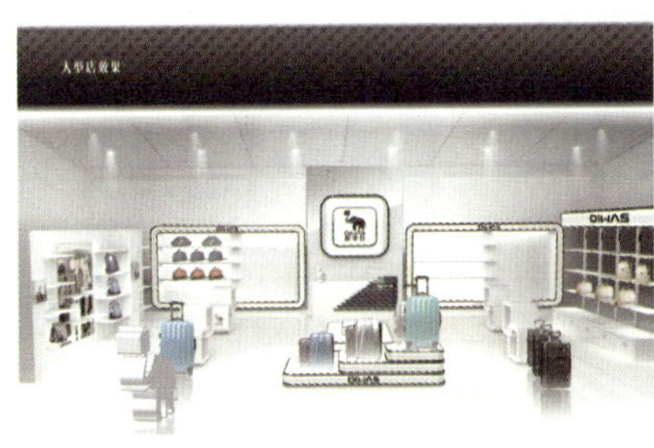

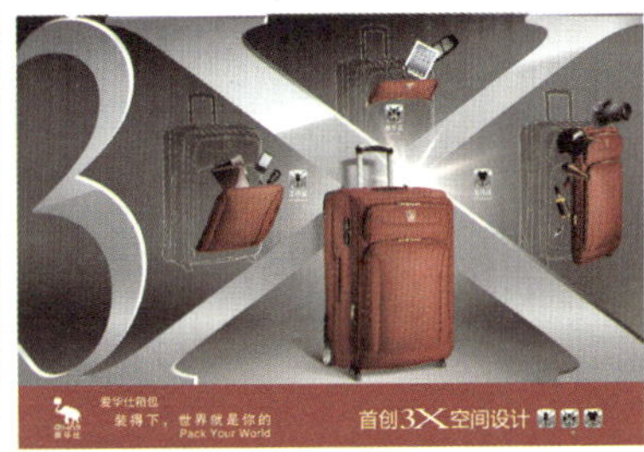

短短 4 年的时间，爱华仕经历了从 2008 年 3 万个箱包 1400 万元销售额，到 2012 年超过 300 万个箱包近十亿元销售额，成为行业销量第一的品牌，用俗一点的话说，爱华仕确实是飞起来了。

当然，成绩只属于过去，对爱华仕来说，销量第一不仅是荣誉，更是新的发展动力，这意味着爱华仕离“人人拥有爱华仕”的品牌愿景更近了一步，叶茂中机构和李建明先生知道爱华仕的未来会更广阔。

单焦点，多品牌的箱包帝国战略启动：

聚焦箱包，做好箱包。在爱华仕实现基础箱包销量第一的同时，一个新的远景蓝图已经开始规划和实施。

2013 年 4 月，作为爱华仕第二个五年计划中重要的战略组成部分之一，叶茂中机构全程策划的“劲美”户外和“轻生活”女包两大品牌正式进入推广期。

对有着一个箱包梦的李建明而言，爱华仕不是终点，轻生活、劲美也依然不会是终点，属于李建明先生的箱包王国，必将在未来绽放出更耀眼的光芒！

因为我们都深信：

装得下，世界就是你的！

先行者，永远在路上！

洞察冲突，滋源品牌开创无硅油洗头水新市场

在商业的世界里，我们相信永远有奇迹发生的可能。

没有什么竞争对手强大到无法竞争，也没有什么产品完美到无法超越。营销大师菲利普·科特勒对营销的定义是：发现顾客还没有被满足的需求并满足它。

人的需求是有限的，人的欲望却是无限的，在有限的需求与无限的欲望之间，就形成了人的冲突，每一个产品、每一个品牌其实都是针对顾客冲突的解决方案，一个新的冲突被洞察，即意味着一个新商业机会的大门被打开。

滋源的困惑
一款更好的产品应该怎么卖?

滋源是一款头皮护理的好产品。在相继成功打造美肤宝、法兰琳卡两个护肤品牌之后，作为环亚集团重点培育的，担负着未来与宝洁、联合利华等国际集团旗下洗护品牌竞争重任的第三个战略品牌，企业在滋源产品的研发上可谓不遗余力：

滋源是宝洁公司前任全球首席科学家杨建中博士倾力研发的最新产品；滋源追求 100% 纯天然，产品六无添加：无硅油、无染色剂、无矿物油、无尼泊金脂、无石油类表面活性剂、无动物性原料；滋源采用全球领先的德国德之馨、瑞士科莱恩提供有机成分支持。

相对市场上已有的头皮护理产品，滋源无疑是全方位领先的更好的产品，但在一个已经被飘柔、海飞丝、清扬、欧莱雅、云南白药养元青、霸王等国际、国内大品牌几乎垄断的市场里，头皮护理也恰恰是这些品牌正在发力的领域。

“更好的产品”从营销的角度是没有意义的，因为认知大于事实，消费者会更相信与青睐强势品牌的产品。

作为一个后发的新品牌，如何突破市场，如何在与强势品牌的竞争中占据优势，如何快速打动消费者，成为滋源产品上市第一阶段传播的最大课题。带着这个课题，环亚集团胡董事长带着团队找到了叶茂中营销策划机构。

头皮护理引领者
滋源的定位行不行?

莎士比亚有一句名言：大的火焰可以扑灭小的火焰。滋源作为一个新品牌，如果在传播上的战略发力点是强势竞争对手可以快速跟进的领域，那就意味着最终的决胜方将是实力更雄厚的一方，一旦形成这种局面，对滋源而言将是非常不利的。

在明确这一点之后，双方团队在会议沟通中很快达成了一个共识：即滋源团队自己确立的品牌定位“头皮护理引领者”不适合作为第一阶段的传播诉求。原因有三：

1. 虽然头皮护理市场现阶段还是一个初级市场，也是一个充满潜力的大市场，且竞争对手没有大规模发力，但强势品牌已经开始布局，一旦滋源从这个点切入，可以预见竞争对手会快速跟进。

2. 目前市场上已出现的头皮护理产品都是传统洗发水品牌在推广，同时由于产品属性相似，在一定程度上已经让消费者对洗发水与头皮护理产品形成模糊的印象，而这种先入为主的印象要通过传播去区隔是很难的。

3. 头皮护理是一个大概念，而对一个新品牌而言，张口吃天是要不得的，少就是多，核心诉求必须要精准到明确的产品属性，才能真正在短时间内促动目标消费者购买。

因此，“头皮护理引领者”作为滋源长远的战略目标是可行的，但并不是一个新品牌在竞争激烈的环境下打开市场突破口的最佳诉求点。

无硅油 PK 有硅油，洗头水 PK 洗发水 制造冲突，以树敌策略区隔并借力竞争对手

日常生活中经常有一个现象，人与人、团体与团体甚至国与国之间形成冲突，就必然会引起围观，营销的世界里也一样，品牌之间如加多宝与王老吉的冲突，康师傅与统一的冲突，360 与腾讯的冲突都引发了我们的关注，而在互联网时代，关注度对品牌传播无疑是很有意义的。

为什么会有冲突，因为冲突的双方是敌人，敌人之间是互不两立的，而在双方冲突的过程中，围观者出于同情弱者的心理，往往会给弱势一方更多的支持。

凡是敌人支持的我们都反对，凡是敌人反对的我们都支持。这两个凡是，无疑是后发品牌挑战强势品牌的最佳策略，其核心就在于制造冲突，通过树敌区隔并借力竞争对手。

硅油的秘密

当环亚集团胡董事长告诉我们现在 90% 以上的洗发水都含有硅油，而滋源的产品特点“6 无添加”其中一项就是不添加硅油的时候，叶茂中项目组就像看到了新大陆一样。通过深入的研究与沟通，我们了解到，硅油是传统洗发水的重要成分，洗发水能够使头发顺滑，主要是这种化学名为二甲基硅氧烷的成分在发挥作用，这种物质就是所谓的硅油顺滑剂。由于硅油把头发上的毛鳞片之间的空隙填满，所以洗完头发之后会很顺滑，但硅油的不透水性质和化学上的惰性，会导致毛孔堵塞，容易使头皮发痒，甚至引起脱发等问题。

既然洗发水中的硅油会导致这么多问题，而传统洗发水都是含有硅油的，那么站在敌人的对立面，滋源则是无硅油。

在对手都在诉求去屑、柔顺、滋养、天然洗护等，并且已经在消费者心中建立了强关联的情况下，无硅油相对于有硅油的洗发水就是一个巨大的冲突，滋源站在竞争对手的对立面，可以避开原有的竞争格局，让消费者以新的视角看待洗护市场和滋源。

经过双方的探讨，我们认为这个方向可行度很高，一方面，虽然国内目前 90% 的洗护产品都是含有硅油的，但是有不少专业线已经在销售不含硅油的产品，加之央视等媒体对含有硅油的洗发水的诸多负面报道，消费者对无硅油洗护理念已经有所接触；另一方面，据有关数据显示，目前日本已经有 59% 的人接受无硅油洗头的健康洗护理念，在欧美这一数字更是高达 63%，传播上从“无硅油”切入是一个顺势而为的选择。最重要的是，这是一个尚未有强势品牌涉足的领域，滋源完全有可能先发制人，抢占消费者认知上的制高点。

洗头水还是洗发水?

同样一盆水，它可以是洗脸水，也可以是洗脚水。虽然产品本质没有发生变化，但不同的命名方式以及使用情景的变化，让这盆水产生了完全不同的核心价值。

因此，在双方确定滋源直接以头皮护理切入市场存在很大的风险，并确定以无硅油树敌对手后，我们认为滋源在品类命名上依然需要站在对手的对立面。

无论从消费者认知还是目前市场已有的产品来看，洗发水已经成为一个约定俗成的品类，而洗发水毫无疑问针对的是消费者的头发问题。滋源从战略上是聚焦头皮护理的，因为头皮是头发生长的土壤，头皮好，头发才好，头皮才是解决头发问题的根本。虽然在消费者认知中，洗发水就是用来洗头的，但洗头水这一概念却是竞争对手从来没有提及的，当洗头水这一概念被提出之后，洗发水就被划定为只有单纯洗头发这一功效之列，而洗头及涉及到头皮的问题则需要洗头水。滋源在品类上同样选择站在竞争对手的对立面，以洗头水挑战洗发水。

当然，洗发水品牌要做第一已经太难了，可是做洗头水的第一品牌，对滋源而言就简单多了，毕竟成为第一胜过做得更好。

洗了一辈子头发，你洗过头皮吗？激活冲突，以劝诱的艺术转化消费者

滋源的战略战术思路已经十分清晰，好的产品，好的品类，好的策略，最后需要的是一个把这些都充分释放的好创意，将我们酝酿已久的冲突激活。

相对于传统洗发水，滋源无硅油洗头水毫无疑问是一个全新的品类和概念，尤其对于硅油这样的化学术语，普通大众的接受度并不高，消费者更是对个中复杂的原理并不感兴趣，从专业的角度做市场教育，传播效率会很低，而广告创意就是把我们想要传递给消费者的信息转化为消费者语言。广告是一种关于人的学问，更是大众文化的表现，传播大师说："广告的内容应当要涵盖消费者的经验。"

那么，消费者关于洗头发的经验是什么？

基于我们上述对洗头发、洗头皮的分析，大多数消费者几乎从出生开始就一直在说洗头发，但几乎所有人都不会否认，洗头发更多的是在清洗头皮，洗头发只是顺带为之，但我们还是日复一日的在说洗头发！

一开始滋源就选择站在了敌人的对立面，无硅油之于有硅油，洗头水之于洗发水，我们的创意同样要将这一策略进行到底。一直在说洗头发，为什么不是洗头皮？

洗了一辈子头发，你洗过头皮吗？

连客户听了都觉得这句话对消费者的挑衅意味太强，但初看是对消费者的挑衅，实则是在传播上树敌传统洗发水：一直在洗头发，你真的该好好洗洗头皮了。以树敌的策略和竞品对立，以劝诱的艺术撬动消费者的感知神经，进而转化消费者选择滋源无硅油洗头水。

洗了一辈子头发，你洗过头皮吗？

头皮好，头发才好

滋源洗头水

无硅油，不刺激，养头皮

无硅油洗头水，滋源

2014 年 11 月 2 日、2015 年 5 月 19 日，滋源总经理程英奇先生一行两度到访叶茂中策划机构，和我们谈到短短一年不到的时间滋源的市场反响，“洗了一辈子头发，你洗过头皮吗？”这句话现在已经广为人知，滋源通过全国主流媒体和消费者见面后，现在认知度很高，更重要的是市场实际反响的热烈。

截止到 2014 年 12 月 31 日，滋源线下网点建设已经超过 10000 家，并全面进驻沃尔玛、家乐福、屈臣氏、万宁、大润发、乐购、欧尚、华润万家、永辉、世纪联华等连锁超市系统，以及与百信、娇兰佳人等百强连锁合作专卖店渠道，其中 KA 系统及 LKA 系统超过 5000 家，CS 渠道全国一二三四线城市优质专卖店超过 5500 家，并且已经进驻天猫、微商城、京东及网络分销体系，2015 年，滋源的目标是实现商超网点的全覆盖，同时发力电商、母婴、微商渠道。

强大的品牌力、传播力和终端强势推动，滋源在持续不断地刷新销售记录：

2015 年五一劳动节期间刷新销售新高度，三天时间实现 5326 万的销售额；

2015 年 5 月 11 日这天，滋源天猫旗舰店更是取得了行业 TOP100 店铺单日销售额第一的成绩；

从 2014 年 7 月底产品全面铺货开始到 2015 年 4 月，短短 9 个月的时间，滋源市场零售额过 10 亿元。

根据 AC 尼尔斯的一项调查数据，滋源在全国线下渠道的销售额已经成为本土洗护品牌第一，不得不说滋源的成长值得我们为之喝彩。

我们知道，这还只是开始，站在对手的对立面，就意味着这是对手不敢轻易踏入的一个面，这更像是一场零和博弈，而滋源已经在一步一步获得更多的市场认可。

2015 年 5 月 19 日这天，滋源总公司广州环亚化妆品科技有限公司董事长胡兴国先生及团队带着公司另一个护肤品牌法兰琳卡，二度牵手叶茂中营销策划机构，带着客户对我们的肯定和信任，我们希望能够再创新的高峰。

不做导师，做帮凶
——法兰琳卡“我们恨化学”策划案

常言道，要把消费者当成上帝。不少企业对这句话的理解是有偏差的，他们把消费者当自己的孩子一样宠爱，在产品中加入数不清的功能，不管消费者需要不需要，总之就是为了他们好，这不是对待上帝的方式。

“God is a girl”。你要把消费者当成女朋友去追，光对他们好是不够的，十句我爱你也不如一句我懂你，你必须洞察到他们的冲突所在，解决他们迫在眉睫的问题，要做一个懂消费者的品牌。

典型同质化品类的突围课题

2014 年滋源品牌取得了巨大成功之后，环亚集团另外一个护肤品牌，有十三年历史的“法兰琳卡”，也将进行一次大规模的品牌升级传播活动。

和化妆品行业类似，很多民营企业所在行业都面临着和国际巨型品牌同台竞技的险恶环境。与国际品牌动辄几十亿的传播费用以及几十年上百年的品牌积累不同，国内大多数企业还处在品牌发展的积累阶段，实力相差悬殊。

这种资源的巨大不对称性决定了品牌在竞争的过程中，只有采取不对称的竞争策略，才能在一定程度上避开或者瓦解巨鳄对品牌的包围。这种不对称策略往往体现在渠道的深耕、品牌的本土定位以及对本地消费者心理的独特把握上。

显然，作为护肤品而言，“汉方”“本草”“自然”等理念，将成为本土护肤品对抗强势品牌的利器之一。

然而，这样就必然面临另一个随之而来的头痛问题，在本就被压缩的市场空间里，所有竞争的参与者共同争夺着同样一个稀缺资源，尽可能地“自然”概念的认知。这带来的后果是本土品牌扎堆严重，自然护肤领域同质化程度高，企业的品牌传播容易受到干扰，并淹没在竞争对手的声音中。

外有虎群肆虐，内有狼群扎堆。十余年专注自然护肤的法兰琳卡品牌，如何在依托自身产品和品牌优势的基础上，成功抓住消费者的注意力，打入他们的认知空间，是项目的最大挑战所在。

是兵行险招，还是顺势而为？

两个多亿的传播费用，充分显示了环亚集团抢占本土护肤行业领导者地位的决心。然而，钱怎么用在刀刃上，以什么作为传播诉求的重点，才能在红海一片的本土护肤市场杀出新血路？

我们决定采用大胆的传播策略！

放眼整个自然护肤市场，几乎关于自然护肤的各种支撑诉求，无论是草本原材料的功效，还是原材料的萃取方式，甚至原材料生长环境、来源地的故事，都已经有大量品牌进行了长期的传播。我们的空白在哪里？

回顾品牌自身，既有 13 年品牌沉淀所累积的忠实消费者和“植物”“芳香护肤”的认知，也有品牌升级后“自然有机”“欧盟认证”“全球采集”“无添加”四大优势。短短的十五秒广告片，必须取舍，要有一把割手的利刃！

叶茂中这厮常说，现在已经过了“胆”和“识”的时代，“胆识”的市场策略在今天已经让位于“洞察力、想象力、创造力”的横向营销。想要在诸如护肤品市场这样重重围攻的广告战里突围而出，创意是唯一的突破口。

当所有护肤品牌都在对消费者进行原材料教育、功能教育时，我们必须进行逆向思维，从消费者的认知路径中找到传播的机会。

当所有竞争对手都在说“天然”“无添加”的护肤品有着怎样的益处的时候，消费者已经接受了太多的教育。我们不必再告诉消费者自然护肤的好处，而是用逆向思维构建品牌的差异化，我要告诉你化学护肤怎么不好！

我们必须放弃对消费者“自然护肤”的再教育，而构建“化学护肤”和“自然护肤”的冲突，通过制造危机感，让消费者正视化学添加物对肌肤的危害，同时带出法兰琳卡自然纯净的卖点，真正把创意变成一把尖刀。

从传统的广告诉求方式来看，这是一个冒险的传播策略，然而在这个碎片化、自媒体的时代，最不缺少的就是品牌自说自话的平庸传播。看似兵行险招，实则暗渡陈仓，我们只是顺势而为，说出消费者所担心的东西。

不做导师，做帮凶！

即使策略的重点是构建冲突，但是从创意之初，我们就否定了展示化学危害的方式，出于几点考虑：

1. 化学护肤危害的认知已根深蒂固，不必再画蛇添足，15 秒的时间很难说清楚；

2. 令人不快的画面虽然效果显著，但也会给品牌带来伤害，若非策略需要，可以避免；

3. 中国消费者最不缺的就是讲道理，已经被教育了几十年了，作为呵护消费者的品牌，就不要唠唠叨叨了。

常言道，要把消费者当成上帝。不少企业对这句话的理解是有偏差的，他们把消费者当自己的孩子一样宠爱，在产品中加入数不清的功能，不管消费者需要不需要，总之就是为了他们好，这不是对待上帝的方式。

“God is a girl”。你要把消费者当成女朋友去追，光对他们好是不够的，十句我爱你也不如一句我懂你，必须要做一个懂消费者的品牌。

所以，关于化学护肤的危害，我们不做消费者的导师，而要当消费者的帮凶，同仇敌忾："我们恨化学！"

为什么恨，恨化学的什么，怎么理解不重要，因为一千个消费者有一千种担心。我们需要迎合的是消费者这种担心的心态和情绪，必须坚定地划清自然护肤和化学护肤的界限，坚决站在化学护肤的对立面，和广大消费者站在同一阵营。

同胞们，我们是你们的盟友，是你们坚强的后盾。我们的立场和你们一样，都是化学护肤的反对者，我们还给你们提供最好的武器，自然护肤的法兰琳卡，让我们和化学护肤对抗到底！我们恨化学！

祝法兰琳卡大卖！

做就做维生素糖果的领袖品牌

——“雅客V9”策划纪实

在800个糖果品种中挑明星

非典肆虐的2003年春天，雅客带着800多个糖果品种来到我们面前：精彩巧克力、伯尔巧克力、滋宝维生素糖果、好合、浓点、和喜、天天、巧配、卡米比列、小圈子、麦考利、可妙、派对时刻……铺天盖地地布满整个空间。

被800多个糖果品种包围，那是什么概念？那意味着雅客巨大的品牌架构整理工程，雅客家族明星产品的确立与论证，以及寻找糖果市场最有力的突破口等。

接手雅客的策划工作后，我们先是对糖果市场做了一个深度研究，结果看起来不是很乐观——糖果市场品类细分形成强势品牌占位或对弈格局。要生存，只有第一，少有第二，更少有第三、第四……一个个大大小小的山头上牢牢霸占着一个至多两个绝对强势品牌，进攻几乎是不可能成功的。

糖果业发展的趋势正发生着巨大的演变：早期的产品质量竞争→口味竞争→品牌差异化（功能化、个性化）竞争→品类差异化竞争。

一切都在告诉我们：没有现成的山头供我们立足，只有重新发掘新的山头，才有可能生存发展下去。这是中国糖果市场一个非常独特的现象。

而在我们调查的25个品牌当中，雅客的品牌认知度只有3%，广告的认知度排在最后，最喜欢的糖果品牌也排名靠后，才0.3%的支持率。

对雅客进行了全面的内部营销诊断之后，我们的心情更沉重了——庞大的多品牌策略构建了一个貌似强大的雅客家族，但在消费者心目中，雅客的综合指数却又如此之低，这说明了什么呢?

也就是说，雅客实际上是一个没有球星的球队，每个类别产品的销量都不大，那它拿什么跟其他品牌竞争呢?它的核心竞争力又在哪里呢?

糖果市场最近十年一直是不温不火，波澜不惊。是不是这样一个行业就应该是这样的状态呢?我们可以颠覆这个市场吗?看起来我们的策划工作不仅艰苦，而且富有挑战。

三个集中

要改变这种状况，我们一口气提了三个集中原则：

第一，品牌的集中。雅客很多类别的产品都有自己各自的品牌，光是注册下来的商标就有几百个，正在使用的有几十个，我们认为这是不妥的。中国企业家往往有种野心，希望能够做出很多品牌，实际上这是不太现实的，或者说是不可能的。即便你有钱去做很多品牌，你也不一定有能力维护那么多的品牌，尤其像糖果这样的企业，做那么多的品牌是没有意义的。其实这有点像伊利或者蒙牛的冰淇淋，冰淇淋每年推出的新品种至少是几十个，如果你每一个都去做一个品牌，每一个都去大规模打广告，企业肯定吃不消。所以，我们认为统一雅客的品牌是非常重要的，最后我们把焦点集中到了雅客这个品牌上。

第二，品种的集中。这句话听起来很简单，但做起来却是一个惊心动魄的选择过程。在这之前，雅客糖果其实做过很多产品的推广，但一直没有形成一个强势的产品品类，所以我们的策略就是第一步必须在一个大的市场里细分出一个小的市场，并在这个小的市场里做一条大鱼，而千万不能在一个大池塘里做无数条小鱼。也就是说，我们先打造一个雅客队的球星，然后以球星打响雅客品牌，再以雅客这个品牌带动其众多的系列产品销售。

第三，媒体的集中。这点我们在后面会专门谈论。

当前的问题在于：球星在哪里？

找到“球星”

先来看看宏观的糖果市场发展历程，近二十年糖果市场发展的起起落落：

（1）1987 年为糖果业的第一个鼎盛时期，年产量达到 105.5 万吨。这一阶段我们称之为传统市场供应，其特点表现为：

★ 以散装糖果为主 ★ 国营企业主导市场 ★ 缺乏市场规划 ★ 产品利益点还停留在质量层面

（2）进入 90 年代，糖果业迅速萎缩，1991 年，糖果年产量只有 42.5 万吨。盘整是这一阶段的最大特点。

（3）1996 年后，糖果业重新崛起。2001 年，糖果年产量为 85 万吨，少于 1987 年，但销售额却高达 135 亿元。包装糖果得到发展。这一阶段竞争日趋激烈，特点表现有：民营企业市场份额大；市场竞争异常激烈，新产品不断推出；外资品牌纷纷介入，占据资源优势；产品利益点已上升到口味、情感、功能；利用电视等传媒手段提升品牌形象；功能性糖果成为主流；几大品牌占垄断地位；产品利益点突出表现为关心消费者的体验感受、健康要求等；注重终端促销，利用整合营销手段与消费者沟通。

从糖果行业的发展历程可以看出，糖果的利益点经历了质量、口味直到现在的功能。人们对糖果的消费越来越注重健康，因此使咽喉舒适的薄荷糖、使口气清新的口香糖、富含维生素的果汁糖成为市场趋势。提到薄荷糖我们就想到荷氏，提到口香糖我们就想到箭牌，提到维生素糖果我们想到……那会是我们的机会吗？就像黑夜里划过的一颗流星，我们突然想到前两年维生素饮料鲜橙多的巨大成功，以及酷儿、每日 C 的相继成功。那么，是否维生素糖果也可以创造这样的市场奇迹呢？

于是我们继续进行深入调研，数据证实了我们的猜想：维生素糖果市场潜力巨大！

1. 由于社会进步，消费者对维生素的功能及其对健康的好处已经耳熟能详，60.4%的消费者认为需要补充维生素，80.4%的消费者有意识地采取过补充维生素的措施，81.7%的消费者买过维生素糖果，91.8 %的消费者表示愿意尝试维生素糖果。显而易见，启动维生素糖果品类无须太多的市场教育，消费者对维生素糖果已有一定的认知度。

2. 鲜橙多、酷儿、每日C是在饮料界掀起了补充维生素的热潮，单是鲜橙多就做出了20亿左右的市场，一片欣欣向荣的景象。善存片、成长快乐、施尔康、黄金搭档借非典之势销量急速增长。它们的卖点均与补充维生素相关。

3. “非典”结束后，人们形成了“补充维生素、提高免疫力”的观念，市场对维生素产品的需求空前高涨，许多维生素产品热销甚至脱销。

4. 大量的市场调查数据表明：希望通过吃糖果补充维生素的人居然达到了48.1%，仅次于采用吃水果和蔬菜的方式，比希望采用吃维生素保健品方式的高出20多个百分点。

5. 还有一个很有趣、很有价值的现象。在真正的维生素糖果高调入市之前。甚至有87%的消费者认为他们购买过维生素糖果，这说明了什么呢？在消费者的潜意识里已经有了维生素糖果这个概念。

所有这一切都说明：维生素糖果极有可能形成一个独立的品类市场。而在任何一个品类市场形成之际，都意味着一个领袖品牌的诞生可能，关键是谁看到了机会，并且抓住了机会。其实维生素糖果在市场上早就存在，比如维果C、各类果汁糖等，但并没有一个品牌有意识地将维生素糖果发展成一个独立的品类市场，所以它们只作为功能性糖果的点缀存在。

于是，在雅客拥有的800多个糖果品种中，我们选中了雅客滋宝——含9种维生素的糖果，每天两粒便能补充人体一天所需的9种维生素。后非典时代，在一片强烈要求“补充维生素”的呼声里，雅客滋宝的面世可谓生逢其时。

战略大转移——从滋宝到 V9

在严谨缜密的市场调研之后，我们提出了雅客滋宝的市场目标：做维生素糖果市场的领袖品牌，因为机会就在眼前。这一想法得到了雅客老总陈天奖先生的激赏，大家一拍即合。

雅客滋宝的老包装呈现在我们眼前：不同深浅的橙色层次交错，描绘着天然健康的食欲诱惑。就一款单纯的包装而言，它已经是优秀的了。而雅客滋宝的命名则存在着一些明显问题：以副品牌为出发点的名字，却给人以独立品牌的感觉。

一般副品牌的命名要求主次分明，否则容易干扰主品牌的发展。比如我们以前为伊利冰淇淋取的副品牌名字“四个圈”，一看就明白“伊利”与“四个圈”之间主副品牌的关系。

更重要的是，雅客维生素糖果的目标已经很明确，要成为维生素糖果市场的领袖品牌。我们要求它从名称就开始占位。营销 22 条法则中有一条类别法则，就是要求产品尽量明确品类的代表身份，而感知法则是要求产品与消费者头脑中的印象或经验相符合。

所以我们要求命名必须能跟维生素产生最贴近的联想，最好是维生素的公认代表符号，这样既区别了维生素糖果品类，又符合消费者的固有认知。含 9 种维生素的雅客糖果，含 9 种维生素的雅客糖果，含 9 种维生素的雅客糖果……可不就是“雅客 V9”吗？

市场调研告诉我们，在消费者的印象中，V 与维生素的联想关系是非常近的。无论作为产品类别的 V，还是作为产品利益点的 V，雅客 V9 都一网打尽了。且“雅客”与“V9”的主副品牌关系一目了然。还有比“雅客 V9”更好的命名选择吗？

在迷雾重重中寻寻觅觅之后，却与对方不期而遇。这种百转千回豁然开朗的感觉，可真是踏破铁鞋无觅处，得来全不费功夫。

至此，雅客品牌打造的战略目标已经成形：

第一步，以雅客 V9 抢占“维生素糖果”第一品牌；第二步，以“维生素糖果”为龙头，带动其他副品牌共同成长；第三步，构建品类市场竞争壁垒，为雅客集团发展创造良性环境。

一旦确立了雅客 V9 抢占维生素糖果品类市场的战略目标，一系列抢占品类资源的动作就迅速规划。

策略先行：抢占品类资源

抢占品类名称资源：雅客滋宝改名为雅客 V9，V= 维生素，V9=9 种维生素。

快速抢占品类视觉形象：

（1）抢占橙色：橙色是维生素的代表色；

（2）借符号的势：在包装上将维生素“视觉化”“符号化”；

（3）设计飘舞的“V”和“9 色彩虹带”构成 9 的视觉组合。

快速抢占渠道资源：

（1）以定价策略为杠杆，撬动网络资源；

（2）利用招商大会，鼓动经销商热情；

（3）煽动市场气氛，反拉渠道参与；

（4）强力市场支持承诺并及时兑现，增强经销商信心；

（5）锐利清晰的产品概念是吸引渠道合作伙伴加盟的重要原因。

快速抢占消费者心智资源，也就是前面提到的三个集中：

（1）品牌集中：集中雅客所有资源于雅客传播，打造雅客 + 副品牌的家族品牌构架；

（2）品种集中：以“V9”为核心，打造维生素糖果第一品牌，并以此带动雅客旗下其他品牌的成长；

（3）媒体集中：中央电视台播放，集中投放时间，短时间内冲破消费者的心理阈值。看起来干干脆脆的几条策略，执行起来其实蛮多枝节的。

构建维生素糖果的竞争壁垒

首先是打江山和守江山的命题。

都说创新者是勇敢的，跟随者是明智的。但是，太多的创新者到头来并没有成为真正的市场霸主，当步步高在享受 VCD 市场这块大饼时，有多少人还记得 VCD 的发明者万燕呢？对资源有限的弱势品牌而言，发动一场战略意义的进攻战显然是冒着极大的风险的。

其一是后续资源能否接上；

其二是遭遇强敌时能否有足够的对抗力。

所以在战争发动之初，一定要想好后续的能量如何积聚，如何保持持续的爆发。

所以，竭尽所能地建立壁垒就成了整个战略目标的一部分：

（1）GMP 车间——药品级的生产技术壁垒；

（2）通过申请，雅客获得了中国营养学会认证——权威机构保证；

（3）邀请世界最权威的糖果研究机构——D&F 及世界最权威的糖果巧克力大师——伊万·法比瑞共同合作，以专业的产品设计确保了雅客 V9 的品质与功能——专利壁垒；

（4）V9 名字独占品类——消费者心理壁垒；

（5）V9 一系列抢占资源的营销行为形成的市场壁垒；

（6）申请糖果业唯一一个保健食品批号，很难，但也是很重要的身份壁垒。后来的事实表明，这些壁垒的建立在客观上阻挡了竞争对手的跟进，为雅客 V9 的先期市场推广赢得了宝贵的时间与空间，最终帮助雅客 V9 完成了维生素糖果领袖品牌的占位。

雅客 V9= 创新 + 运动 + 健康

我们希望从一开始就让雅客 V9 具有一种与众不同的形象与气质，首先要找出雅客 V9 的品牌定位与品牌调性。雅客 V9 的命名构成是主品牌（雅客）+ 副品牌（V9），它仍是雅客食品家族的一员。所以，品牌内核的挖掘是从雅客食品开始的。

雅客食品是怎样一个品牌呢？下面这些“第一”可以帮助我们找出雅客的品牌核心价值：

第一个投巨资建立国内权威的甜品实验室。第一颗中国夹心太妃糖。第一块伯尔涂层巧克力。第一个（也是唯一一个）获得中国消费者协会“315标志产品”认证的糖果企业。第一个与D&F技术合作的糖果企业，成果为含9种维生素的糖果。中国糖果界的第一个中国奥委会赞助商。并冀望在第一时间与国际糖果巧克力生产新科技同步。

我们发现三个与雅客V9相关的重要价值所在：

“第一”——创新精神；奥运赞助——运动精神；维生素——健康要素；创新＋运动＋健康＝雅客V9

一个“总想走在前面”的雅客V9出现在我们面前，它带着与生俱来的领袖气质。雅客V9的品牌定位与品牌调性也已然呈现：雅客V9是一种具有创新精神、充满运动活力、为身体补充维生素的健康糖果。

雅客V9的品牌传播亦将围绕“创新、运动、健康维生素”展开。为了体现雅客V9的健康感，我们专门设计了飘舞的V和9色彩虹带构成的9的视觉组合图形，整个元素充满青春活力，仿佛维生素带来的新鲜动力源源不断地注入生命体。为了体现雅客V9的运动精神，我们设计了水果与球类融合的主视觉元素，比如橙子篮球、柠檬橄榄球、橙子足球、橙子垒球、橙子排球等。围绕着水果球舞蹈的火焰，则体现了雅客V9源源不断的创新精神和顽强的生命力。橙黄与鲜红的主色调令整个视觉表现灿烂而响亮。这些视觉元素广泛运用于雅客V9的包装，以及路牌、灯箱、跳跳卡、吊吊牌等所有平面宣传物料。尤其当各种水果球缤纷绚丽地吊在空中招摇过市时，那真是一种奇特的视觉盛宴。想吃维生素糖果的，就快跟上吧。

周迅要加盟雅客V9的啦啦队了

为雅客V9寻找一个合适的形象代言人一直是雅客和叶茂中营销策划机构探讨的课题。

在明星代言成风的今天，走明星线路实在是让人又爱又恨：操作得当，借明星之力一夜成名；操作不当，借不到力不说，还要无端产生一些负作用，所以用明星一定要特别小心。我们相信雅客V9本身就是一颗明星，其形象代言人必须跟雅客 V9 有某些共通之处：健康、活力、明星特质。而且我们希望把雅客 V9 做成有一点运动感觉的产品，因为中国正在进入一个体育时代，2004 年雅典奥运会以及 2008 年北京奥运会，我们希望从现在开始就把体育精神融到雅客 V9 里面去，赋予它一种运动感、活力感。一轮搜索之后，雅客将目标锁定在周迅和徐静蕾二人，又经过几轮测试，数据显示古怪精灵、活力十足的周迅比邻家女孩徐静蕾更贴近雅客 V9 的感觉。最后雅客 V9 尊重大多数消费者的意见，形象代言人选择了周迅。

广告片创意非常单纯：新鲜而灿烂的阳光中，周迅奔跑在都市的大街小巷，吸引了众多追随者，形成奔跑的奇观，而原因，则由雅客 V9 引发。

这支广告片的目的是强力抢占维生素糖果的概念，并引领扩大整个维生素糖果市场。以本年度具有创意精神的糖果切入，用基本利益点“两粒雅客 V9，补充每日所需 9 种维生素”来支持中心内容，最后让周迅用一句号召式的话语：“想吃维生素糖果的，就快跟上吧！”自然而然不露痕迹地将雅客 V9 定位于维生素糖果行业领袖，又巧妙地完成了该角色概念的传播。

这是一支非常有冲击力的广告片创意，但是执行起来难度非常大。盛夏的太阳考验且不去说，光是场景的转换与控制就令我们大费周章，出动了一个排的警察维护秩序，又是封路，又是开道，声势浩大，而 1000 名群众演员的调度更是影片拍摄的一大挑战。但是一个大品牌的建树是每一个环节都不能输的，否则极易功亏一篑，无论多难，我们都要坚持到底，不能有一点马虎。

从事广告业 20 多年，我们接触过很多非常棒的客户，但也碰到过许多非常可惜的客户，因为某些环节的要求不能坚持，结果损害了品牌的成长。幸好雅客和我们对品牌建树有着同样的坚持，所以雅客 V9 传播要求的每一个细节，我们都为雅客 V9 做到了。特别令人敬佩的是，雅客食品项目组一行自始至终跟我们的制作组并肩作战，并且提了很多建设性意见，无论多艰苦的条件，多艰难的考验，没有一个逃兵。

为了让雅客更容易记忆，我们特别设计了一个特殊的声音识别，非常可爱的“雅客”发音，配合特别的音效，让人一听就记忆深刻，难以忘怀。

我们带着广告片去雅客交提案，下午四点，正是最易犯困的低潮时分。但是广告片一播，大家的情绪一下就被激活了，雅客老总陈天奖更是激情流露，这种情绪一直高昂到晚上八点。在雅客食品全国营销人员会议上，我们的广告片再次进入提案。刚刚播放第一遍，全场“哗”地就响起一片掌声，足足持续了5分钟，所有人的情绪都被调动了起来。营销人员一致公认：雅客V9的广告片是所有糖果广告中最具冲击力与感染力的。这样的评价，真是太激动人心了！

集中媒体让传播更有力量

一个新的产品，首先要迅速建立广泛的品牌知名度，而对雅客V9来说，还要同时让维生素糖果的概念迅速普及，最终拉动市场需求。

雅客过去这10年来陆陆续续地投过不少广告，在全国一些卫视上也有投入，但是效果都不是非常明显，几乎没有什么知名度。雅客的老板形容，都是“散弹打鸟”，没有什么太大的作用，浪费的岂止是一半的广告费。我们认为，如果广告费低于1000万的话，打中央电视台没有太大的意思。你在中央电视台投几百万可能没有什么效果，就像一把盐撒在游泳池里一样没有感觉，不如在一个地级台投放这个广告；但是你有两三千万的时候，不打中央电视台就很吃亏。

经过反复研究，我们为雅客V9的电视媒体传播制定了两条原则：

1. 门当户对原则。雅客V9要想成为维生素糖果的未来领袖，就要选择最有领袖气质的媒体，谁是最有领袖气质的媒体？当然是中央电视台。不温不火了10年的糖果市场，急需一个领袖品牌来带动。

2. 集中原则。集中时段，集中媒体。因为资源有限，“散弹打鸟”没有太大的作用，集中在央视的几个时段投放，准确性和有效性就可以得到保证。叶茂中作为中央电视台广告策略顾问，在与央视的谈判中也帮了雅客的忙。

8月26日，具有极大的冲击力和感染力的电视广告《雅客V9跑步篇》开始在中央电视台的黄金时段播出。周迅巧妙而自然地解释了雅客V9的最大卖点，并迅速得到了广泛的传播。

在投放节奏上我们苦心经营，力求以最少的钱达到最好的效果——8月26日—9月底为第一个传播高峰期；10月1日至7日我们又增加了国庆看点的贴片广告，掀起第二个传播高峰。一天7次，每次30秒、15秒、5秒各一次，因为那期间正好是全国糖酒会举办的日子，又是国庆收视高峰期。7日后立即将量减掉一半，一直到11月底都只做隔天播出的招标段；12月1日到春节前又展开轰炸，制造第三个传播高峰。

这种脉冲式的节奏比不动脑筋的细水长流和平均分配效果好两倍，而并不多花一分钱，同时也建立了高度的声音门槛以阻止竞争对手的跟进。

N度品牌传播为雅客V9加油

根据雅客V9目标消费群可能的接触点，我们制订了雅客V9的传播组合策略：

空中影视轰炸——告知消费者雅客V9的诞生，解决雅客V9的品牌知名度问题；平面及网络软文灌输——教育消费者雅客V9的功能与利益点；

车体、地铁灯箱、写字楼及高档社区电梯间广告——提醒消费者雅客V9无所不在；

锁定终端拦截——吸引消费者关注雅客V9，尝试雅客V9事件与活动；

网络游戏——加强与消费者的互动，拉近雅客V9与消费者的距离。

雅客V9品牌传播运动有步骤、有节奏地展开了。先用软文与公关运作来为整个品牌传播运动热身。周迅出任雅客V9代言人事件被炒作得沸沸腾腾，令人欣慰的是，周迅在整个过程中非常配合，令雅客V9的品牌热身取得事半功倍的效果。接下来是空中影视媒介的轰炸式灌脑运动，在短时间内迅速提升雅客V9的认知度与影响力。同时，各类提醒式广告也纷纷登场，让消费者无处可逃。

2003年盛夏，一场雅客V9与气温的热度竞赛拉开了。当雅客V9的热度超过10年来上海最热一天的最高温度时，超大规模的新品派发品尝会更将热度推向全新纪录。值得一提的还有终端拦截的动作，我们设计了很多有趣的游戏提供给消费者互动。比如我们设计在货架上安装了一个篮球框，又准备了橙子篮球，消费者可以现场玩投篮游戏。又比如我们在立牌“周迅”向上弯举的前臂上装置一个足球框，而在其小臂上画上一只橙子足球，只要消费者拨动“周迅”的胳膊，小臂上的足球就会进到前臂上的足球框内。装置有自动摇摆功能的摇摇卡则可以让“周迅”自得其乐地投篮进球，百发百中。而投篮和进球的游戏更简单地设计成两张纹身贴纸，只要消费者分别将框和球的图形贴在前臂和小臂上，胳膊一弯一伸之间就可以享受进球的乐趣。这个游戏在网络上一样可以大显身手，还可以积分呢。

雅客 V9 上市推广大获全胜

经过雅客 V9 的传播活动，我们不仅成功实现了雅客 V9 的上市，也使雅客品牌的知名度得到了大幅度提升，并迅速拉动了雅客系列产品的销售成长。

雅客是从 2003 年 8 月 26 日正式开始推广活动的：

初期，雅客公司客户服务部的咨询电话每天就接到 50 多个，15 天后每天达到 100 多个，雅客网站的点击率达到每日 3500 次。这说明我们品牌集中及产品品种集中的策略，通过电视媒体的集中投放，已经产生了一个非常好的传播效果。

此后不久，雅客招商会开幕，一天的签约金额就高达 2.3 亿元，经销商预付款达到 6700 万元。一个单品在上市当天能创造出如此记录，这在糖果行业的历史上是从来没有过的事情。

以往从新产品上市到产品上架，大概需要 90 天，也就是差不多三个月的时间，而雅客 V9 的全国铺货只用了 32 天就全面进入各大终端。

上市一个月，雅客 V9 仅在福建省就产生了 230 万元的销售业绩，是前一年同期雅客所有产品销售总和的 4 倍，而且还在增长。照此推算，雅客 V9 全年 12 个月在福建省就可以卖到 3000 万元，何况目前雅客 V9 在全国是供不应求。

其间发生了很多振奋人心的小故事：

中秋节晚上，雅客的高层都收到一份特殊的“中秋礼物”，那是一条写着如下内容的手机短消息：福建邵武张先生来电，雅客V948克随身装在邵武一中校外店陈列后22分钟销售240盒，110克自用装销售56包，断货收场！

雅客公司副总经理怀揣雅客V9经销权出差到内蒙古某市，下飞机后的一幕让他顿时傻眼：竟然有8家公司8部车子等着接机，不知道要上哪部车！

雅客V9后悔让这些灵敏的商业人士知道自己的行程。

全国糖酒会上，两个赤峰的经销商为抢夺雅客V9的经销权争得不可开交，最后比谁的订货款到得快，其中一个经销商10分钟后就把10个月的货款到位了。

有趣的是，雅客公司某区域经理在火车上竟然碰上一次“艳遇”，一个漂亮的女孩缠着他要电话号码，女孩说，自从她看到雅客V9的电视广告后，就找遍该市的大街小巷，可惜该市雅客V9尚未上市。今天看到有人随身带着印有雅客V9字样的手提袋，就追问在哪里买到的，当她知道这个人是雅客公司的区域经理时，就留了自己的电话号码，要他上市后通知她。临下火车时，女孩反悔了：你这么忙，肯定没空给我打电话，你把你的电话号码给我，我会隔两天就打电话提醒你！

近段时间，雅客公司的营销部门所有人最怕的是电话铃声，客户的电话都是催货电话，但由于当时没有预估到上市后有这么大的效应，24小时满班生产，还是没能满足市场需求的1/3，公司正积极扩大产能满足市场需求。

雅客V9的火爆带动了雅客其他品种的销售，与前一年同期相比，上海销量增长500%，宁波增长450 %，杭州增长400%，辽宁增长530%，四川增长340%等。2003年，雅客V94个月在全国卖到3.5亿元。

为什么一个原本知名度低，销量又不大的品牌能做到这样？就是因为它发现了维生素糖果独立的品类市场机会，第一个抢占这个位置，如入无人之境。而且它将品牌、产品（卖点）、媒体三集中原则真正执行到位了，以迅雷不及掩耳之势创造了这个奇迹。2003年12月23日，雅客V9策划获中国营销创新奖。同时获得该奖项的还有宝洁、蒙牛、统一、宁夏红、小肥羊。

评选单位是中央电视台和《销售与市场》杂志。

借势奥运，再火市场

前进的脚步一刻也没有停止。2003 年取得巨大成功之后，雅客 V9 在 2004 年还能制造什么热点吗？ 2004 年，最大的公关事件非奥运莫属！作为两届中国奥委会赞助商，雅客 V9 如果不能借奥运之势再上层楼，就太交待不过去了。

在福建晋江爱乐酒店的小茶室里，叶茂中这厮和雅客陈总在雪茄袅袅的烟雾中开始密谋一个借势奥运的大手笔。也许是雪茄的作用，也许是被雅客 V9 在 2003 年取得的成功所鼓舞，大家都认为雅客可以做一点更高调的动作了：给奥运补维？奥运需要维生素，奥运更需要士气。让雅客 V9 暂且搁下维生素，尽心尽力地为中华健儿的出征擂鼓助威吧。新疆、戈壁、雪山、天池，数百面战鼓排成铺天盖地的阵势。

周迅和李永波带头擂响了中国出征奥运的第一声战鼓。刹那间，天地怒吼，鼓声轰轰烈烈响彻云宵，雪山为之崩裂，天池为之激荡。雅客 V9《奥运助威篇》TVC 震撼登场。2004 年奥运期间，《奥运助威篇》TVC 在央视及各大卫视大量传播，因为是公益广告，所以仅用极少的费用就造成了极大的反响，成为奥运期间动作最大的品牌，甚至造成雅客是糖果行业领袖的感觉。

与此同时，终端配合奥运传播的主题促销亦如火如荼，收到了巨大的成效，巩固了雅客 V9 在维生素糖果市场领袖品牌的地位。雅客 V9 奥运公关活动真是既赚了美名，又赚了银子，名利双丰收。

渠道深耕，图谋大业

在上市之初，雅客 V9 的渠道建设曾经历了一个先乱后治的过程。

正如前文所述，为了快速占位，快速启动市场，快速成长品牌，雅客 V9 在渠道的建设上也从快速入手：快速铺货，快速建网。快速行动的效果

是惊人的:

仅用9天准备时间便成功召开了招商会:签约2.3亿元,预收货款6700万元;3天之内,经销商数量从300家增加到626家;招商会结束至全国铺货完毕只用了32天,进入全国大中型零售终端36000多家;一个星期派发完2000万粒雅客V9,到达率90%以上;2004年,48克雅客V9成为糖果行业中销量最大的单个SKU;维生素糖果已经成为第五大糖果品类(相对独立品类口香糖及巧克力除外),而雅客V9占据了维生素糖果品类91.02%的份额,处于垄断地位。

随着雅客的快速发展,根基的夯实成为进一步发展必须要解决的问题。

先从渠道深耕入手,制订了一系列终端管理计划:

(1)将终端进行分类分级,制定相应的终端陈列标准;

(2)确定典型终端门店,重点资源扶持;

(3)打造"声音"门店,发挥榜样的力量;

(4)流程化固定巡访,具体内容可以概括为:三张表一张卡,每日工作标准化。

另外还创造性地致力于打造分销联合体,以更好地帮助渠道,同时也加强了渠道控制力:

(1)签署厂家、经销商、分销商三方协议;

(2)产品复合渠道经营;

(3)确保县区级唯一分销,控制冲流货;

(4)为经销商提供专业支持。

具体内容可以概括为:依托一个巡访模式、一张表、一张卡,对区县级独家分销商开展巡访!

通过这些动作,雅客的渠道体系更加完善了,承载雅客发展大业的能力也大大增强了。在最近一次1000多名经销商参与的雅客新品招商大会上,原定早晨9时的开会时间,9时1分正式开始。雅客团队的执行力及渠道素质的成长,由此可见一斑。

传播深化，建立“我的补维站”

经过一年多的传播，雅客 V9 的知名度已经很高了，维生素糖果的占位也如愿完成。

然而市场上各种各样的声音也多起来：这个小小的雅客 V9 里真的有维生素吗？两粒雅客 V9 真的能补充一天所需的 9 种维生素？吃糖果补充维生素可信吗？

焦点直指雅客 V9 是否真的含有维生素。雅客 V9 品牌传播进入了深化期。我们设定了建立两个关系的目标——第一，建立雅客 V9 与维生素之间的关系：雅客 V9= 维生素。第二，建立雅客 V9 与消费者之间的关系：消费者 + 雅客 V9= 日常消费习惯。

我们认为，只有这两个关系建立了，雅客 V9 才算是一个真正完整意义上的品牌。为了建立第一个关系，从 2003 年年底开始，雅客就在努力申请雅客 V9 的保健食品字号，2005 年，雅客 V9 终于获得保健食品证书，从理论上和权威认证上建立了与维生素之间的关系。而雅客 V9 在国内糖果行业中率先通过 GMP 认证，生产达到了药品标准，也坚固了雅客 V9 维生素糖果的可信度。当然，维生素原料供应商罗氏制药也是个专业的、有力的支持。通过包装、终端物料以及大量的软文，这些信息正广泛传播。

跟消费者的深度沟通也一刻不停地在推进。先是增加产品规格，让更多的消费者接触到，让消费者有更多选择，加强雅客 V9 与消费者之间的关系。而条包的推出更引发了销量的井喷式增长。在传播上，我们提出了一个新的核心概念：我的补维站。

“补维站”言简意赅地表达了雅客 V9 的功能，并且具有很强的科技感与形象感。

“我的”则对应消费者，力图营造一种归属感，借归属感拉近雅客 V9 与消费者的关系。

在视觉上，我们专门设计了一个箭头造型的“补维站”，可以二维，也可以三维。很快，“补维站”出现在了雅客 V9 的包装、终端陈列、影视广告、主题促销活动中。我们甚至想把它做成城市中心雕塑，因为雅客 V9“补维站”的造型实在太有冲击力了。以补维站为载体，雅客 V9 品牌传播形成了 TVC、终端展示、地面媒体的三者统一。

补维站的核心概念，极大活化了雅客 V9 品牌概念，将雅客 V9 补充维生素的功能形象化、视觉化，更加容易认知和接受，同时加强了产品与维生素，与消费者之间的关系。

新一轮传播热潮掀起来了，雅客 V9 在新的起跑点向着更辉煌冲刺！

雅客“DI 嗒 DI”——一秒吃到奶香哦

雅客 V9 无疑是 2003 年叶茂中与雅客公司初次携手的胜利果实，并且使它引领了一次糖果业的风潮！

2004 年，雅客再度与叶茂中合作。这次，雅客带来了突破传统，流行欧洲的硬奶糖，由国际著名糖果大师伊万·法比瑞先生研制，其奶糖形态、口味、配方成分、营养含量，都具备国际优势。

新的雅客奶糖摆脱了软奶糖粘牙、糖份高等不利因素，但要与奶糖霸主“阿尔卑斯”等区分开来，还需要一个明显的差异点。

奶糖，人人都喜欢好吃的，那么什么样的奶糖才算是好吃呢？奶味要足，入口即化的奶糖。其他的奶糖入口需要 3 秒才有奶味，雅客的奶糖只需要 1 秒，那雅客不就是最好吃的奶糖吗？雅客奶糖的 1 秒让好吃的奶糖有了新标准。1 秒吃到奶味，典型的物理属性，简单有力地把雅客奶糖与所有的奶糖区分开来了。那么，1 秒的符号是什么，雅客奶糖的符号是什么？读到 1 秒，耳边就响起“滴答滴”，是时间运转的声音，又像节奏在运动，结合设计美感及视觉动感，雅客奶糖的名字诞生了：“DI 嗒 DI”。同时广告语也显现：“雅客 DI 嗒 DI，一秒吃到奶香哦！”

雅客益牙木糖醇

2005 年，叶茂中接过雅客的新产品雅客益牙木糖醇，开始新的赛季。

调查表明，木糖醇已不是新的品类。市面上的木糖醇：益达、乐天……已十分成熟，消费者也十分认可。在这个市场上，雅客益牙木糖醇是一个后来者，后来者就必须有它独特的优势！

雅客是一个创新的集团，雅客的产品决不是默默地复制别人的产品。雅客产品研究中心使用高科技，诞生的雅客益牙木糖醇比别的木糖醇多加了 VC 营养。它更加护齿，更加洁白牙齿。这个独特的物理属性，因为它的高科技含量，形成了明显的诉求点。由此出发，我们需要更加出位的符号，来体现雅客益牙木糖醇的与众不同。

那么高科技的代表是什么呢？火箭，飞船，宇航员……这时我们为雅客集团提炼的理念“总想走在前面”提醒了我们。雅客的高科技不是单纯的追求，它还必须领先于别人。看一下，谁是走在最前面的，也就很明显了。宇航员，走在我们最前面，利用高科技总是领先于我们。而且 2005 年，是“神六”即将飞升的一年，大家对它十分关注。抓住航天热，我们出位的符号，终于有了。在此之前，我们也帮烟草品牌红金龙成功抢占了太空人这个形象资源，取得了巨大成功。

雅客益牙木糖醇，在宇航员神奇的太空飞行中，出奇地表现雅客益牙木糖醇超乎寻常的作用：保护加营养，双重益牙！

后记

雅客 V9 的强力出击，为不温不火的糖果行业注入了极强的活力。2003 年 8 月底 V9 投放央视广告后，引起大批糖果企业的跟进，行业发展加速、洗牌加剧、行业集中度增强，并进一步引发 2003 年的“糖衣炮弹”现象，点燃 2004 年“奶糖大战”的导火索；2003、2004 年糖果行业的广告投放量超过之前 10 年的总和，这两年的市场增长率也都在 15 % 以上，远远超过 2000 年以来的 8 % 左右。行业的巨大变化带来新的商机，雅客借此于 2004 年和 2005 年分别推出“雅客 DI 嗒 DI”和“雅客益牙木糖醇”，并都取得了相当大的成功。光是 2005 年 8 月 4 日雅客新品订货会成交额就逾 10 个亿。中国糖果业谁与争锋？加油！雅客。

叫板国际大鳄　冰立方更有战斗力

——“雅客益牙·冰立方”案例

2011 年伊始，益牙·冰立方刚刚完成全国市场的成功铺市，就受到各地经销商的高度追捧，华北断货、华南断货，产品供不应求……

2003—2011 年是叶茂中与雅客并肩战斗的 8 年，也是雅客一路疯狂生长、一路见证奇迹的 8 年。

2003 年，雅客 V9 成功抢占“维生素糖果”第一品牌的宝座。

2005 年，雅客益牙在外资独大的口香糖市场脱颖而出大获全胜。

2008 年，雅客销售额突破 20 亿，之前还名不见经传的雅客已稳坐国内糖果领袖品牌的位置。

2010 年，雅客再度发力，推出全球首创的创新型口香糖——益牙·冰立方。

在愈演愈烈的口香糖市场，益牙成功颠覆了想象，举起了国内口香糖第一面反攻的旗帜，并迅速打开了局面，强势地冲击着口香糖市场外资独大的格局。但是，市场营销就像一场永不落地的排球赛，你有半点的喘息和怠慢，就有可能导致手里的球落地，你就可能被宣告离场。

绿箭、益达、乐天个个身手矫健，轮番出击，新包装、新口味，甚至不远万里去敦煌沙漠拍一支新的广告片……作为黑马的益牙当然更不能停下手脚，每一次短暂的安静都是为了更致命的扣杀！当雅客拿着外形独特，加入了超凉配方的这样一款全球首创的创新型口香糖找到我们的时候，叶茂中眼前一亮，好，是时候了！

如何让市场喜新不厌旧？

为新产品找到新的扎根土壤

从 2005 年成功上市到今天，益牙已经迅速成长为能与外资巨头相抗衡的国产口香糖品牌，市场份额和销量稳步上升。于是，这款新产品摆在叶茂中团队面前的第一难题就是——如何不去争抢益牙原有的市场，如何让消费者喜新不厌旧。

我们看到，原益牙产品的消费群体覆盖面较广，强调产品功能性诉求“益牙益牙哟”。所以这款新的产品必须要区隔消费人群，并为新的消费人群创造出另外的购买理由！

我们选择从口香糖的主力消费群体上入手，也就是年轻消费者。如果说益牙原来的成功走的是“曲线救国”路线，那若直指年轻消费群，我们无疑是走到了战场中心。但同样的道理，“商家必争之地”必将是一个有理想做成大品牌的企业必须要争夺的市场，或早或晚，只有赢得了这个市场，才能算得上是真正意义上的胜利！

给新的人群找到新的购买理由

更艰难的是，年轻消费者也是最难打动的，我们如何才能赢得这些已经被各大品牌争相“竞聘”过的消费者的芳心呢？雅客特地找来了年轻优质偶像王力宏代言。虽有王牌在手，但深度洞察消费需求，创造打动人心的购买理由，并且建立有效的沟通才是核心关键！

年轻消费者，为什么吃口香糖？

清新口气？清新口气是基本需求，而且所有口香糖都能满足消费者这一需求；

保护牙齿？这是更高的要求，这也是原先益牙产品的传播诉求（包括品牌名）；

缓解压力？易建联与球迷分享他和众多 NBA 球星在各大赛事前舒缓压力的秘诀——咀嚼口香糖；临近高考的学生也喜欢用咀嚼口香糖的方式减轻焦虑感；很多年轻人更是离不开口香糖，就像很多人在紧张的时候，手不知道往哪儿放就会插在口袋里，看似装酷其实是缓解了紧张情绪；几份来自国外的研究表明，咀嚼口香糖可引起 α 脑波增强，有助于舒缓紧张情绪，减轻压力，56％的被调查者同意“咀嚼口香糖帮助克服日常紧张情绪”的说法。

我们找到了年轻消费者之所以狂热于口香糖的根本原因，如何从根本入手打动消费者呢？需要缓解压力的 NBA 球星、高中生、年轻人，他们已经把嚼口香糖当成了一种生活习惯，口不离口香糖，嚼劲和口感是他们最终评判一个口香糖好坏的标准，也是他们对一个口香糖品牌是否忠诚的关键因素，他们拒绝重复购买一个入口 1 分钟以后就食之无味的口香糖品牌。

益牙此次加入 28 颗冰凉因子，口感更冰凉了。“冰”——是产品可以拿出来说的利益点，并且年轻消费者更倾向于更刺激的口感，比如年轻人都喜欢洋酒加冰、饮料加冰，甚至还有夏天嚼冰解暑等。叶茂中基于“冰”这个产品本身的物质利益点，结合了年轻消费者最在意的口香糖的“嚼后劲”进行深度提炼，将这款产品的越嚼越冰凉作为最大的突破点——冰得更有战斗力！只有冰得更有战斗力才能更持久地缓解压力！

广告语直观生动地诠释了产品更具战斗力的冰凉后劲，同时叶茂中还为这款产品取了一个冰得咔咔作响的名字——“冰立方”。

之所以用“立方”，不仅因为这款产品的外形和包装都像是冰块的立方体形状，还因为立方在数学里是放大倍数的意思，叫冰立方，给冰加个立方，产品呈现出的冰凉感更大、更强劲、更持久！

如何给味觉感官找到视觉载体

冰立方最终给消费者带来的，其实是味觉感官上持久的冰爽刺激体验，但这种味觉的感受如何视觉化呢？

叶茂中知道，只有将“冰得更有战斗力”这种味觉感官，彻底地转化成人们一眼就能够看得明白的视觉语言，消费者在走向产品时才能产生购买冲动！

我们用“穿梭在冰天雪地里马力强劲的战斗机”的视觉形象来比拟呈现冰立方带给人味觉上强劲的冰凉感和持久冰爽的嚼劲！

叶茂中为冰立方创作的 TVC 更是形象地将冰立方在嘴里被完全释放后的味觉、触觉感受——冰凉感和后劲做了淋漓尽致的呈现。

想知道冰立方强劲的口感如何吗？对，王力宏就体验了一把，体验一颗冰立方就是驾驶着马力强劲的战斗机在茫茫冰天雪地里高飞、俯冲、穿越雪谷、撞击雪峰、体验雪崩的一次惊险刺激的畅快体验。雪继续崩落，亲自体验后的王力宏对着镜头说：“你的口香糖够冰吗？”

如何让冰立方的战斗力来得更猛烈

到中国最冷的地方去展现冰立方的战斗力，并通过聚集最多年轻人的平台发布这个消息！为了呼应冰立方“冰得更有战斗力”的品牌主张，冰立方的品牌发布会选在久负盛名的哈尔滨冰雪节召开，并以湖南卫视、腾讯 QQ 等年轻受众最多的媒体作为传播阵地。

2011 年 1 月，雅客在哈尔滨冰雪大世界竖起了 10 米高的冰立方瓶型的冰雕，王力宏携手冰立方在冰天雪地里第一次正式亮相，从小在纽约长大，对冰雪有特殊感情的王力宏表达了对冰雪节的无限期待和对“雅客益牙 · 冰立方”产品的无限喜爱。现场观众和粉丝纷纷表示冰立方里走出来的王力宏是那么亲切，能够这么近距离接触天王巨星，实在是来冰雪节的一个特大号的惊喜。

“益牙·冰立方礼炫冰雪节”活动吸引了年轻消费群体的广泛关注，期间全国各地的年轻人通过腾讯网踊跃报名，上海泰洋文具公司的年轻员工们更是一次性购买了502瓶产品参加活动抽奖，幸运抽中6张王力宏见面会门票后，组团飞往哈尔滨参与冰立方品牌发布会。

后记

2005年，“雅客益牙”以一场完美的侧翼战举起国内口香糖第一面反攻的旗帜，并迅速打开了局面，强势地冲击着口香糖市场“外资独大”的格局。

今天的“益牙”，无论是在规模体量还是实力上都有资格与这些国际巨鳄正面较量了，“冰立方”正是这把刺向敌人胸口的利刃。

叶茂中相信，叫板国际大鳄，“冰立方”将更有战斗力。

未来的“雅客”将有无限的可能！

“宝洁”与您面对面

老总在走道的另一端叫我去听电话，据说是宝洁公司准备搞一个大型的农村市场推广运动，想跟可能具体负责此事的策划人谈一谈，而我们是他们考察的第 12 家广告公司。

我拿起电话，里面劈头第一句就是：“Do you have enough confidence to cooperate with the large corporation like P&G？（您对跟我们这样的大公司合作有没有信心？）”

到底是宝洁，气势凶猛，够镇人的。

我根本来不及想，冲口而出：“No，but I'm very interested in it.（没有，但我有强烈的兴趣。）”

“Why？（为什么？）”

“Because I don't know what we'll do，and whether our corporation can enough to complete it.Where are confidence come from? But I believe that it is an exciting challenge for any planner，P&G is a great corporation，and its project is great also.（我还不知道你们要委托我们做什么样的推广运动，也不知道我们公司是否具备足够的实操能力，信心从何而来？但宝洁这样的大公司，推广运动一定也是

大手笔，这对任何一个策划人来说都是极具挑战和充满刺激的。）”

“Yes,yes. The project is…Would you please plan some in two hours？（嗯！有道理。我们这个项目大致是这样……您能否在两个小时内给我们一份构想草案？）”

考我？

放下电话，顾不上吃午饭，我立马伏案唰唰唰写起来。两个小时后，一份草案就传真到了广州宝洁销售部。

第二天下午 4 点左右，广州宝洁公司一个电话打到老总的手机上：“我们决定实地考察一下贵公司，并做一次详谈！”

各位看官看到这里，以为我说故事？差矣！这就是当时真实的对话。

说到 P&G（宝洁），可能还有人不太熟悉，但是说起飘柔洗发水，大概各位应该耳熟能详了。其实飘柔洗发水比起 P&G（宝洁）来，只是一个小拇指而已。

美国 PROCTER & GAMBLE（简称 P&G）公司，是目前世界上最大的日用消费品制造商和经销商之一。全球雇员 96500 人，年销售额达 320 亿美元，在全球的工业公司中名列第 34 位。P&G 公司在世界 57 个国家设有工厂及分公司，旗下 300 多个品牌的产品畅销 140 个国家和地区，其中包括食品、纸品、洗涤用品、肥皂、药品、护发护肤品、化妆品等。飘柔洗发水只是 P&G 公司在中国市场推出的多类产品中的一种，除此之外，P&G 公司在中国市场还拥有我们熟悉的海飞丝、潘婷、玉兰油、护舒宝、碧浪、汰渍、舒肤佳等家喻户晓的品牌。1994 年，P&G 公司被评为全美 10 家最受尊敬的企业之一。

作为世界老大级日用消费品生产商和销售商，P&G 在中国城市日用品市场的销售推广是卓有成效的。短短几年，汰渍成为中国市场进口洗衣粉销量最大的品牌，飘柔成为中国销量最大的洗发水，舒肤佳香皂更是后来居上，直逼老牌的力士和夏士莲。

但是 P&G 产品在中国农村市场的状况如何呢？

一项简单的农村市场调查表明：农村消费者对 P&G 的产品（特别是汰

渍洗衣粉和舒肤佳香皂）认知度极低，尤其目标消费者（家庭妇女）的认知度更低得惊人，遑论使用经验了。

这真是一个非常奇怪的现象。其实现在农村的很多地区都已经架设了电视接收网络，P&G 公司汰渍、飘柔、舒肤佳的广告应该是能够被农村消费者接触到的，而且暴露率相当高，但偏偏这相当高的消费者暴露率，并没有带来相应的消费者接受率。我们在调查中发现，很多人都对汰渍、舒肤佳的实物有似曾相识的感觉，却不知道那是什么东西，做什么用的。也就是说农村消费者对汰渍、舒肤佳电视广告没有具体的印象存留。究其原因，可能跟电视广告的表现方式有关。另外汰渍洗衣粉从品牌名称开始，即给人一种陌生、不多见的感觉，而这种感觉就让农村消费者对汰渍有了一种距离感，认为那不是属于自己的东西，从而自然而然地就采取了一种远离的态度。在这种拒绝心理下，对汰渍的关心度理所当然就会很低。

但是农村市场占了中国市场的 80%，这是多么广阔的市场容量啊！

向农村市场进军

P&G 的目光对准了那一片广袤肥沃的土地。

事实上中国的农村消费者是相当相当纯朴的。他们不相信花里胡哨的手段，也不相信花言巧语的劝诱，他们只相信自己亲眼看见、亲耳听到、亲身经历过的东西。实实在在就是取得他们信任的最好办法。

经过一个月紧张的市场调查、实地勘察、天气预测等方面的准备工作，包括分析目标市场，掌握目标对象的消费心理、消费形态、生活习惯，了解农村区域地理构成，以及近几个月天气趋势，汰渍洗衣粉、飘柔洗发水、舒肤佳香皂的现场演示方案便在我们和 P&G 的共同努力下诞生了。

现场演讲方案包括内容设置、现场程序、人员招募及培训计划（培训资料编辑、人员岗位职责制订）、项目设备及材料计划、执行计划、工作进程表等几大部分。

第一步便是活动内容设置：

（1）利用广告伞、现场 POP（彩旗、汽球、横幅等）、车身包装（广告品）

等展示“汰渍、飘柔、舒肤佳”品牌形象，营造广告活动氛围。

（2）大屏幕电视连续反复播放“汰渍、飘柔、舒肤佳”的广告带，配合主持人介绍，把广告做到消费者眼前，强化广告效果。

（3）由演示讲解员当场试验，证实“汰渍、飘柔、舒肤佳”的不凡功效。

（4）赠送“汰渍、飘柔、舒肤佳”小锦囊，吸引消费者围观。

（5）现场提问，答对者奖励“汰渍、飘柔、舒肤佳”其中之一样品，吸引消费者参与，同时，奖品带回去，对家人、邻居也能起到间接宣传作用，扩散活动影响，吸引更多人参与。

（6）现场销售。

（7）大抽奖。

接下来便是将这些活动内容制成节目单：

现场演讲现场程序：全班人员到达目的地；准备工作到位；接通电源，安放演示台和广告帐篷，试播电视，检查音响设备，试录放录像，检查人员着装，洗衣用水准备等。

0 ~ 5'

活动开始

播放广告和娱乐带的整合带，以吸引围观者。待围观者达一定数量后，把音量放低，主持人开始讲话。

5 ~ 15'

主持人向观众说明活动内容，介绍宝洁公司及其产品，并告知有奖问答、现场洗衣演示、有奖销售及发放小锦囊等消息（具体文案另附）。

主持人要平均每 15 分钟重复演讲一遍，尤其让利销售和抽奖的信息更要时时传达。主持人讲解时，演示人员开始发放小锦囊，并进行演示准备。主持人待演示人员准备就绪时，可宣布演示开始。主持人可稍作停顿，录像带音量不要放大，要让演示人员吸引观众，并向观众讲解。

15 ~ 45'

演示人员讲解洗涤方法，实际洗涤操作（具体见培训计划）。随机邀请围观群众上台亲自试验，赠送汰渍、飘柔、舒肤佳之一样品鼓励。主持人在演示进行过程中，间或对观众进行采访，征询意见。开始让利销售的讲解，说明买一份“三产品”附抽奖券一张，把存根撕下放入抽奖箱，并提醒保留兑奖联。主持人要兼顾进度，可不断地讲解说明，让利销售持续不断地进行下去，直至活动结束。

45 ~ 60'

有奖问答活动　主持人针对宣传内容进行提问，每次问5道题，每道题回答时间控制在30秒，由主持人数到30即止。回答者举手示意，由主持人指定回答者。答对者可获汰渍、飘柔、舒肤佳之一样品。

以上活动以一小时为一个活动周期，不断循环往复。

活动最后半小时：

录像机音量加大，演示停止，演示人员让销售继续进行。主持人不断劝说观众抽奖最后时间到了，抓紧购买，不要错过机会。

辅助人员统计销售总量，决定一、二、三等奖数量。

活动最后一刻钟：

销售停止。宣传一、二、三等奖数量（按一等500 ∶ 1，二等100 ∶ 1，三等10 ∶ 1计算），邀请观众上台按比例抽奖，先三等，再二等，后一等。开奖，并兑现。

因为先进行一个月的测试活动，便先招募了三支演示队伍。真正展开活动时，需要上百人投入参与才行。

演示人员：共招募24名。

★ 负责介绍汰渍、飘柔、舒肤佳的功能。

★ 产品功能演示。

★ 发放小锦囊，劝导围观者试用三种产品。

主持人：聘4名。（拟请电台或电视台节目主持人）

★ 负责主持活动，协调各个演示点的动作，营造、调节气氛。

★ 介绍宝洁公司及三种产品。

★ 负责劝导销售，以车为基本活动范围。

★ 讲解抽奖规则，主持有奖问答活动。

★ 即兴采访围观群众，激发参与意识。

辅助人员：P & G和我们公司人员

★ 操作电视机、录像机、音响、话筒等设备。

★ 协助主持人从事销售、有奖问答等活动。

★ 配合活动进展记录素材。

★ 记录参与消费者、围观消费者人数。

中国有句老话：耳听为虚，眼见为实。

“宝洁与您面对面”现场演讲，就是要让农村消费者眼见为实：洗给您看看，也让您试用看看。

“现场演讲”是 P & G 长驱直入中国农村市场的推广利器，也是一个蕴含巨大能量的促销方案，更是一场艰难困苦的硬仗！

1996 年夏天来得特别早，刚入 5 月，气温猛升至 32℃。别说顶着个大太阳搭篷、演示、搬货物，就是站着不动头都昏眼都花，而且按照惯例，这样的高温天气之后紧接着就是潮湿闷热的梅雨。活动真正是要经受烈日暴晒、风雨敲打的考验了。

但是商场如战场，先机一失，全盘皆输，P & G 决不可以失去这样的先机。乘着别人尚未觉醒，抢先一步，先发制人，正是 P & G 洞察先机的高明与远见。所以，无论投入多大的人力、物力与财力，无论多么艰苦多么困难，“RoadShow”也一定要深入开展下去。

5 月，我们和 P ＆ G 带着“宝洁与您面对面”的 RoadShow 进入中国的山村农家。

高虹。一个典型的江南山村，美丽而富饶的“竹笋之乡”。触目所及，金色的田野嵌在连绵起伏的青黛之间，空气中到处弥漫着朴实的芳香。

我们的演示帐篷搭起来了，上面贴满汰渍的宣传品；飘柔、舒肤佳的小挂旗挂起来了，横幅也拉在四周闪光亮了相。远远看去，蓝色帐篷、橙色招贴、白底红字的横幅，即使是在色彩斑斓的山村，也依然灿烂，煞是抢眼。

大屏幕彩电一开，声音在空气中扩散开来，演示车四周立时就围了男女老少一大圈人。毕竟，如此规模、如此真实、如此深入的广告行为，在这里还是第一次。

演示人员将白布、酱油、菜油、西红柿汁、菠菜汁、泥浆一一展示给观众，并获得验证。然后，那些酱油、菜油、西红柿汁、菠菜汁，还有泥浆，被一股脑儿泼在了白布上，崭新的白布一下变成了一幅印象派“杰作”。

观众们发出惊讶的叫声，脸上显出疑虑。我们的主持人还要煽风点火：“少倒点儿，少倒点儿，我都担心能不能洗掉了。”众人的情绪都被拎在了半空中。

结果当然是虚惊一场，洗净如初的白布像出浴的婴儿，新鲜而骄傲地被演示人员高高举起，昭示众人。不信吗？您也可以亲自试试。汰渍洗衣粉的超强洗净力早在试验室里不知试验了多少遍了。

尽管是一场演示，并且加入了很重的表演成分，但因其兜底亮相的真实，汰渍赢得了人们的信任。最主要的是，通过这次活动，汰渍洗衣粉以一种真实、生动、亲近、可触及的形象，留在了围观者的心目中。

主持人问一个骑在大人肩头的小孩：“衣服脏了怎么办？”

孩子回答：“用汰渍洗衣粉洗。”

接着我们又开始飘柔、舒肤佳的演示，同样获得了令人满意的效果，围观者开始踊跃购买产品。

门桥村。一个以纯农业劳作为主的山村，约有 300 来户人家，居所分散。我们的演示活动就在村里的打谷场摆开了场子。因为在活动前请经销商挨家挨户发过一个简单的活动广告，所以村民几乎倾巢出动，将演示车密密匝匝围了几层。最有趣的是，旁边水田里一头正辛勤耕地的老牛，因贪看活动慢了脚步而被主人训了几句，而那个训斥耕牛的老伯呢，却忍不住向田梗上经过的熟人打听活动的内容。

车到东山村五组、六组聚居地时，已是下午 5 点左右了。这里约 135 户人家，从住房可以看出此地贫富落差很厉害。有些人家住房高达三四层，还带好大一片院子，直让长年住鸽子笼的城里人羡慕不已；而有的人家还住在低矮阴暗的破瓦屋里，只是卫生设施都让人逃之夭夭。

此刻村里面冷冷清清，偶尔有炊烟袅袅升向天空，正是准备晚餐的时候。

我们让一个演示人员拎着电喇叭到村里各处吆喝游走一通，声音所到之处，人们陆陆续续从屋子里钻出来，聚拢到演示地点。

一些村民询问我们：是奥妙洗衣粉吗？飘柔洗发水我们是知道的，可是舒肤佳香皂就没听说过了。

看来这里的人们对汰渍和舒肤佳确实陌生得很呢。

于是演示、电视宣传、主持人介绍三管齐下，使这里的人们知道，洗衣粉除了奥妙，还有汰渍，香皂除了力士，还有舒肤佳，而且洗涤效果特别好。大家可以买回去试用，我们为每个人提供 1 份优惠价包装。

135 户人家的小村落，一下销出了 150 份产品，到达率几乎达 100%。

在新登遭遇的消费者的购买热情是我们期盼又害怕的。演示活动才做了半小时，围观者已重重叠叠了好几层，足有三四百号人。销售台整个陷入重重包围，挤压之下，摇摇晃晃，显然不胜负荷。

太阳越来越猛烈，蒸得人们的情绪也越来越干燥。一只只手捏着人民币塞到销售人员的手中，还有的干脆扔下钱自己取货，开始强行购买。局面非常混乱，某种危险的气息在空气中游荡，一触即发。

眼看情势危急，我果断做出分流决策。全体人员一边将商品从演示台分流出一部分转到车上，一边全力维持秩序，号召大家排队购买。这可不仅仅是动嘴宣传，还要动手动脚砌“人”墙。用绳子为设备、工具和货物圈的安全地带已经根本不安全了，人潮汹涌，绳子禁区岌岌可危。经过半个多小时艰苦的搏斗、劝说，终于令围观者排起了三条长龙，场面被有效控制住了。长龙最壮观时有 100 多号人，约 30 米长。

在所前镇，我们碰到了活动测试以来的第一个雨天。雨很大，打在车身发出噼里啪啦的声音，路上行人稀少，小镇电影院广场笼罩在烟雨朦朦中。队长征求我的意见："雨这么大，活动搞不搞？""当然搞。"我斩钉截铁地说，"我们的活动以后不仅会碰到雨天，在北方还会碰到雪天，不管怎样，活动都得照常进行。"确实是这样，这个活动是全国性的，各地的气候状况都不一样，各种各样的恶劣天气均可能碰到，我们在测试中能碰到这样的天气反倒是件好事，可以充分测试雨天环境中活动的效果，并获得经验。队员们在大雨中艰难而有序地搭起了三顶广告帐篷。蓝色的帐篷在蒙蒙烟雨中显得十分有诗意。

大屏幕彩电亮起来了，广告片的声响也荡开去，几个偶尔路过的行人被吸引了过来，但由于大雨，路上行人原本就极少。

这样可不是回事。我带着队长和一名队员对附近进行考察，发现斜对面 200 多米处有一个菜场，尽管雨很大，早晨买菜的人依然很多。我让队长安排两名队员提着电喇叭到菜场吆喝，以吸引买菜人注意，但效果并不明显。我又到菜场去考察，发现电喇叭里的话说得太多，又太快，根本没有人能完整听明白是什么意思。我让队员集中信息传达，只说一句话："电影院门口现在有活动！"至于有什么活动，给听者一个悬念，让其自己去弄明白。一时间，在菜场买菜的人，甚至是卖菜的小贩，陆陆续续围到了我们的帐篷前，不多时竟聚了 100 多号人。五颜六色的雨伞和斗笠连成一片，好像雨中盛开着的荷花一般，高高低低，错落有致。人声沸腾，已经感不到雨的存在了。那场面煞是壮观，我们的主持人和演示人员也来了劲儿，宣传、演示格外卖力，活动取得了异常好的效果。

梅雨之后就是盛夏。随着天气越来越热，活动的难度也越来越大。经常队伍开进一处山村，连个人影也见不着，敲锣打鼓也只是吸引出一些小孩子。我狠一狠心，化整为零，留下司机看守大本营，让队员们两个一组，挨家挨户上门演示推销，完不成任务不许回来。这样的难度是活动之前始料未及的，但事到临头顾不了那么多了，重要的是将活动目的达到，而非其他。队员们面对拒绝、冷淡、怀疑，表现出极大的热情和耐心。你赶我走，我就在门外给你演示介绍；你不相信这些东西，我就把产品取出来给你试用。用飘柔洗过的头发是不是非常柔顺？汰渍洗过的衣服是不是有一股清香味儿？舒肤佳用过之后感觉是不是非常清爽顺滑？队员的敬业令人非常感动。除了村民的拒绝，他们还必须随时对付不知从哪里钻出来的凶猛的大黄狗。

最艰难的是在一些非常偏僻的山村，宝洁的产品从未亮过相，村里人根本无从比较我们让利销售的好处。若是碰上受过假货伤害的消费者，现场演讲就难上加难了。我们只有剪开汰渍洗衣粉，让消费者自己洗他们的衣服；取出舒肤佳，让消费者自己试用，闻闻舒肤佳独特的清香味。就是这样一家一户地演示、介绍，推销出了一份又一份的产品，真正将汰渍、飘柔、舒肤佳送到了消费者的眼前、手中、心里。

大家累是累，但都特别开心。汰渍品牌经理 Jim McGinnis 的娃娃脸笑成了“娃哈哈”的模样，一直跟我们一起组织开展这个活动的宝洁工作人员也深感欣慰，每个人的努力都得到了圆满的回报。

第一阶段的测试活动结束后，做了一个简单的总结报告——P & G 现场演讲测试活动于 5 月下旬、6 月中旬、7 月上旬、8 月上旬，分批分区在浙江和黑龙江的六十多处镇村展开。此次活动选择的地点在区域规模、经济发展程度、人口统计背景、地处偏僻度诸方面皆各有特色。测试活动的内容（有抽奖与无抽奖）、测试活动的手段（事先广告与没有广告）、测试用产品的销售价格等，也有所变化，进行了不同尝试，取得了各种活动要素不同组合状态下的真实数据。

为了让各位不致晕头转向，每天的活动记录及详细的分析与建议，在此暂且略去不表。

单说宝洁亚太地区的总裁，他老人家看了我们提交的测试活动报告及现场录象和照片，大手一挥，发出指令：立即将这个活动以最快的速度推广到全国各地。

消息传到我们公司，大家十分兴奋。经过又一轮紧张而忙碌的准备工作，浩浩荡荡的演示大军筹备起来了，在中国其他地区的测试活动也陆续展开。

为示慎重，P & G 副总裁、亚太地区销售部总经理 S.W.G 先生，汰渍品牌经理 Jim McGinnis 先生等，先后率三批宝洁焦点人物，冒着火辣辣的骄阳，亲临现场，实地考察，并对活动表示了极大的赞赏。

现在，“宝洁与您面对面”现场演讲大军已经全面开拔，到全国的农村去与全国的农民同胞面对面了。

从策划到测试到全面展开，这中间只有半年多的时间，不可谓不紧张。这样大规模的农村推广运动，宝洁是第一次，全国也是第一次，虽然耗资巨大，影响也将是巨大的。毕竟农民占了我国人口的 80％，谁能占领这个大市场，谁就是市场上的老大，是真正的霸主。

作为这个项目的总策划人，我唯一遗憾的就是，忙来忙去都是帮老外赚咱中国人的钱。如果多一些机会为咱们的本土企业策划发动全面的农村市场广告战及营销战，我会更开心。

唤醒你心中的豹子
——361° 运动鞋之市场突围

运动鞋市场 360° 围城

1. 市场定位之围

国内高端市场国际品牌地位难以撼动，以 ADIDAS 和 NIKE 为主的国际品牌在高端市场上是风光无限，拥有高度的品牌认知度和大批忠实的消费者。受购买力的局限，消费群的数量集中在金字塔的顶尖。

国际一线及二线品牌基本垄断了我国运动鞋一线市场，国内一线品牌李宁，一线半品牌安踏、特步等勉强分一杯羹。

也有不少国内品牌在省级市场开展旗舰店工程，然而这些旗舰店在大多以零盈利的形式保持运作，有的甚至是亏损经营。原因有多方面：企业在零售管理、物流配合等方面先天不足，一线市场消费崇洋，国内品牌整体形象构建滞后，从而导致零盈利或亏损，导致在一线市场的大投入成为企业大负担。

由此看出，目前一线市场是国际品牌的天下，对国内品牌而言，一线市场既是机会，同时也是陷阱，甚至可以说是不归路。

低端市场价格战不断，竞争白热化。

2003 年开始，以喜得龙、美克、贵人鸟等为代表的本土基础品牌，分别在局部市场进行类似“三免”的活动，低端市场的竞争日甚一日。此举导致：

品牌扎堆，产品同质化更加严重；竞相压价，利润空间越来越小，微利甚至无利；厂家经营风险加大。

低端市场品牌特征：技术含量小，产品同质化现象严重；品牌建设刚刚起步，品牌路线和传播方式雷同；密集的销售网络建设，渠道资源被重复利用，各品牌对终端的掌控能力不强；低价策略引发无止境的价格战，参与者尽败俱伤，竞争日臻白热化。

2. 产品同质化之围

毫无疑问，运动鞋产品的同质化是非常严重的。

由于国内厂家缺乏核心技术，在新品开发上面乏力，导致只能照抄模仿国外品牌的产品，“模仿跟风‘现象已经蔚然成风。

2002 年帆布鞋出来后，大量品牌跟进……

之后，市场跟风点又出现在篮球鞋领域。如安踏的“大巴”、特步的“刀锋”、名乐的“灌篮高手”等篮球鞋系列，还有以专业篮球鞋见长的乔丹、沃特等品牌，纷纷重兵切入，使得篮球鞋成为市场竞争的焦点。

近两年，一些企业为了满足国内经销商开设品牌专卖店的需要，出于丰富卖场的考虑，采取增加服饰配件作为补充商品的延伸策略。几个综合实力较强的品牌都以贴牌加工的方式，在短期内推出了自己的服饰配件产品，引起大量企业纷纷跟进，导致产品风格混乱，且彼此之间同质化程度极高。产品同质化是低层面竞争的罪魁祸首，如何突破同质化困局，是摆在所有运动鞋营销人面前的课题。

3. 渠道之围

二线市场近年来出现了一个大的变数，即终端变阵：以百丽介入代理耐克、阿迪达斯、李宁品牌的新型模式为代表，其利用强大的销售网络对整个通路进行封杀，对行业中的其他品牌产生极大压力。

此外，劲浪体育、跨世体育、龙之杰、华昌体育等运动品牌连锁运营机构对局部二线市场也进行了封杀。

至此，二线市场扩张成本增加，由于在质量或网点地段方面都无法与目前二线市场现存品牌相比，新品牌面临的状况空前严峻，市场扩张必然受限，留给新品牌抢占二线市场的时间已不太多。

4. 品牌传播之围

“明星就像韭菜，只要长出新的一茬，马上就会被晋江企业家快手收割。”一位服务晋江企业多年的广告人概括道。这句话以管窥豹，从一个侧面反映了国内运动鞋企业营销同质化的窘境。

自从 1999 年安踏聘请乒乓球世界冠军孔令辉做代言人，在央视喊出“我选择，我喜欢”以后，安踏成功了。“明星 + 央视广告”的模式在晋江企业中就变成了通用公式，于是乎央视五套也就变成了“晋江频道”，走在晋江的大街小巷，全是明星的大头照，“明星一条街”驰名全国。

361° 经销商见到我们的第一句话就是：361° 该请明星了！

可是请明星也不是件容易的事啊。明星既是品牌的形象代言，就必须与品牌门当户对，还必须跟竞争对手有得一拼：品牌代言人之间的较量其实就是品牌跟品牌之间的较量。

检索目前的同类品牌，体育明星方面，耐克已请了天皇巨星姚明；演艺明星呢，德尔惠已选择天皇巨星周杰伦。如果我们要请明星，体育界超不过姚明，演艺界超不过周杰伦，这不明摆着告诉大伙 361° 不如人家嘛！而且更容易跌进明星云集的陷阱，难以突出重围。

而经销商还在给 361° 和我们施加压力：请明星！请明星！请明星！

国际品牌高质高价垄断大城市，国内大批低质低价品牌“农村包围城市”，可谓前有猛虎，后有群狼，加之“明星 + 广告”的晋江模式泛滥成灾，渠道大鳄气势汹汹图谋封杀，361° 运动鞋该如何突出重围？

市场定位突围：高开中走

目前，国内运动鞋行业概况体现为：国际名牌 ADIDAS 和 NIKE 位居塔尖；李宁处于中档；再往下几乎涵盖了安踏、特步等所有“晋江产”品牌。

这是一个很奇怪的现象：中端市场品牌数量极少，只有李宁一枝独秀，得到了消费者的认同；其他品牌仅勉强跻身其中，还处于创立江山阶段，并未有明确优势形成。这个战场显得过于冷清了。与此同时，不甘心的李宁仍在努力向上攀登，力图挤进国际一线品牌阵营。于是我们看到中国队身穿 ADIDAS 和 NIKE 的时候，外国队却穿着李宁在国际大赛中频频亮相。

我们知道，一个成熟的市场结构，应该是中端市场份额较大，并有向下和向上扩张的可能。所以我们认为，国内运动鞋中端市场的战争尚未真正打响，仍处于初级竞争阶段。显然，这片略显冷清的战场正是 361° 的机会所在。或者说，抓住这个机会，361° 就可以脱离群狼围追，甚至有机会与猛虎打个招呼；抓不住机会，落入低端市场，便难逃价格战厄运。

然而，我们并不想走常规的中端品牌之路，所谓取法乎上而得其中，取法乎中而得其下，所以我们为 361° 提出的市场定位突围之道是：高开中走。

高开：在品牌形象上与国际品牌接轨，向 NIKE 看齐，塑造 361° 大品牌形象，以品牌和服务为 361° 打造高附加值，全面拉开与中低端品牌甚至国内一线或一线半品牌的距离，走高品质、高形象之路。

中走：提升 361° 价位，由原来的中低档提升到中档，与李宁同位，主打中端市场，迅速抢占中端市场机会；依靠高端的品牌形象和高品质的产品，打造相对较高的性价比；锁定二线市场为突破口，避免与国际品牌的正面竞争，以免重蹈国内一线品牌“零盈利及亏损”的覆辙。

一般情况下，每个人都愿意以更低的代价获得更高的品质，这就是价值感。高质中价正是满足了人们希望物超所值的心理。

市场布局突围：巩固北方，攻坚南方

运动鞋业内常常这样讲：“得南方，得半个天下。”可见南方市场对运动鞋品牌来讲意味着什么。

361° 原有市场发展极不均衡，主要表现是“北方强，南方弱”，以广东、福建为代表的南方市场的表现与品牌实力更是极不相称，南方市场被若干薄弱市场埋起来了，并与其他薄弱市场一起成为了 361° 的一个软肋。

如何让南方市场从“贫下中农一族”里突围出来，并“脱贫致富”，是我们的一大课题。“攻坚南方”，势在必行，我们提出了“攻坚南方，但不能放弃精耕北方”的市场布局策略。北方是 361° 的核心市场，也是企业销量和利润的主要来源，因此，北方不但不能弱化，反而要加强。

首先，对以东北为主的北方核心市场，要精耕细作，推行真正的公司化运作，加强网络优化整合，理顺产品结构，合理布点，对过密的现有销售网点进行“关、停、并、转”战略取舍；集中力量建设旗舰店，在店面生动化、产品陈列、促销活动等方面将旗舰店建成样板店，起到“样板、榜样”的示范作用，切实提高单店销量和单店利润贡献率。再次，则集中兵力，登陆抢滩南方战略区域市场。在网络建设和人力资源配置方面，公司在全国分公司里面挑选“精兵强将”调到广州，对市场营运进行深度挖掘，进行专业的管理和销售培训，软硬件全面升级，达到重兵突围的效果。

在市场投入和广告投入方面，央视 5 套、湖南卫视、广东卫视、珠江频道等权威媒体密集投放，对南方市场进行针对性传播；网络互动营销拉动，立体传媒攻势刮起橙色风暴；户外、车体广告直击目标群体，制造当地热门品牌攻势；即时的节日、主题式促销活动，销售动力频频升级。

同时，总部尽一切力量对南方市场进行政策倾斜和支持。总公司垂直经营广东市场，带来最优惠的政策和最有效的营销服务；总公司所有新品 100% 同步在广东市场上市，高速新品销售带来最快的利润保障；总公司对南方保证直接供货，分秒必争抵达火线市场，保证旺季销售供货无忧……

这样，通过“精耕北方，攻坚南方”，南方市场迅速“脱贫致富”“脱颖而出”，使 361° 的市场布局出现“南北”两个制高点，在全国市场形成两个“标杆效应”，并且，这有效解决了 361° 仅仅押宝“北方”，市场风险加大的担忧。

品牌定位突围：以运动的名义卖时尚

运动鞋业普遍将运动鞋划分为专业运动和休闲运动。专业运动类的产品要求具有功能性，多用于赛场对抗，而专业运动员普遍认同的比赛装备基本上是 NIKE、ADIDAS 的系列产品。

休闲运动更倾向于日常使用，讲究随意舒适。

国产品牌在专业运动方面大多不具备竞争力，所以基本以后者为主。那么，361° 的品牌定位是什么呢？专业运动？休闲？还是其他？

专业路线是运动品牌的终极梦想，但却不是那么容易成功，李宁努力十年也才做到墙内开花墙外香。一旦成功了，以专业打非专业自是更有力量，但目前的 361° 尚不具备条件。

如果 361° 单纯走休闲路线呢？又极有可能和其他鞋类产生交叉，另一方面，也会因为偏离了专业路线而不被消费者认可。

因此，单纯走专业或单纯走休闲路线都不可取，必须另辟蹊径。

运动在这个时代的意义，除了竞技和休闲之外，还有什么呢？

时尚！健身流行、瑜珈流行、跆拳道流行、高尔夫流行、网球流行、保龄球流行、壁球流行、滑板流行、暴走鞋流行、功夫流行、健康跑流行、徒步旅行流行、阿加西和贝克汉姆流行、足球 FANS 流行、运动品牌 NIKE 和 ADIDAS 流行……一句话：运动在流行！这是一个对运动充满了前所未有热情的时代，以至于运动成为一种时尚文化。

产品严重同质化的今天，在坚持运动路线基础上，加入时尚元素已经是运动产品创新的一个重要方向。我们判断，运动产品时尚化将是这个行业发展的趋势。

于是，我们重新定义了 361° 运动鞋：运动是这个行业的基本属性，时尚是 361° 产品的个性属性。运动 + 时尚 =361° ，以运动的名义卖时尚。

为了加强个性化，我们将 361° 类别名称定为“运动武装”，一个运动时尚化时代的名词，令 361° 一下子在众多运动产品品牌中跳了出来。

品牌形象载体突围：豹子

不过，如何借运动来卖时尚呢？摆在我们面前有几条路可以选择，最直接的方式当然是请体育明星做代言人，既运动又时尚；其二，就是选择影视明星做代言人，同样很时尚；更不济的，也要找个时尚模特或主持人做代言人。而且这也是 361° 客户和经销商对我们的强烈要求。

然而正如前文所述，姚明和周杰伦两座高峰已经被竞争对手请了，还有更好的选择吗？时值 2004 年雅典奥运即将拉开帷幕，刘翔这只“羚羊”撞进了我们的视线，一浪高过一浪的跨栏夺冠呼声给了我们一丝希望。我们立即将刘翔的资料推荐给 361° ，361° 也立即与有关方面联络，谁知刘翔已经被 NIKE 捷足先登了。

那么，361° 该怎么办呢？有没有另辟蹊径的可能呢？我们陷入思考之中。不能用人，那能不能用动物呢？叶茂中不是一直喜欢狼吗？“用狼”，有人说。狼，够狠够快够团结，但是狼已经被别的品牌所用，放弃。“用老虎”，又有人说。虎，百兽之王，那不是更野性更勇敢吗？

“豹子！”叶茂中这厮大喊一声，不知道为什么，只是一种强烈的直觉。

在搜遍关于豹子的资料之后，我们找到了理由：豹子是陆地上跑得最快的动物，号称短跑冠军，奔跑能力非常强——足以体现运动鞋的速度和力度。豹子是最好的捕猎高手，瞄准、追逐、捕杀，目标明确，野性十足——足以体现运动的竞技与角逐。豹子充满活力与激情，爆发力极强，特别像个年轻人——足以跟 361° 的目标消费群沟通。

我们找到了豹子、运动鞋和361° 目标消费群之间的最佳结合点。最最重要的，是我们实现了品牌形象载体的差异化竞争，361° 终于从明星堆中冲出来了。

品牌核心价值突围：唤醒你心中的豹子

消费者购买一个产品时，首先追求的是产品的功能，其次是心理上对品牌的认同。而我们要做的就是从物质和精神两个层面对361° 进行挖掘，从而真正对品牌的提升起到一个合力的作用。

第一次接触361° 这个品牌的人都会有一个奇怪的感觉：为什么不是360° ？为什么要多出1° ？这多出来的1° 到底代表着什么？我们的挖掘就从寻找不寻常的1° 开始。

有两个方向：一是往人性纵深处探寻，隐藏于表象之下的真实的“我”。二是往360° 之外寻找，超越常规常态的异度空间。

我们最终选择了人性的沟通，因为基于人性关注的创作必定最具沟通力，最具永恒性！这世界很多东西都会变，但人性最根本的一些东西，如爱、关怀、真诚、勇敢、善良、正直、痛苦与快乐，却一百年也不会改变。

审视人性，我们发现了两个“我”——白天的我，黑夜的我；冲动的我，冷静的我；现实的我，内心的我；骄傲的我，自卑的我；热闹的我，孤独的我；理性的我，狂野的我……每个人其实都有两个“我”。哪个才是真正的“我”呢？我们之中又有多少人能够认识到“真正的我”并坚持自己呢？

这是一个焦躁不安的时代、一个信仰匮乏的时代、一个容易迷失的时代……丧失3/4的自己，只为和别人一样，人性、血性、个性的退化已成为主流，此时仍坚持自己的人，宛若一名永不投降的战士，在枪林弹雨中继续我行我素，诠释着“自我”的真正内涵。那个人，应该就是361° 了。

361° 的品牌写真

一个内心世界的探索者，善于倾听内心的声音，坚持并忠实于自己的内心，总是鼓励自己做自己想做的事情。361° 的品牌核心价值：勇敢做自己。

口号的创作颇费了一番功夫，一次又一次头脑风暴，依然找不到最好的那句，可以让所有人都惊叹“就是它了”的那一句。在写下第 109 句广告语之后，叶茂中这厮终于愤怒地喊出了一句“唤醒你心中的豹子！”几乎是脱口而出。

我们相信，每个人心中都有一只豹子，它是人类与生俱来的原始生命力量，正是因为这种力量，人类才能在无论任何环境下都勇敢面对，顽强生长，直至生生不息。

我们希望 361° 就是激发消费者内心这种力量的火线。361° 的豹子出现在晋江的大街小巷，跻身众多明星之中，让人彻底耳目一新，迅速地刮起一阵“豹子风”。

几乎所有的人都在问：为什么是“豹子”？361° 跟“豹子”有什么关系？“豹子”之后 361° 还会扔出什么东西来？

361° 的老总丁伍号的回答更奇怪了，竟然说：“我也不知道。”

这下我们的压力更大了，客户对叶茂中策划如此放心，由着我们自由发挥，我们自己可不能有任何失误辜负了客户。我们憋足了劲，一定要再扔个让所有人都大吃一惊的东西出来，给关心 361° 的人们一个惊喜。

产品概念突围：猎豹仿生技术

叶茂中这厮认为，国外品牌进入中国，完全可以依靠其品牌内涵征服消费者，甚至不说产品卖点，也能赚得盆满钵满，比如，可口可乐甚至很少说它的“药水”怎么好喝。但我们知道，国内的品牌却没有这么轻松，中国消费者对国产品牌更多的还是买它的物质利益，所以国产品牌的产品卖点至关重要。

那么，361° 运动鞋的核心卖点是什么呢？

361° 历来重视产品研发，楦形、工艺都比较稳定而且有创意。我们是不是要延续产品原有的优势，把它作为产品核心卖点呢？或者，把原有卖点与新品牌概念嫁接，塑造一个既传承又创新的新产品概念？

晋江飞往上海的飞机上，叶茂中策划机构 361° 专案组仍然在讨论 361° 运动鞋的核心卖点。讨论讨论着，话题越来越丰富，思绪飞得越来越远。从飞机的弦窗看出去，云海茫茫，飞机像一只鸟儿在云海上飞翔。像一只鸟儿？飞机？飞机不就是模仿鸟而发明出来的吗？

大家一下子兴奋起来，由飞机展开，我们想到了更多：模仿人类举东西，人类发明了机械手；模仿人眼睛可以观看外面的世界，人类发明了可以快速成像的照相机；模仿狗鼻子的灵敏功能，人类发明了能够觉察到任何异味的电子鼻；模仿蛙眼原理，利用电子技术制成的雷达系统，能准确快速地识别飞机、舰船、导弹等目标，并且能将真假导弹区别开来；所有这些，原点都可以归集到一门学问——“仿生学”。

仿生学是近年发展起来的生物学和技术相结合的交叉学科，它试图在技术方面模仿动物和植物在自然中的功能，这个思想在生物学和技术之间架起了一座桥梁。通过再现生物学的原理，人类不仅找到了技术上的解决方案，同时该方案也完全适应自然的需要。仿生学的目的就是分析生物过程和结构并将分析用于未来的设计。

“361° 猎豹仿生技术”会怎么样？桌上堆满了一只只解剖开的运动鞋和各种“豹子”模型，我们和 361° 的产品研发人员开始了“361° 猎豹仿生技术”的研究。豹子被称为陆上动物界的短跑冠军，确实是有充分的理由的。豹子在 3 秒钟内就能迅速提速到 110 公里每小时。急速追赶猎物的过程中，豹子尾随猎物奔逃，不断急速改变方向，豹掌防滑保证了豹子的敏捷。轻盈的软着陆，给豹子飞身跃起更多的无畏与自信。特殊的豹掌结构，保证豹子落地时平衡分散受力。

豹子流线型的身体构造异常灵活，向上弓起脊柱，然后展开，就会拉大步伐的间距。豹子的步频非常快，跳跃的间距也很大。豹子的这种生理结构特点与361° 运动鞋的功能原理有着惊人的相似之处。我们的“猎豹仿生技术”应运而生了：

★ 豹掌式弹性后跟，强力减震

★ 1：1.75 黄金比例，轻松助跑

★ 中桥弹性设计，雷霆动力

★ 仿豹爪半回钩型底纹，抓地防滑

★ 超轻太空纤维，轻巧灵便

★ 前趾部豹槽设计，武装到趾部

★ 2700000 个呼吸网孔，透气散热

★ 豹踝式护踝帮，瞬间爆发

★ 先进套楦工艺，感受自由

配合“361° 猎豹仿生技术”的概念，我们专门设计了一个 ICON（头像）：一个呐喊的卡通迷彩豹的侧面头部，仿佛正在向世人宣告“361° 猎豹仿生技术”诞生了。

为了将“361° 猎豹仿生技术”表现得更彻底、更强烈，我们特别建议 361° 推出“361° 猎豹仿生技术——X 豹概念鞋”。从外形、图案，到内在的功能，“X 豹概念鞋”都是不折不扣的“361° 猎豹仿生技术”的成果。

既然可以有概念车，为什么不可以有概念鞋呢？

整合传播突围：精神物质两手都要抓

一个品牌要想赢得消费者，取得真正的市场成功，必须既要满足消费者的物质利益点需求，又要满足消费者精神上的价值认同。

所以，我们的传播始终围绕着“唤醒你心中的豹子”和“361° 猎豹仿生技术”两条线同步展开。

我们制作了两支 361° TVC，《功能篇》和《形象篇》，分别对“361° 猎豹仿生技术”和“唤醒你心中的豹子”进行阐述。

《功能篇》：“361° X 豹系列概念鞋”在一个虚拟空间赛车一般极速前进，一转身、一顿足之间，伴着赛车震荡耳膜的呼啸声，“361° X 豹系列概念鞋”的功能展现。把“361° X 豹系列概念鞋”当作赛车来表现，既个性十足，又极具价值感。

《形象篇》：户外广告我们强调“唤醒你心中的豹子”，终端则充满了“361° 猎豹仿生技术”的宣传。

“豹元素”被广泛运用于 361° 的传播，只有要 361° 的地方，就可以

看到“豹元素”的影子：巨大的“361° X 豹概念鞋”，大大小小的豹模型，豹纹装饰的电话亭，各类印有豹元素的促销礼品，专卖店地面上的豹爪印，豹纹纸做的鞭炮……

配合 361° 运动鞋的销售节奏，我们还策划了一系列的促销活动来与经销商及消费者沟通。

一般而言，运动鞋的年度销售有几个重要的阶段：订货、补货、销货、清货。又分为季初的销售主题推广活动、季中的促销跟进活动、季末的库存清理活动。可以说针对消费者的活动特别多，小的月月有，大的一个销售季节也至少有三次。

我们决定将一年中大大小小的活动进行整合，统一在一条线索贯穿的一个主题方向的延伸，就像一个连环，可以一环扣一环地累积推进。这样做的好处是活动资源很集中，更容易操作，同时，一方面可以更牢固地锁定消费群；另一方面也更能强化品牌形象传播。

于是 2005 年的促销和推广，我们仍然要把“豹动”进行到底；当我们把重度目标消费群锁定在学生族群的时候，我们发现这些人群：

他们叛逆，他们渴望与众不同；

他们讲求自我，勇于挑战自我；

他们喜欢呼朋唤友，他们习惯分享，他们喜欢自我展示、我行我SHOW……

于是有了“豹风吹，战鼓擂，世上究竟谁怕谁？谁英雄，谁好汉，挑动豹动三人行”这样的豪言壮语。于是有了“豹动三人行”连环促销活动策划：所谓“豹动三人行”，指的是一个购买 361° 的消费者，在促销期间，除了立即获得常规的促销品之外，还可以推荐两位死党组成“三人小组”参与 361° 一年一度的“豹动极限挑战营”活动，当然，要被抽中了才有机会真正参与活动。每一次的即得促销品根据每一期的主题有所不同，但始终都有“一拖二”的机会，同时每次都有积分，凭积分也有机会参与极具人气的“豹动挑战营”……有别具特色的礼品，又有机会可以和死党分享，还有激动人心的“豹动挑战营”，你还不赶快来参加吗？

为了扩大“豹动挑战营”的影响力，我们建议 361° 与传媒合作，借助媒体的力量进行传播，于是就有了《361° 勇者总动员》这一电视栏目，将 361° 品牌传播与促销活动进行了一次高空与地面的完美整合。

终端突围：极速圈地运动

在 361° 品牌传播展开全面突围之际，终端的突围也迫在眉睫。

百丽代理 NIKE、ADIDAS 和李宁，劲浪体育、跨世体育、龙之杰、华昌体育等运动品牌连锁运营机构进行通路封杀，逼得运动鞋行业诞生了一个大趋势：终端直营。

原因有三：

（1）厂家需要保持终端网点的稳定，因此在战略区域和 A 级地段更多地实行政策倾斜；

（2）为保持品牌在该区域的可持续性发展，需要在消费群体中建立美誉度和忠诚度；

（3）现存厂商合作模式面临极大风险（同类品牌自相残杀，恶性竞争；欠款居高不下；政策相互攀比，直接导致竞争的残酷性和白热化）。

361° 拥有扎实的基础网络，具备了扩张的实力，所以，抢在二线市场通路封杀未形成格局和气势之前，是 361° 存在和发展的唯一机会，361° 的“圈地运动”也势在必行。

在初级竞争的市场阶段，对终端的“圈地”就意味着最直接地对市场份额的抢夺，因为市场处在低水平平行扩张期，提升品牌所产生的销售促进作用有限。所以我们建议 361° 削减广告费，压缩广告量，而将大量资金用于渠道终端的扩张，尤其在 361° 薄弱的广东市场一举投入巨资建终端，迅速提升了广东的销售额。

因为压缩广告量，广告投放的选择就变得更为艰难，同时也更为重要。其时《超级女声》刚刚有点热度，我们于是建议 361° 跟进“超女”投放。随着“超女”的一步步升温，361° 的广告传播也随之效应瞩目。361° 2005 年秋冬经销商大会上，与会经销商对此纷纷予以赞誉。

361° 的“圈地运动”有两个圈法：

圈终端的数量：根据主商业街和 A 级地段的商业特征，配合中国城市规划进程，抢占各大中城市战略地段，从数量上保证铺点的广度与深度；

圈终端的质量：终端作为品牌的窗口，也是消费者走近品牌的第一站。终端的升级，不仅仅是终端数量的增加，更重要的是终端质量的提升和终端差异化工程的打造。提升单店的销售额，打造单店的形象，增强单店与消费者的互动沟通，成为终端工作的重中之重。从量变到质变，这就是 361° 的圈地运动与别的品牌不同的地方。

而这一切将最终取决于速度！

361° 分布在全国各地的数千家新老专卖店迅速“变脸”，鞋区、服装区全面整容，中岛、立面、POP、鞋样、体验角……一一换装。361° 专卖店似乎在一夜之间，就从一个个性模糊的毛头小伙变成了野性、热情、极富个性的时尚青年。

突围成果汇报

2004 年 6 月，361° 与叶茂中营销策划机构签定合作协议；

2004 年 9 月，361° 季度补货会召开，企业原以为能比去年同期增加 5000 万就不错了，不料经销商听了叶茂中营销策划机构的规划阐述后，订货额增加了近 3 个亿；

2005 年 3 月 12 日—20 日，“豹发 2005”秋冬新品发布暨订货会召开，订货额更是历史性地突破 10 亿元，比去年同期翻了一番；

2005 年，361° 的销售额从 2004 年的 7 个多亿（按出厂价计算）飞跃到 15 个亿，整整翻了一番。

2005 年，361° 的专卖店数量，从 2004 年的 2700 多家增加到 4000 家；

《福布斯》杂志中文版“中国最具潜力企业 100 榜”，361° 排名榜首，成为中国最具潜力的企业第一。

大礼不言
——八马商政礼节茶

八马茶业是中国最大的安溪铁观音制造商，世界 500 强企业供货商，拥有目前亚洲最现代化的乌龙茶铁观音精制加工厂，也是国家唯一的乌龙茶 GAP 示范基地，国家茶叶标准技术委员会福建省唯一的委员企业。在 2008 年金融危机蔓延的情况下，八马茶业却逆市而行，外销大幅增长，内销也在平稳运行。八马茶业董事长王文礼希望将八马茶业打造成茶叶中的奢侈品牌，因此找到了叶茂中策划。

首先，我们先对茶叶市场进行了深入的了解：

茶叶大国缺乏强势品牌

中国是自古闻名的茶叶大国，但是，2008 年世界茶叶的销售额为 1800 亿元人民币，而中国茶叶市场规模仅为 180 亿元人民币。是什么原因导致产茶大国却没有诞生一个世界性的茶叶品牌呢？

小生产，大市场

茶叶加工行业还处在各自为战的小规模，产品单一化的茶厂及茶农，缺乏品牌意识和销售团队。小生产与大市场的矛盾，小农经营与现代茶业的矛盾阻碍了本土茶产业的全球化进程。

有规模，无价值

中国茶叶有极为庞大的消费人群及消费能力，并且有整体规模巨大的茶叶产业，但因为习惯了传统的“重销售，轻品牌”模式，无法将产品的价值最大化，无法深挖附加价值，更不用提建设茶的品牌效应了。因此，中国大规模的茶叶市场上少有高价值回报。

重品类，轻品牌

中国形成了安溪铁观音、西湖龙井等数百个名震江湖的茶叶品类，却没有一个叫得响的茶叶品牌。中国茶叶大多建立在品类认知的基础上，而品类又多建立在地域认知上，比如西湖龙井、黄山毛峰、安溪铁观音……中国茶叶在建立品牌的初期，也大多以产地作为品牌的基础认知，因此，中国茶叶市场始终处于认品类而轻品牌的模式中。

无标准，难判断

茶叶的标准，多是专业人士和懂茶的消费者的经验积累，是可意会而不可言传的感受认知，茶行业各自为战的模式使得市场上没有一套适用的茶叶检测标准，这也导致市场上投机商人刮取暴利、以次充好的杀鸡取卵式经营模式盛行。消费者难以对茶叶品质做出准确的判断，光凭经验购买，也使得部分消费者不得不对中高端茶敬而远之。

立顿启示录——打破的价值

“中国七万家茶企业的年总产值，竟只相当于立顿一家”，这是2009年中国茶叶博览会上最让人震惊的一条新闻。事实是，立顿并没有自己的大型生产基地，那么立顿是如何攫取行内第一市场份额的呢?

分析立顿成功的根本原因，在于两个字——“打破”。

打破产业链限制

一方面，立顿放弃上游生产环节，从中国等产茶大国收购茶叶原料进行拼装；另一方面，又把制成的立顿茶包销售到世界各地。以极低成本获取茶业原料，又通过加工赚取行业最高的利润。

打破茶叶区域限制

立顿的产品线并不以茶叶品类的区域名称命名，而采用多种命名方式："传统系列：立顿红茶、绿茶、花茶"、"异国系列：日式煎茶、韩式麦香和欧式、英式奶茶"、"功效系列：纤扬茶、晴莹茶、清衡茶"等。不同系列的设置全面覆盖了即饮茶品的各个细分市场，从而使立顿品牌接触到了最广泛的消费者。

打破茶叶品饮方式限制

立顿不管什么古朴厚重的茶文化，也不管什么宏大叙事的茶系之争，只是简单地把各个品种当成口味。它只瞄准消费者方便、快捷、经济地喝茶的需求，通过 "袋泡茶"的形式成功吸引目标消费人群，满足他们对方便喝茶的需求。

打破茶叶销售方式限制

立顿的成功还在于打破"慢销"方式，全面打开了茶品的现代化销售通道。定位在"快消品"的立顿，将茶叶的销售通路从传统的茶庄、茶叶批发市场中解脱出来。使用商超这一现代零售体系，符合其"方便即饮产品"的定位，并能最有效地接触到品牌目标消费人群，商超系统也成为其打开市场局面、甩开竞争对手的重要场所。

立顿不产茶而成为茶叶大品牌，中国作为产茶大国却没有大品牌，从中国茶业和立顿的发展特征和策略的对比中，我们似乎可探一二。

"立顿除了品质一般，其他都好，八马除了品质好，其他都一般。"叶茂中这斷一语总结了立顿和八马。

立顿重品牌、重需求、重市场，而八马则相反，重产品、重质量、重产地，却轻视了最该重视的"喝茶人"的需求。

做品牌——学习立顿好榜样

我们要学习立顿做品牌，先从问题中寻找突破。

品牌是决定一个产品和一个企业前途命运的关键课题，而品牌诊断则是所有工作开展的基础。没有调查就没有发言权，经过一系列周密的调研、访谈、讨论、分析，我们发现了八马品牌系列主要的两大问题：

1. 八马茶业沿袭中国传统茶行业重品类轻品牌的做法，品牌定位不明晰；现有广告语“心造极、韵自成”太过笼统；包装体系混乱，分类名目众多，缺乏明星产品。

2. 八马品牌缺乏贴合消费者心理需求的核心价值，造成品牌没有物质层面及精神层面的支撑，以致品牌溢价能力不够。

八马茶业如今拥有的除了众多的企业荣誉和丰厚的资产积累，还有老化的品牌现状。面对整个行业积重难返的困境，以及品牌日积月累形成的经营局面，唯有变！要勇于改变，找到消费者的需求点，才能突破自我，重新开启中国茶业市场新格局！

三位一体，探寻八马核心“大”价值

茶商品面对的是市场，需要得到市场的认可。这就要求茶叶的定位必须从消费者角度出发，找寻独特的品牌价值去贴合，使消费者产生共鸣，获得认可。

茶文化作为中国传统文化，是茶叶的精神和灵魂，不能就此抛弃。八马茶业掌门人是铁观音的传承人，其带领的企业在多年的发展中已经具备了一定的文化积淀。但空洞的“茶文化”不应自己成为品牌的核心价值，而应该退居幕后，成为八马品牌高价值的利益支撑。

只有以消费者洞察为基础，开发兼容社会价值以及趋势的品牌，才能成为真正的消费者品牌。我们决定从时代特征、消费者洞察、产品属性三方面入手，立体探寻八马的品牌核心价值。

1. 时代特征——“礼”文化，社会主流核心价值

只有与社会主流价值观相符的品牌价值观才是有效的。

什么是现在社会的主流价值观呢？

中华民族是一个礼仪之邦，“礼”是中国传统文化的核心。从个人到家庭，从社会到国家，从生产到生活，从言论到行为，无不为礼文化所包容。

历史发展到现代社会，生活节奏的加快和生活方式的改变并没有消除人们心中对“礼”的重视，“礼”日益成为人们在日常生活中极力推崇的德行。

礼所蕴含和体现的秩序与和谐的文化主体精神，与人们生活的诸多方面息息相关。当今中国全力倡导的“和谐”主旋律，即是源于中国传统“礼”文化的一种社会秩序。

礼，仍是现代社会的主流价值。

2. 消费者洞察——洞察意见领袖的购买动机

（1）商政人士——目标消费群的意见领袖

在促成消费者形成购买决策的过程中，意见领袖的作用往往比广告更大。

中国几千年来的重政思想沿袭至今，从政人士一直被当作社会的精英阶层而受到普通民众的敬仰和尊崇。购买能力相对较强的商政人士，除了是能给品牌带来主要经济效益的关键人群，更重要的是，商政人士占据着社会层级金字塔的顶尖位置，他们的举止言行往往辐射整个社会，是消费市场的意见领袖。

作为高端茶叶的重要销售人群，商政人士对茶叶品牌有什么需要？

（2）商政人士对茶叶的需求分为两个层面：一、自用　二、送礼。

相比“自用”的市场，送礼的市场更大——商政人士的社交生活决定了他们朋友遍天下的现状。而作为高端人群，他们的送礼方式，一定希望涵盖健康、文化、品牌、心意等各个层面。因此，高端的茶叶刚好满足了他们的消费需求，送健康，送文化，送面子，同时倡导了成功人士的交往之道。

（3）产品属性—八马，天生的尊贵之礼

茶之礼：“茶”与“礼”，同为中国传统文化精髓，具有最天然、最本质的内在联系——以茶为礼，以礼品茶，“茶”与“礼”相辅相成。中国的茶叶更有着悠远的历史积淀：

养性之礼　　知音之礼　　宾朋之礼

八马商政礼节茶——第一个有定位的茶品牌

从时代特征和消费者分析中，我们可以看出，“礼”正成为现代社会备受推崇的德行，同时，商政人群作为社会消费市场的意见领袖，对“礼”具有高端化的需求；另一方面，茶叶品类特性也是消费者表达心意、传递“礼仪”的上上之选。

但茶叶除了具有表达心意的产品属性，还需具备“传递礼仪”的品牌价值。

当消费者自身无法辨别产品价值时，就要用品牌价值来证明。

就像我们当年为金六福创造的“福文化”的核心定位及传播语“中国人的福酒”，让金六福发现了中国消费者对“福运”需求的巨大市场，从而获得巨大成功。到今天为止，每一年“春节回家金六福”“中秋团圆金六福”“家有喜事金六福”的传播，让金六福酒成为了新的传递美好心意的民俗。

相对于“福运”文化，八马核心价值清晰地指向一个字“礼”。

“礼”相对于国内部分品牌空洞无物的“道”“禅”等文化精神诉求，更贴合时代需求，更能吸引消费者并激起共鸣，同时又与立顿等定位于快消品的国外品牌有效区分，传达了品牌厚重的文化底蕴。最重要的是，“礼”的涵盖面非常广，伴随中国几千年历史文明的变迁与发展，“礼”如今已经渗透到了人们生活的点点滴滴中，“礼”所折射出的是我们整个中华民族的生活观念及价值观。

我们寻找到了能在消费者心目中准确占位并且最符合八马品牌风格的核心定位——八马商政礼节茶。

商政礼节茶的定位打破了茶叶固有的品类界限，将茶叶从传统的诉求中解脱出来，赋予其独一无二的精神内涵。淡化地域的定位更有利于品牌突破区域限制，进行全局推广。

360 度重新定位八马商政礼节茶

品牌定位不是直接宣传产品，关键是要挖掘兼容产品的理念，要作为统领者，辐射产品的物质层面和精神层面。找到商政礼节茶这一核心定位好比构建了打破市场坚冰的拳头，我们需要从物质层面和精神层面打出一套“礼”的组合拳。

（1）物质层面——十三代传承的制茶技艺

茶叶在健康层面的价值不必多言，但茶也分为三六九等，什么样的茶才能称作好茶？哪些茶才能成为顶级茶？消费者不能识别的恰恰是茶叶的好坏与等级。

我们梳理了八马的品牌资产：八马茶业的掌门人王文礼是铁观音茶叶的非物质文化遗产继承人。他的祖先王士让发现了铁观音并深得皇帝喜爱，成为皇家贡茶的制造者，王氏子子孙孙也一直传承制茶技艺至今。这可以说是八马品牌资产中最为耀眼的部分！

我们把八马宝贵的选茶、制茶技艺进行提炼加工，制成《八马 24 定律》手册，作为八马产品高价值最强效的品牌“背书”。

《八马礼茶 24 定律》

前言：专注决定茶的品质

专注，是一种孤独的坚持；专注，是一种品质至上的态度；专注，是一种虔诚不悔的信念。因为专注，一个家族近三百年只做一件事；因为专注，十三代人虔诚事茶永不言悔；因为专注，我们一直遵循制作完美好茶的 24 道精妙准则；因为专注，昔日的皇室贡茶蜕变成今日的八马商政礼节茶，尊贵犹胜当年。

八马礼茶 24 定律——近三百年，我们一直恪守传统制茶的 24 道精妙准则。

正确的原则，坚持两三年已属不易，而我们，遵循制作好茶的原则已达近三百年。所谓“百炼成香”，晒青、凉青、摇青、晾青、杀青、炒青、揉捻等 24 道工序，层层磨砺，最终达至至纯之境。每一步都恪守传统制茶的精妙准则，方才炼就今日八马极致完美的商政礼节茶。

八马礼茶 24 定律之一：产地

无污染的有机茶园，方能陶冶出八马茶天然的灵性

八马礼茶 24 定律之二：土壤

经茶人精心培养的土壤，才有资格种植八马茶树

八马礼茶 24 定律之三：阳光

为了让八马茶充分沐浴阳光，我们坚守 700 ~ 900 米的适宜海拔高度

八马礼茶 24 定律之四：温度

为了确保回甘持久的滋味，我们恪守最适宜制作上等好茶的温度

八马礼茶 24 定律之五：品种

300 年、十三代人。八马的坚持，从源头开始

八马礼茶 24 定律之六：采摘

坚持“五不”采摘，取舍之间，我们只专注完美

八马礼茶 24 定律之七：摊青

倾注心力，方能达至摊青最佳效果

八马礼茶 24 定律之八：晒青

为了确保至臻至醇的成茶品质，需要对晒青“度”严格掌控

八马礼茶 24 定律之九：凉青

去火存菁，让茶叶焕发出超凡脱世的醇香

八马礼茶 24 定律之十：做青

灵活掌握“看天做青”“看青做青”技术，需要茶师具备审时度势的智慧

八马礼茶 24 定律之十一：炒青

要形成色、香、味俱佳的上等好茶，就得经历更多磨砺

八马礼茶 24 定律之十二：揉捻

控制情绪，才能做到心与手合一

八马礼茶 24 定律之十三：初烘

所谓“百炼成钢”，同样适用于茶叶的烘焙过程

八马礼茶 24 定律之十四：初包揉

精湛手工才是表达心意的最好方式

八马礼茶 24 定律之十五：复烘

为了确保茶叶的完美光泽，复烘要做到快速、适温

八马礼茶 24 定律之十六：复包糅

指尖的历练，让茶青完美成形

八马礼茶 24 定律之十七：烘干

为了确保您喝下去的每一口都是纯正的“观音韵”，我们坚持长达 8 小时的低温慢烘

八马礼茶 24 定律之十八：拣剔

懂得取舍，方能达成大美之境

八马礼茶 24 定律之十九：拼配

为了确保八马茶叶血统的纯正，我们须做到高质量的拼配

八马 24 定律之二十：安全

在您看不到的地方，我们的努力从未停止

八马礼茶 24 定律之二十一：烘焙

凡事皆有度，所谓火候即恰当适度

八马礼茶 24 定律之二十二：摊凉

即使最后的完美即将呈现，我们依然能保持低调冷静

八马礼茶 24 定律之二十三：验收

精益求精，就要做到每一颗八马茶都经过严苛检验

八马礼茶 24 定律之二十四：包装

大美不言，茶到礼到心意到

手册中包含了八马铁观音得天独厚的自然生长条件、八马独特制茶工序的传承，还有八马针对茶叶质量和安全问题进行的孜孜探索。《八马 24 定律》成为品牌物质层面价值的集中阐述。

（2）精神层面——让个人的情感价值提升至中国的礼文化价值

“心造极，韵自成”。八马过去的广告语大气有余而实效不足，并未体现独特的品牌个性。我们的广告口号要紧贴八马核心价值——“礼”来进行发散思维。

一方面，中华民族礼仪之邦，文化含蓄内敛，“礼”的表达讲究无声胜有声；

另一方面，八马上乘品质蕴含了八马十三代传人对茶客虔诚的心意，是不可言状之“礼”；

《庄子》有言，“天地有大美而不言，四时有明法而不议，万物有成理而不说”。“大方无隅，大器晚成。大音希声，大象无形。”《道德经》也如是说。

大爱已无声，大恩不言谢。

中国文化中“礼节”的最高境界是——

简短却如平地惊雷。短短的四个字，浓缩了品牌最核心的价值，传达了品牌立足高端、辐射全局的特性，贴合了目标群体的心理特征。

正可谓：茶到，礼到，心意到
有情，有义，有八马
大礼不言！

（3）包装，不仅仅是容器

媒介即信息。包装是品牌表达的最前沿，是品牌传播最好的载体。

我们首先要做的是对八马的产品包装进行标准化规范。去除原有包装上一切无用的甚至降低品牌品质感的设计元素，化繁为简，只凝练与核心价值有关的有效品牌信息。

包装规范（外）

包装规范（背）

（4）成为第一，就要做标准的制定者

行业领袖应作为规则的制定者和消费者的教育者而存在。八马要做的就是树立中国茶业的行业标准。

为此，我们为八马设计了一系列增强型 ICON——八马安溪铁观音 · 最好铁观音产地，24 道手工制茶工序，铁观音始祖王士让印章等。产地、工序、创始人相关信息的规范化，为消费者辨别优劣茶叶提供评判标准，也将成为新的行业准则。我们把这些 ICON 应用在八马的高端产品系列包装上，作为该系列等级与品质的最好保障。

（5）终端——消费者的第一接触点

终端渠道是产品集中展示的场所，特别是茶叶这一特殊品类，渠道的种类限制使得终端的品牌传播责任更为重大。

我们同样将八马的终端进行标准化规范，只展示与核心价值有关的有效品牌信息，为品牌划分集中展示和传播区域，集中展示八马品牌价值。

之前的终端外观

八马如今终端形象（外）

八马如今终端形象（内）

（6）代言——“国母”级的礼仪

找代言人我们颇下了一番心思。代言人既要符合品茶的气质，自身底蕴又要与八马全国高端品牌的定位相一致。我们从热播的《建国大业》中看到扮演宋庆龄的许晴，不禁眼前一亮，许晴高贵亲和的气质和难得的低调正与八马茶业的形象相吻合。“宋庆龄”的扮演者在镜头前完成一气呵成的茶道形象，也令业界和广大爱茶人士大为赞誉。

（7）规模成长要与价值成长并行

为八马完成品牌创作后，我们第一件事便是建议八马在加盟开店、完成规模成长的同时，注重价值成长，让规模与价值齐头并进。

我们首先将八马原来繁复的产品线进行梳理，建立八马的产品策略。

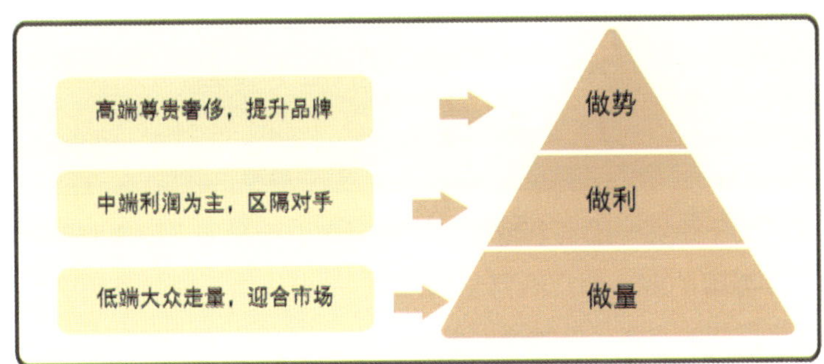

产品金字塔的低端，我们建议八马增加袋泡茶产品，迎合大众需求及商政办公的需要，同时可以开拓更多终端。

产品金字塔的中部，我们规划原有产品系列及盒装包装，凝练与“礼”文化核心价值有关的有效品牌信息。

产品金字塔的高端，以单品高端形象提升总体价值，以产品名 + 价格后缀作为高端产品命名方式，同时借意见领袖的话语权树立品牌的高端形象。

（8）明星产品——像尖刀一样锋利

要想成为全国第一品牌，先要在福建成为第一品牌。

福建是八马的大本营，也是全国最重要的产茶大省，作为中国茶文化的重要动脉，福建省大小茶企林立，超过上万家，知名茶企业也有数十家。八马虽说外销始终拔得头筹，但要想成为全国第一品牌，首先要在遍地茶企的福建本地成为第一品牌。

如何成为第一品牌？我们需要打造明星产品。

八马旗下最有潜力的产品赛珍珠已连续四年成为福建省人大、政协会议的礼品茶，有着难以复制的魅力。八马挖掘其有别于其他茶叶的利益点，将赛珍珠打造成浓香铁观音的代表之作。赛珍珠之所以风靡茶市，很重要的原因就是口感很传统，而这个传统的味道来自八马十三代传人掌握的制茶秘笈。

为了凸显出八马家族三百年世代做茶，坚持十三代从未中断的正宗铁观音传人的历史背景，我们精心创造了“最奢侈的味道，就是传统”的广告语。

最奢侈的不是买一部宾利或拥有一幢豪宅，而是墙上那淡雅的水墨画，或手中一杯温馨的赛珍珠。沿自 1736 的那一份执着，为的是给您最最传统的那份奢侈。同时将赛珍珠的价位提价至 5888，成为名副其实的高端茶。

（9）公关——举行全球巡回品鉴会

八马以全球巡回品鉴会作为高端品牌赛珍珠的主要传播方式，邀请各个地区的企业家品茶，通过这样的方式将赛珍珠难以复制的魅力由沿袭传承的技艺展示、权威的数据报告和熟悉的传统口感深入与会的每一位嘉宾心中。

全球巡回品鉴会大大提升了赛珍珠以及八马的知名度，赛珍珠凭借意见领袖的肯定，成为市场广为追逐、供不应求的畅销产品，因数量有限，公司时常不得不限量供应。在世博会，赛珍珠更作为十大名茶代表赠送给了联合国副秘书长阿瓦尼·贝南，并成为联合国馆永久藏品。

（10）借势——成为世博会专用茶

君子，顺势而为。八马也不例外。

2010 年，中国最大的盛事莫过于上海世博会的召开，全世界的目光都聚集中国、聚集上海，借势世博将会产生最佳的宣传功效。

与此同时，又传来了让人振奋的消息：八马茶业成为上海世博会联合国馆专用茶，更荣列“中国世博会十大名茶”。这更坚定了八马借势世博的信心。世博会这个绝佳的展示舞台让八马传递的“礼”文化上升到传递世界之礼的层面。

世博会期间，有 100 多位世界各国政要了解了八马；短短三天的八马世博会联合国馆专用茶展销入账数千万元；而八马赛珍珠更作为十大名茶代表赠送给联合国副秘书长阿瓦尼·贝南，并成为联合国馆永久藏品。

后记

八马品牌的提升推动了整个福建茶业的发展，茶业企业纷纷跟随八马开启了自己的品牌之路；

八马以“礼”作为核心价值得到市场的肯定，八马茶业入选中央政府采购注册供应商，再次验证了叶茂中营销策划机构对其品牌核心价值的挖掘到位并具有高度传播性；

八马茶业董事长王文礼对此骄傲地说：“我们是茶庄第一个有定位的品牌，只有品类没有品牌的时代即将过去，茶人扬眉吐气的时代即将到来！”

我们相信，只要坚定地推进现有的品牌策略规划，八马的奇迹还将延续下去，一场中国茶业民族品牌的突围之战也将大步向前。

黔茶出山　贵天下

——“贵天下”茶叶营销策划纪实

贵州，简称“黔”或“贵”，位于中国西南的东南部，东毗湖南，南邻广西，西连云南，北接四川和重庆，面积176167平方千米，人口3475万，资源富足，发展潜力巨大。

在中国行政区划的版图上，贵州远不及长三角、珠三角、京津冀这样的一线经济区，和成渝经济区、皖江城市带之类的快速发展地区也有较大差距。但这同时也意味着，贵州，是一颗尚未被开采的宝石，是一块尚未被人挖掘的黄金，是一块拥有无限可能的奇迹之地。

所以当贵州盘江投资控股(集团)有限公司(简称“盘江控股”)找到我们，洽谈贵州茶品牌的营销策划合作时，我们才会如此的激动。

当然，理想是美好的，挑战是巨大的。盘江控股副总经理潘勇辉先生在第一次洽谈中就开门见山，提出了他的明确目标和要求：“我们盘江控股张仕和董事长决定投资整合贵州茶产业，贵州茶无论是品质还是产能都没有问题，但品牌营销这个关键中的关键却很薄弱，希望通过与你们的合作，帮助我们打造出一个全国性的强势品牌，为贵州茶赢得尊严。”

告别了安溪八马，叶茂中团队再续茶缘。

成长模式之思考

盘江控股系省属国有大型企业，投资茶产业是该集团第一次涉入快消品领域，团队基础为零，渠道基础为零，品牌基础为零，对茶叶市场也仅是在纸面上做过一些投资分析研究，而这种投资分析研究和实际的营销行为是远远不能划等号的。茶叶市场对他们来说，完全是一个全新而又陌生的市场。

对叶茂中营销策划机构来说，我们首先开展的也是最重要的工作，即是对盘江控股在茶叶市场的成长模式研究，因为市场营销战的实质，就是一场“圈地”和“圈脑”的运动。

“圈地”是通过建设终端方便消费者购买；

“圈脑”是通过品牌传播抢占消费者心智。

而具体到策略中，如何“圈地”，又如何“圈脑”？这不是一个简单的问题，而是与企业所选择的品牌成长路径息息相关。 何谓价值成长？即指为客户创造更大价值、提高盈利能力，或者提升在产业价值链中的战略地位；而所谓规模成长，即是通过快速拓展，抢时间抢空间，迅速达到规模效应。

一个企业在不同阶段价值成长与规模成长之间大致会呈现以下三种状态：

一是价值、规模同时成长；

二是先规模再价值，即规模成长为主，价值成长为辅；

三先价值再规模，即是价值成长为主，规模成长为辅。

两种成长模式和三种状态都无对错，作为一个以全国性市场作为目标的品牌，我们该向左走还是向右走呢？项目组从两个维度出发进行了思考。

首先是市场现状：

和烟酒的消费习惯相似，茶叶的消费同样可以被划分为自饮、礼品（待客）这两个范畴，其中低端产品主要供自饮，高端产品供待客和礼品馈赠。

分析当前较具知名度的茶叶品牌，多数都集中在高端的礼品市场，诉求礼文化、国礼、钓鱼台专供、百年历史、十大名茶等比比皆是，动辄上万，甚至几十万一斤的茶叶不在少数， 可以说诉求厚重的茶文化和产品之尊贵、高价已经是当前茶叶品牌的主流动向。

但，中国茶叶高端市场需求量到底有多大？

细数走高端路线的品牌上十亿销售额的数量，便知一二。都往高端市场发展的结果是高处不胜寒，位居“高端”的茶叶品牌比比皆是，问题是到目前为止却没有一个品牌能够站出来真正代表中国茶叶，而且受到价值成长模式的限制，成长不断出现瓶颈。

可在大家都往高端市场挤时，唯独立顿、天福这类大众化品牌一枝独秀。这是事实，也是对我们的一种启发。

然后是竞争对手的选择：

中国茶叶目前正处于从自由竞争向品牌竞争发展的过渡阶段，“十万茶企比不上一家立顿”的状况依然存在，但本土茶叶企业品牌化发展的趋势已经非常明显，不过到目前为止，真正意义上的全国性品牌屈指可数，抢占“中央级媒体”传播制高点的品牌也寥寥无几。

究其主要原因，从全国市场来看我们的主要竞争对手多为民营企业，资金实力有限，且基本上采取的都是“以时间换空间，以时间换品牌”的相对风险较小的价值成长路径。比如领先品牌天福、八马、竹叶青等都在全国或区域市场建立“茶庄型体验性终端”，以直营或代理的方式逐步拓展市场，这也是当前茶叶品牌相对成熟的发展模式。换言之，竞争对手深耕细作的方式在客观上为盘江集团打造全国性茶叶领导品牌减少了阻力。

不可忽视的是，竞争对手虽是先价值后规模，但其脚步并不迟缓。天福上市、安溪铁观音集团预备上市，5 月 13 日，八马茶业在泉州宣布，已完成茶叶行业迄今为止最大一笔，也是首笔过亿元的私募股权融资。首轮私总投资额近 1.5 亿元……以及更多的茶叶品牌通过各种方式以较快的速度成长， 一旦这些企业加强在品牌传播上的投资，那未来我们的品牌传播成本就将有可能进一步提高。对盘江来说，机会依然存在，但留给我们的时间已然不多。

以及盘江的目标与贵州茶叶的背景情况：

从盘江集团投资茶叶的战略上分析，盘江集团新的茶叶品牌必须承担整合贵州茶叶资源，在较短的时间内做大做强，成为盘江集团新的增长点的使命。从这个角度来看，即使目前全国1400个左右专卖店年销售额14亿元的领军品牌天福，都不能成为茶叶品牌的标杆，这也意味着单纯价值成长的路径不能匹配我们的使命。

再看贵州茶的状况：

通过对市场的走访，我们发现，整个茶叶市场对贵州茶的认知度极低，一没有贵州茶品牌，二多数贵州茶叶只不过是作为其他品类、品牌的原料茶，黔茶难出贵。是贵州不产茶么？答案可能让你意外。

贵州，全国茶叶种植面积第一

据2012年贵州第二届经济年会数据，2012年贵州省的茶叶种植面积突破500万亩，跃居全国第一位，茶叶产量达10.6万吨，综合产值86亿元。同时，在政府的主导下，贵州借助其优越的自然条件，积极发展生态农业，已经成为中国第二大有机茶种植基地，并出口一向审核严格的欧洲市场。低纬度、高海拔、寡日照，这是贵州独具的天时地利，作为中国唯一兼具这些条件的地区，贵州以其茶叶品质和种植面积而成为了中国第一产茶大省。

黔茶出不了贵，这是盘江与我们面临的一大障碍，但同时黔茶产量第一的现实，也意味着在贵州内部有着极大极好的茶叶出产市场，如盘江集团能合理迅速地进行整合工作，庞大的资源将成为规模化成长的有力武器！

综上所述，走价值成长路线，按照现有的经验，文化、品质等凸显溢价能力的关键因素必定是品牌的支撑，但按照贵州茶现有的资源，既无品类优势，更无品牌、文化优势，且高端市场是众家争夺，单纯的价值成长，难成大器；随着空间资源越来越稀缺，扩张难度必然是越来越大，尤其单纯的渠道辐射能力是有限的，没有品牌的带动，渠道的销售效果也会打折扣。而在走规模成长的品牌中，我们找到了一个非常成功，值得我们学习和参考的榜样：

学习ZARA，有价值的规模化

相比于百年历史的香奈儿，ZARA可以说是一个服装行业的小朋友，但昔日名不见经传的ZARA，已经成长为全球排名第三的服装商，在全球56个国家有两千多家连锁店。ZARA在中国开业之初，同样引起了一片追捧，更有消费者周末坐着飞机去北京疯抢的场景。

现在再看 ZARA 的成功之道，不难发现，ZARA 正是抓住了普通白领消费者同样有追求一线奢侈品品牌的需求，但又承受不起惊人价格的心理。巨大的心理需求和消费能力的冲突给 ZARA 制造了机会。

抓住这一冲突，拥有惊人执行力的 ZARA，能够以最短的时间让普通消费者在 ZARA 的店里找到和巴黎时装周上刚发布的时装类似的服饰，让消费者只花一线品牌一件衣服价格的零头就可以穿出一身最时尚的感觉，简单的说就是让平民也时尚。

普通白领巨大的市场基础，使 ZARA 不断在全世界开店，规模扩张的同时，让普通白领充分过了把时尚的瘾，给消费者带来的价值感却丝毫不减，在 ZARA 的店里看到刚从对面买了个 LV 包的女生，在这里再挑几件衣服的事情并不稀奇。

ZARA 的成功正在于颠覆了服装行业的传统模式，将高端时尚设计平民化。

回到茶叶，高端茶在往奢侈品靠，低端茶叶只能是被普通老百姓消化掉，消费的两极分化，使得想喝好茶的普通老百姓只能望着天价的茶叶而不得。

喝好茶的心理需求和价格的巨大落差之间产生了冲突，更关键的是，至今没有一家茶企去解决这个冲突。

中国拥有几千年的饮茶历史，可以说对好茶的需求并不是高端人群专属。贵州作为中国最大的有机茶产区、最大的优质绿茶产区，其茶叶的高品质和产量是有保证的，盘江集团为何不避开单纯的高端路线和无附加值的产品销售，学习 ZARA，以有价值感的产品和品牌进行规模化发展，赢得普通消费者的青睐呢?

综上所述，我们认为：

在全国市场上我们必须走规模成长优先的路径。而要实现规模成长，就必须有三个规模化的支撑：

产品规模化（满足不同人群的产品）

终端规模化（建设多元化的终端形态）

传播规模化（抢占茶叶第一品牌的心智资源）

基于宏观上的市场状况和战略考虑，我们为盘江集团的茶叶项目制定出了规模成长的思路，但同时也需要正视的是，茶叶是盘江集团投资的全新业务，盘江集团需要打造的是一个全新的品牌，贵州茶叶在全国也不具备绝对的品类优势。对新品牌而言，从战术上就必须有效控制风险，控制风险的最佳途径就是首战必胜，在竞争对手相对薄弱的区域发起进攻，集中优势资源在较短时间内打造根据地市场。眼光可以放长远，但路还得一步一步走，要想做全国领导品牌，必须先做贵州第一品牌！

通过以上多个维度的分析，我们为盘江集团茶叶品牌的综合成长路径进行了规划：

在全国市场，将规模成长彻底化，走规模优先后取价值的成长路径。而贵州市场作为根据地市场，采取规模、价值同步的成长路径，为全国市场的后续发展提供样板支撑。

确立了成长思路后，我们需要做的是一些具体的工作，比如品牌名、广告语、核心卖点等一切都需要从零开始，有时不得不感叹，服务一个全新的品牌虽然可供策划人随意挥洒，但工作量的确是生命中不可承受之重啊。

言归正传。首先是品牌名，我们的首要目标是找到最普遍的文化认知，与尽可能多的人建立情感共鸣，在精神上抓住消费者的心。其次，提升茶叶的价值感，让消费者知道并信任这是好茶。

借势贵人文化

赢得消费者好感的最好方法是与他们建立精神上的共鸣，品牌营销的精神层面是可以唤起消费者心中潜在渴望的有沟通力的内涵，需要来源于产品但又高于产品。在扫描贵州文化和传统茶文化无果之后，我们将目光锁定在了贵人文化上。

中国人自古讲究知恩图报，心存感恩，尤其是感恩贵人，这不只是高端人群专有的情感共鸣，而具有普遍认知。对子女来讲，父母即贵人；对学生来讲，老师就是他的贵人；对从政者来讲，领导就是他的贵人；对从商者来讲，合作伙伴就是他的贵人；甚至到了一个陌生地方，给你指路的人也是你的贵人。可以说贵人文化在各个人群中间都能产生共鸣，在和这些贵人相处时，我们都心存感激，难以言表。而前文分析过，在茶叶市场，尤其是高端茶叶市场中，礼品属性是其最主要的产品属性，“贵人”这一概念，也完美切契合了这个市场，击中了这个概念。

借势“贵人文化”这种具有普遍认知基础的强势文化，必将能够赢得大多数人的共鸣。“贵人，贵州茶，贵天下”，我们希望贵州茶可以通过借势贵人文化而贵天下。因此，当项目组将“贵天下”作为品牌名提报给盘江集团时，客户毫不犹豫就定下了这个名字。

基于此，项目组对贵人文化进行了深度挖掘、再创作：

人生每上一步

都离不开贵人的扶持

贵天下好茶

献给生命中每一位贵人

“贵天下”以最直接的方式表达消费者的心声，瞬间让消费者对品牌产生了极强的亲切感。

试问无论是你自购自饮还是收到礼品时，看到“献给生命中每一位贵人”这句话后，感觉如何？

领袖级好茶

随后，我们需要一个强有力的理由，让消费者接受贵州出好茶这一事实，在进行研究之后，我们将贵天下命名为“领袖级好茶”。但如何让消费者心甘情愿地承认贵天下是“领袖级”？方法众多。比如通过各种标准、检测、品鉴的方式来实现，比如通过各类公关活动和巡演，但时间和传播成本太高。项目组不得不另辟蹊径，寻找强有力而又成本可控的传播手段。

通过项目组在都匀的访问，我们了解到，都匀毛尖和领袖毛主席竟有这样一段佳话：

1956 年 4 月，正值春茶采摘的季节，贵州都匀当地的共青团员纷纷上山采茶，经过数天的精心炒制、选择，饱含着村民们心意的两斤上等的“鱼钩茶”送到了主席的手中，令人激动的是，主席亲笔回信“寄来的茶叶已收到，茶叶很好。今后山坡上可多种茶，茶叶可以命名为毛尖茶。”于是村民们开始兴办茶园，“鱼钩茶”也更名为“毛尖”，流传至今。不过遗憾的是，这封信在历经半个多世纪的风雨后，原件真迹已不可考。

不管如何，项目组确认的是，通过领袖赞好茶，借势领袖的影响力，都匀毛尖的价值感定能迅速提升。

因此，在创作的过程中，我们竭力还原当时主席这封亲笔书信的原貌，并通过延展创作于消费者可零距离接触、感知的地点——包装、终端：

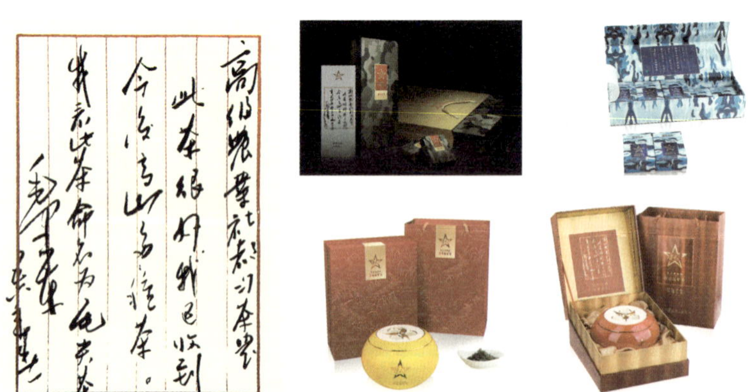

终端，尽显领袖气质，同时将品牌文化中感恩贵人的理念融入，将象征

人生每一步攀登的台阶以产品陈列架的形式在终端得到充分体现，让消费者进入终端时，即可体验到品牌传递的信息。

【门店形象】

领袖级好茶，是领袖亲口喝过、亲笔赞过的好茶，更证明“贵天下”即是贵州诸多茶叶品牌中，当之无愧的领袖。

差异化也是产品力

都匀毛尖作为贵州最知名的品类，也是“贵天下”在整合贵州茶产业时获得的第一批优质茶叶资源，在有品类无品牌的贵州，“贵天下”如果能够占领都匀毛尖这一优质的品类资源，使“贵天下”的都匀毛尖迅速在贵州凸显出来，对拿下贵州市场这个根据地至关重要。

当项目组一行在都匀走访时，刚好有幸对著名的制茶大师徐全福老先生进行了访谈，现年 75 岁的徐大师是 20 世纪 80 年代都匀毛尖被评为中国十大名茶的功勋，都匀毛尖现代制茶工艺创始人。据徐大师所言，都匀毛尖的毫毛，是区分茶叶好坏的首要标准：毫毛越多，则说明茶叶越好，都匀毛尖的毫毛是长在背面的，吸收地气；阳面则吸收阳光，这样就阴阳平衡了。

如果要为都匀毛尖寻找一个独特的亮点，必定是茶毫了，不仅是区别于其他茶叶品类的主要特征，而且即使同样是都匀毛尖，不同品质的茶，其毫毛的多少同样不一样。

据此，项目组为“贵天下”创作了第一句广告语：“这么多茶毛毛，真是好茶啊！”

贵州人对都匀毛尖的茶毛毛习以为常的时候，却忽视了这个毛尖茶最大的亮点，“贵天下”以茶毛毛的多少判断茶叶的品质，间接告诉消费者，“贵天下”的都匀毛尖是最好的，以差异化为“贵天下”的都匀毛尖赢得产品力。

当然，基于盘江集团需要整合贵州茶企和迅速占领贵州市场的目标，我们又为“贵天下”创作了另一句广告语：

“没有茶毛毛，还叫好茶吗？”

这句话看起来和前句意思相近，但其中内涵却大相径庭，此句一出，立刻跳出一批茶叶专家学者，指责叶茂中策划机构不懂茶叶，不懂茶品牌如何运作，他们最有力的理由是：天下没有茶毛毛的好茶何其多也！

诸位，你说是叶茂中机构不懂茶叶，还是那些所谓专家学者不懂营销呢？

解决了茶叶品质和品牌高度的问题后，“贵天下”需要的是跳出曲高和寡的困境，立于一个拥有众多消费者的大市场，以规模化覆盖尽可能多的人群、尽可能多的空间，抢占尽可能多的心智资源，让尽可能多的潜在消费者可以接触到“贵天下”茶叶。

将规模化进行到底

整理出了“贵天下”的品牌基本要素后，我们就可以放手去执行“贵天下”

的规模成长之路了。

“贵天下”要立于一个大市场，就需要满足不同消费者的需求，古代兵法、战术讲求的是天时、地利、人和，缺一不可，可见这三个因素的重要性，在产品上，为满足不同层次消费者的需求，贵天下以“天为贵”“地为贵”“人为贵”三个系列的产品，覆盖绝大多数消费者的需求，形成做势、做利、做量，分别实现拉高品牌高度、实现利润和满足规模成长的不同目标：

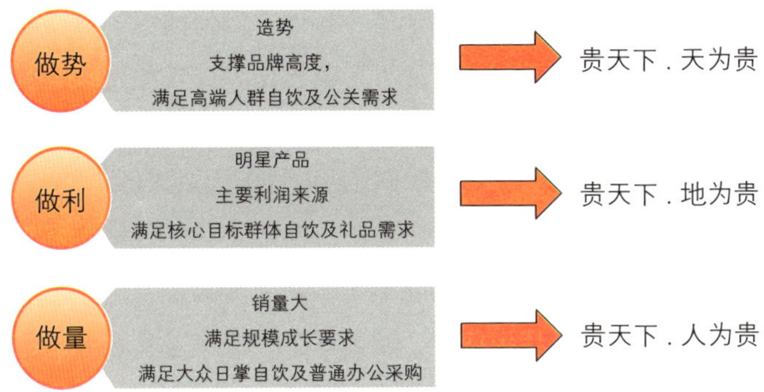

终端规模化，多元化的终端形态

终端是消费者的第一接触点，足够的终端才能保证足够的接触和实现购买，但“贵天下”的终端不能只是多，要有策略地去布局。

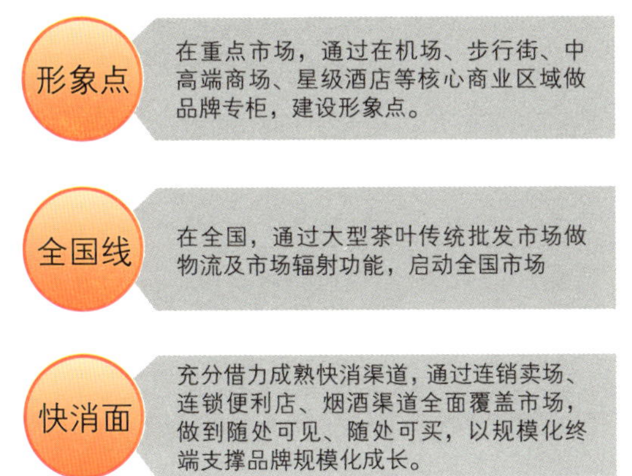

“贵天下”用不到一年的时间，先后进驻省内高端酒店、卖场，开设众多直营店，并且在茶叶行业独创性的和银行网点合作，借助银行的网点优势，进驻营业厅，吸引了众多目标客户群的关注；不仅如此，“贵天下”锁定和

茶叶消费者匹配度极高的烟酒消费者，进入了众多的烟酒渠道。

传播规模化，占领消费者的心智资源

营销就是一场认知战，通过有效的传播抢占消费者的心智资源，对一个新创品牌尤其重要，贵天下必须充分利用传播，让消费者了解到“贵天下”。

但遍地撒网式的传播方式并非规模化的传播，“贵天下”需要的是针对每一个“细分族群”，研究在生活轨迹上如何“遇到他们”。在茶叶品牌很少涉足中央级媒体的情况下，“贵天下”首先在央视众多频道播出，预热全国市场，在目标消费群体接触度极高的机场、高速、航空、高铁杂志等众多高端媒体及地方性报纸、期刊、分众等有针对性的大众媒体展开广告攻势。

截止到 2012 年年底，贵天下茶业先后亮相北京、上海、深圳、广州、贵阳等各地茶博会，并获得第九届北京（国际）茶博会绿茶、红茶类金奖。贵天下产品的品质也连连传出佳音，各个批次的茶叶连续通过欧盟的检测标准，获得市场的众多好评，更赢得经销商的信任，全国经销商已经北至北京、山东，南至广州、深圳。

通过一年的努力，“贵天下”顺利成为贵州第一茶叶品牌，更是作为茶叶代表性品牌成为国家统计局的统计样本重点关注企业。

但这只是个开始，更大的意义是为其抢占全国茶叶市场制高点的位置集聚了足够的势能，2013 年，叶茂中策划机构继续护航贵天下茶业攀登高峰，为成为全国强势茶品牌而努力。在此，同样感恩这一年来为“贵天下”的发展做出各种贡献的贵人们！

后记

《广告人手记》的写作时间是 1993 年至 1996 年，写完时我是 28 岁。一转眼却已是人到中年。很多学生来信讲：这本书是他们选择做广告人的原因。我不知道是否害了他们，毕竟广告人是个辛苦的职业。但不夸张地讲这本书改变了我的命运。

在 2006 年时，北京理工大学出版社出版了《广告人手记》十年纪念版，没想到也卖断了货，想必又毁了许多大好青年，毕竟广告这个行业的竞争是越来越残酷了，我很是担心那些决心要踏进这行的年轻人，是否准备好了足够的耐力和毅力接受“摧残”，但我也十分希望每个看完这本书的人，能和我一样改变自己的命运，毕竟在人生的某一阶段对生命负责的态度就是玩命。

这本书先后由企业管理出版社、北京理工大学出版社、朝华出版社多次出版，加印了多少次，我已无法统计。为感恩读者的厚爱，每次重新出版加印我都会仔细通读，并不断修改。所以说这本书也是一本不断长大，不断进步，与时俱进的书。

而当《广告人手记》2015 版上市之时，这本书书龄虚岁已经 20 岁。

这 20 年，世界变化很大，中国变化更大。对营销广告人的素质要求也更大。

过去没有互联网，今天人类的生活已经离不开互联网。这本书也由线下实体店销售，变成线上线下同步销售。

科学技术的进步，改变了营销广告的方式。不变的是人性，是营销广告的规律。

这本小书今年的再次出版加印，其中的观点和方法，是否还能给热爱营销广告的读者带来启发和帮助，就由诸位看官裁定吧。

叶茂中这厮的心是真诚的。

2015.5 于上海